W0191479

Das Volk

Abbild, Konstruktion, Phantasma

Das Volk

Abbild, Konstruktion, Phantasma

Herausgegeben von Annette Graczyk

Akademie Verlag

Gedruckt mit Unterstützung des Kulturwissenschaftlichen Instituts Essen

Einbandgestaltung unter Verwendung eines Szenenfotos aus Fritz Langs „Metropolis" (1927)

Die Deutsche Bibliothek – CIP-Einheitsaufnahme

Das Volk : Abbild, Konstruktion, Phantasma / hrsg. von
Annette Graczyk. – Berlin : Akad. Verl., 1996
   ISBN 3-05-002820-3
NE: Graczyk, Annette [Hrsg.]

© Akademie Verlag GmbH, Berlin 1996
Der Akademie Verlag ist ein Unternehmen der VCH-Verlagsgruppe.

Gedruckt auf chlorfrei gebleichtem Papier.
Das eingesetzte Papier entspricht der amerikanischen Norm ANSI Z.39.48 –1984 bzw. der europäischen Norm ISO TC 46.

Alle Rechte, insbesondere die der Übersetzung in andere Sprachen, vorbehalten. Kein Teil dieses Buches darf ohne schriftliche Genehmigung des Verlages in irgendeiner Form – durch Photokopie, Mikroverfilmung oder irgendein anderes Verfahren – reproduziert oder in eine von Maschinen, insbesondere von Datenverarbeitungsmaschinen, verwendbare Sprache übertragen oder übersetzt werden.

Lektorat: Peter Heyl
Satz und Gestaltung: Petra Florath, Berlin
Druck: GAM Media GmbH, Berlin
Bindung: Verlagsbuchbinderei Dieter Mikolai, Berlin

Printed in the Federal Republic of Germany

Inhalt

III. Der öffentliche Raum als gesellschaftlicher Entwurf

IV. Sozialmodelle im Disput

Anhang

Vorwort

Es ist das Grundverständnis der Demokratien, daß sie von der Herrschaft des Volkes ausgehen. Die unmittelbare politische Macht des Volkes wird aber nur hin und wieder bei Wahlen oder Volksbefragungen konkret. Die Berufung auf „das Volk" deckt indessen weit mehr ab als die ausgezählten Stimmen der Wahlberechtigten oder das statistisch erfragte Stimmungsbarometer der öffentlichen Meinung. Was aber genau darunter zu verstehen sei, ist schwer zu bestimmen. Bei aller Suggestivität, die von der Vorstellung ausgeht und die in den politischen Diskursen wirksam entfaltet wird, bleibt „das Volk" eine abstrakte Größe. Welche ambivalenten Bedeutungsgehalte und diffusen Gefühlslagen mit der Berufung auf das Volk abrufbar sind, zeigte sich auf überraschende Weise bei den Ereignissen 1989.

In Leipzig hieß es zunächst: „Wir sind das Volk", dann aber: „Wir sind ein Volk". Eine leichte sprachliche Veränderung bewirkte eine schwerwiegende semantische Verschiebung, die den Demonstrationen eine völlig andere politische Richtung gab. Die ironische wörtliche Inanspruchnahme der Volksherrschaft gegen eine Regierung, die das „Volk" auf ihre Fahnen geschrieben hatte, kippte um in den Anspruch, Teil einer gesamtdeutschen Nation zu sein. Unter den besonderen Verhältnissen deutsch-deutscher Zweistaatlichkeit führte die Wende in der DDR in die Wiedervereinigung unter dem Dach der BRD.

Daß „das Volk" – als Figur nationaler Identität – eine prekäre Kehrseite hat, machten bald aber auf fatale Weise die rechtsradikalen Ausschreitungen gegen Ausländer unübersehbar. Indem auch sie sich auf das „deutsche Volk" berufen, erinnern sie daran, wie stark der Begriff nationaler Identität gerade in Deutschland durch die rassistische Ausrottungspolitik der Nazis belastet ist.

Die Aktualität, die der Volksbegriff mit dem Scheitern des Sozialismus und dem Wiederaufleben nationalistischer und rassistischer Strömungen gewonnen hat, war der Anlaß für die interdisziplinäre Studiengruppe „Ästhetische Inszenierung der Demokratie" am Kulturwissenschaftlichen Institut Essen, einer Einrichtung des Wissenschaftszentrums Nordrhein-Westfalen, im Sommer 1993 eine fächerübergreifende Tagung durchzuführen. Ziel war es, nicht nur die historische Ambivalenz des Begriffes „deutsches Volk" aufzugreifen, sondern – zugleich genereller und spezieller – nach den Visualisierungen des Volkes wie seiner verwandten Begriffe – Masse, Nation oder Öffentlichkeit – zu fragen. Kaum ein Gegenstand verlangt nach solcher vergewissernden „Selbstwahrnehmung" wie die als Volk, Masse, Bürger oder Konsument angesprochene Öffentlichkeit. Die Visualisierung stand auch deshalb im Mittelpunkt, weil selbst die theoretischen Konzepte, abstrakten Ideen, Entwürfe oder Programme oft von einem visuellen Kern ausgehen. Sie setzen eine „Vorstellung" oder „Vision" des Volkes voraus – seien es Symbole, Allegorien, Metaphern, kollektive Porträts oder dokumentarische Aufnahmen.

Auf der Tagung waren daher in erster Linie die Fächer vertreten, die sich mit bildlichen Vergegenständlichungen im weitesten Sinne befassen: mit Werken der bildenden Kunst oder Literatur, mit graphischen oder fotografischen Medien, Filmen, Denkmälern, Bauwerken oder öffentlichen Plätzen. Gemeinsam war allen Referenten, die Bild- und Formensprache im engeren geschichtlichen, sozialen, politischen oder kulturphilosophischen Kontext zu interpretieren und freizulegen, wie die einzelnen Künste und Medien damit am gesamtgesellschaftlichen Diskurs über „Volk" mitwirken. Produktiv waren darüber hinaus die ergänzenden Blickwinkel anderer Disziplinen, die das Thema im Rahmen von Geschichte, Verfassungsrecht und Kulturtheorie aufnehmen konnten.

Der vorliegende Band versammelt vor allem Beiträge dieser Tagung. Zusätzlich sind drei ergänzende Studien aufgenommen worden, die im Arbeitsschwerpunkt der Studiengruppe entstanden sind. Wenn auch der Schwerpunkt auf der deutschen Kultur liegt, so werden doch auch die europäischen Traditionslinien seit der Französischen Revolution mit einbezogen und die amerikanischen Erfahrungen mit der demokratischen Massengesellschaft eingebracht.

Die jeweiligen Konzeptualisierungen als Volk, Masse oder Öffentlichkeit hängen in erster Linie von den Vergesellschaftungsformen ab, in denen sie entstehen, ferner von den theoretischen Positionen, die ihnen zugrunde liegen. Die freiheitlichen Hoffnungen und politischen Utopien, die schichtenspezifischen Ideologien, rassistischen Wahnideen, patriarchalischen Zurichtungen, Abwehrhaltungen und Ängste haben darüber hinaus ihre besondere Ikonographie, Bildformeln und Metaphern des Volkes hervorgebracht (siehe besonders die Beiträge von Hartwig Gebhardt zur massenmedialen Ikonographie und von Annette Graczyk zur Naturmetaphorik).

Bereits die „abbildenden", „ablichtenden" oder „repräsentierenden" Medien in ihren jeweiligen ästhetischen und medialen Eigengesetzen wirken an der Vorstellung vom „Volk" mit. Die allegorische Darstellung der Volksmasse in einem heroisierenden Geschichtstableau sieht anders aus als die kulturindustriell erzeugten und verbreiteten Formen des Massenornaments, in denen sich die Masse – etwa im Stadion, aber auch im Kino – beschaut (Bildbelege in den Beiträgen von Susanne von Falkenhausen, Miriam Bratu Hansen und Hanno Möbius). Allegorisierungen und Massenornament sind in unterschiedlichen Deutungshorizonten zu interpretieren.

Eine von vornherein strikte Unterscheidung zwischen Volk und Masse/n schien daher unangebracht. So gab es historisch immer schon den Begriff der „Volksmassen", welcher auf den Integrationsprozeß zunächst des „Dritten Standes", dann aber auch zunehmend des „Vierten Standes" in die Sphäre der Bürgerrechte und der politischen Öffentlichkeit verweist.

Fundamentaler noch ist, daß wir es heute mit den entwickelten Vergesellschaftungsformen der Massendemokratie zu tun haben, unter deren Strukturen und Bedingungen sich die Vorstellung vom „Volk" behaupten können muß. Die Massengesellschaft hat auch ihr unpolitisches oder einfach auch unprofilierteres Pendant: die Wählermassen sind zugleich Verbrauchermassen, die öffentliche Räume, Plätze in Anspruch nehmen und besetzen; sie sind zugleich massenhaftes Publikum, das die seriellen, massenornamentalen Produktionen beschaut und – vielleicht ironisch – kommentiert; sie sind „Bürgerbewegte" oder Automobilbesitzer, die sich im gemeinsamen Interessenverband organisieren oder ihren Protest in „ornamentalen" oder „seriellen" Formen wie der Lichterkette oder dem Hupkonzert zum Ausdruck bringen.

In der gegenwärtigen Massengesellschaft läuft die Kommunikation nicht mehr ausschließlich direkt, sondern zunehmend mittelbar über die Medien. Damit verändert sich in der Mediengesellschaft aber auch der Volksbegriff, so etwa, wenn der Präsident eines Landes sich an „sein Volk" wendet. Dieser Aspekt weist aber bereits über das eingeschränkte Thema der Tagung hinaus.

Die Beiträge des ersten und zweiten Schwerpunkts untersuchen mehrheitlich Bildstrategien an konkreten Beispielen aus Malerei, Graphik, Literatur, Fotografie und Film. Während im ersten Teil eher Probleme des Ästhetischen behandelt werden, auch dort, wo sie in ihren kulturindustriellen oder kulturphilosophischen Implikationen gedeutet werden, steht im zweiten Teil die propagandistische Indienstnahme der Symbolik zur Diskussion. Die propagandistischen Bildstrategien reduzieren die ästhetische Vieldeutigkeit auf einen eindimensionalen Impuls. Im Ersten Weltkrieg werden in allen Ländern Bildmedien für eine Mobilisierung der physischen und emotionalen Gesamtreserven der Nation eingesetzt. Aus den Heroisierungen der Kriegserfahrung entsteht der neue männliche Prototyp etwa des „deutschen Volkes", der dann, wie Detlef Hoffmann aufzeigt, für den späteren faschistischen Mythos folgenreich wird. Brüche in den beschworenen Bildern patriotischer Einmütigkeit werden vor allem aus der Perspektive von Frauen und Minderheiten sichtbar, deren besondere Integrationsstrategien Margaret Higonnet am Beispiel der Emanzipationsbestrebungen von Schwarzen und vor allem von schwarzen Frauen in den USA beschreibt.

Die Instrumentalisierung gipfelt in der NS-Ideologie. Der Beitrag des Historikers Norbert Jegelka stellt jedoch nicht die Ästhetik der faschistischen Aufmärsche in den Vordergrund (wie sie im Beitrag von Susanne von Falkenhausen mitbehandelt wird), sondern rekonstruiert, wie der Mythos der Volksgemeinschaft in der Rechtstheorie und Pädagogik der Nazis aufgenommen wird. Seine Konkretisierung findet der Mythos – im Lager. Es wird – das ist bisher kaum beachtet worden – als das Medium der „neuen deutschen Erziehung" gedacht. Damit gibt der Beitrag einen wichtigen Denkanstoß, das Konzentrationslager als die brutale Extremform einer pervertierten pädagogischen Lageridee mit ihrer zwiespältigen Nähe teils zu romantischen Vorstellungen, teils zur mobilisierten Existenzform des militärischen Feldlagers zu denken und beide in dem Zusammenhang eines umfassenderen Lagersystems zu verorten.

Auch die gebauten Entwürfe, die im dritten Schwerpunkt behandelt werden, bündeln und strukturieren öffentliches Publikum konkret an städtischen Zentren (siehe den Beitrag von

Dagmar Gausmann zum Ernst-Reuter-Platz) oder im architektonischen Raum (siehe den Beitrag von Beat Wyss zum Theaterbau). Sie inszenieren Öffentlichkeit im Rahmen ihres ästhetischen Gesamtkonzeptes und geben damit ein repräsentatives Modell vor, wie Öffentlichkeit aussehen und funktionieren soll. Evident ist dies am Beispiel des Bundestags (Heinrich Wefing). Als Denkmäler oder Mahnmale geben solche Bauten, wie die umgestaltete Neue Wache, eine nationale Selbstdarstellung, die selbst noch in der vehementen Ablehnung, die sie vielfach hervorgerufen hat (Viktoria Schmidt-Linsenhoff), ihre Bedeutung als Kristallisationspol nationaler Identität erweist.

Wie ist soziales Verhalten in der modernen demokratischen Massengesellschaft möglich? Welchen Spielraum haben die Menschen, sich zwischen Konformität und Abweichung zu behaupten? Welche Möglichkeiten haben oppositionelle Minderheiten zur politischen Repräsentanz ihrer Positionen? Wie sind heute Formen des politischen Demonstrierens im symbolischen Ornament, wie Lichterketten, Menschenketten, zu bewerten? Am Schluß des Bandes stehen zwei Positionen, die in ihren sozialen Folgerungen diametral entgegengesetzt sind. Helmut Lethen knüpft an die deutsche Anthropologie der 20er Jahre sowie an die amerikanische Massentheorie der 50er Jahre an, um den Begriff einer „strukturellen" Masse zu erschließen, der dem Einzelnen einen „Spielraum zwischen Konformität und Distanz" erlaubt. Im Typus des „aufgeklärten Konsumenten" und Einzelgängers sieht Lethen ein positives Verhaltensmodell. Demgegenüber expliziert Dieter Sterzel in seiner Deutung bundesrepublikanischer Protestformen seit den 60er Jahren aus verfassungsrechtlicher Perspektive Spielräume einer politischen Reform gesellschaftlicher Zustände.

Die gegensätzlichen Bedeutungen führen für die zuletzt genannten Beiträge wie für die anderen vor Augen, daß auch die Wissenschaft pluralistisch ist. Sie ist selbst Teil der umfassenden gesellschaftlichen Verständigung über Volk und Masse und analysiert deren Phänomene von unterschiedlichen Standpunkten, die mit partiellen gesellschaftlichen Diskursen korrespondieren. Von ihnen aus entsteht eine unterschiedliche kritische Distanz oder Nähe zu den Symbolen von Masse und Volk.

Die Selbstreflexion macht zudem den eingeschränkten Status der Kritik gegenüber gesellschaftlicher Praxis bewußt. Die einzelnen Beiträge nähern sich zwar dem Problem „Volk" und „Masse" unter den kritischen Gesichtspunkten „Abbild, Konstruktion, Phantasma" an und bemühen sich, die Faszinationskraft der Symbole zu erklären und ihre Konstruktionsprinzipien aufzudecken. Letztlich bleibt aber die Kritik in ihrer Reichweite eingeschränkt, weil sie die Verhaltensformen nur kritisieren kann, aber die Suggestivität der Symbolik nicht aus der Welt schaffen und auch das Modell partizipierender Selbstorganisation politischer Massen im symbolischen Ornament nicht verhindern kann.

Wir danken dem Kulturwissenschaftlichen Institut Essen, das die Tagung ermöglicht und die Publikation durch einen Druckkostenzuschuß gefördert hat. Unser besonderer Dank gilt Herrn Matthias Dornhege für die redaktionelle Vereinheitlichung des Manuskripts und die Texterfassung auf EDV.

Annette Graczyk

I.

Konstrukte der
symbolischen Repräsentanz

SUSANNE VON FALKENHAUSEN

Vom „Ballhausschwur" zum „Duce"

Visuelle Repräsentation von Volkssouveränität zwischen Demokratie und Autokratie[1]

Die Grundmuster der bildlichen Vorstellungsformen von Volkssouveränität haben sich seit der Französischen Revolution erstaunlich konstant erhalten. Aber gerade in dieser Konstanz sind auch die Probleme einer sich verändernden oder gar widersprüchlichen Formierung politischer Kollektivität bewahrt, besonders dort, wo sie sich in der Konstruktion der imaginären kollektiven Identität als „Volk" niederschlug.

Im Sinne des jeweils zeitgenössischen Redens bedeutet „Volk" während der Französischen Revolution „Dritter Stand = Bürgertum minus Adel und Geistlichkeit = Nation".[2] Das sogenannte Volk ist also die bürgerliche Gemeinschaft der Gebildeten und Gleichgesinnten, die sich sowohl über die Politik als über die Kultur definiert. Dies bleibt auch im 19. Jahrhundert noch so und ändert sich erst mit dem Erstarken der Arbeiterbewegung, die in die diskursive Hegemonie des Bürgertums einbricht. Synonym dazu wird auch die Nation begriffen. Zentral für die Visualisierungsstrategien dieser Gemeinschaft ist, daß sie eine Gemeinschaft von Gleichen nicht nur im Politischen, sondern auch im Sinne des *gender* ist: Nur Männer waren Bestandteile jener Gruppen, die eine Legitimität zur Ausübung politischer Souveränität miteinander verhandelten. Frauen waren keine Verhandlungspartner. Allerdings soll es hier nicht darum gehen, nun die Legitimität des Patriarchats als solchem zu befragen, denn wir untersuchen die Legitimationsstrukturen *innerhalb* des – bürgerlichen – Patriarchats. In den Bildern vom Volk wird nicht das Patriarchat legitimiert. Dieses wird vielmehr ungesagt bereits als legitim *vorausgesetzt. Zwischen* den Geschlechtern wird also die Frage der Legitimität von Machtausübung nicht verhandelt, obwohl bereits seit der Aufklärung immer wieder die Frage nach den politischen Rechten der Frau aufgeworfen wurde.

---

1 Eine leicht gekürzte Version dieses Vortrags wurde veröffentlicht in: *Die Neue Gesellschaft Frankfurter Hefte*, November 1993, Nr. 11, S. 1017–1025.
2 Kiss (1992): „Nation als Formel", S. 109.

Die „Legitimität der Staatsgewalt (Souveränität) ... kann nicht begründet werden durch ein von einer höheren *irdischen*[3] Autorität ausgehendes Gesetz, weil es eine solche nicht gibt."[4] Diese Denkfigur, formuliert 1863 und noch verwurzelt in den Traditionen einer von Gott gegebenen Legitimität des Herrschers, bezeichnet das Kernproblem, mit dem sich Staatstheoretiker, Politiker und Ideologen im Prozeß des Übergangs vom Gottesgnadentum zur Volkssouveränität herumgeschlagen hatten. Kann ein „Volk", dem Baron von Münchhausen gleich, der sich am eigenen Schopfe aus dem Sumpf zog, aus sich heraus jene Autorität hervorbringen, die dann die über es herrschende Institution legitimiert? Heutigem politischen Alltagsverständnis, das dieses Problem der Autorisierung von Macht als mit der parlamentarischen Repräsentanz via Wahl gelöst ansieht, erscheint diese Frage eher veraltet; im 19. Jahrhundert hingegen bot sie Argumente gegen die Demokratie, die von der gleichen Stichhaltigkeit schienen wie der Gottesbeweis selbst.[5] Aber auch die Anhänger einer Souveränität des Volkes hatten durchaus Schwierigkeiten mit dem Prinzip der Legitimität und seiner Ableitung. Die Jakobiner hatten es mit der Natur als Autorität und Gesetz versucht; das 19. Jahrhundert rückte dann immer ausschließlicher die „Nation" an diese autoritative Leerstelle.

Die Konzepte von Volkssouveränität und Nation im modernen Sinn sind ungefähr gleichzeitig zu Bedeutung gelangt und wurden von den Jakobinern zu extremer Deckung gebracht im Sinne eines subjektiven Begriffs von Nation, d. h. einer Nation von *Citoyens*. Die Jahre der *Terreur* müssen in ganz Europa ein derart einschneidendes Schockerlebnis gewesen sein, daß noch Generationen danach die Angst vor einer Volksherrschaft wach blieb und vorrevolutionäre Auffassungen von Legitimität unterstützte: „Das legitime Herrscherrecht ist ..., wie jedes Recht, ein *begrenztes*, nicht, wie das angebliche Volkssouveränitätsrecht, eine Allmacht."[6] Der Gedanke, Allmacht statt dessen in ein überirdisch Göttliches zu delegieren, dessen Vertreter auf Erden der König ist, muß gegenüber einer solcherart suggerierten Vorstellung von Volksherrschaft als Chaos etwas Tröstliches und Schützendes gehabt haben. Merkwürdig ist, daß in dem eben zitierten Argument bereits der Vorwurf eines Totalitarismus ante litteram anklingt. Historisch wirksam wurde dieser aber erst dann, als im 20. Jahrhundert autoritäre Legitimationsformen von Herrschaft *innerhalb* einer Volksgemeinschaft konzipiert und praktiziert wurden. Das Volk, nun allerdings sakral begriffen, wurde selbst zur „überirdischen" Ersatzautorität.

Allerdings löste der Einsatz der abstrakten Begriffe Volk und Nation nicht das Problem ihrer kollektiven *Vorstellung*. Es geht dabei nicht um das Volk als Abbild, sondern, wie Kiss

3 Hervorhebung der Autorin.
4 Wagener (1863): *Staats- und Gesellschafts-Lexikon*, unter dem Stichwort „Legitimität".
5 So z. B. bei Joseph de Maistre (1959): „Des constitutions politiques", der 1809 darauf bestand, daß jede Konstitution in ihrem Prinzip göttlich sei, daß also der Mensch selbst sich keine Konstitution geben könne. Es gibt für ihn kein Naturrecht wie für Locke. Die Dynastie ist für ihn daher der einzige Ort der Legitimität.
6 Wagener (1863): *Staats- und Gesellschafts-Lexikon*, unter dem Stichwort „Legitimität".

Jacques-Louis David: *Der Ballhausschwur*, Feder, laviert, 66 x 101 cm, 1791. Versailles, Musée national du Chateau (Depot Musée du Louvre).

für den Begriff der Nation feststellte, um die „Selbstbeschreibungsformel des Gesellschafts-systems" in einer „Vertextung der Einheitssemantik"[7], hier einer Verbildlichung, und zwar in der Funktion einer Legitimation zur Regierungsmacht – eben um die bildliche Vertextung der sogenannten Volkssouveränität.

J.-L. Davids Entwurf zum großangelegten Ereignisbild des *Ballhausschwurs* von 1789 ist gleichsam die gescheiterte Premiere für die Inszenierung einer Einheitssymbolik für eine Vielzahl männlicher politischer Subjekte. Sie scheitert gerade, weil sie im Abbildhaften verbleibt. David bricht zwar mit den hierarchisierenden Kompositionsregeln des akademi-schen Ereignisbildes mit dem Einzelhelden an der Spitze einer kompositorischen Pyramide, um diese Vielheit in einer egalitären Horizontalität ins Bild zu setzen. Aber die Hoffnung, daß das Bild der gemeinsamen Schwurhandlung das bildhafte Einheitssymbol ersetzen kann, trügt. Der Versuch, das, was damals als „Volk" galt, d. h. den dritten Stand mit seinen Verbündeten, in seiner „Volk"haftigkeit als Vielheit der Subjekte abzubilden und damit die Repräsentation einer Einheit zu erreichen, scheiterte nicht nur an den Konventionen der Bildgattung.

---

7 Kiss (1992): „Nation als Formel", S. 105.

Jacques-Louis David: *Der Triumph des französischen Volkes*, Bleistift, laviert, 21 x 44 cm, ca. 1794. Paris, Musée du Louvre.

Aber auch ein zweiter Versuch Davids, diesmal nicht abbildhaft, sondern allegorisch, verlief offenbar nicht zufriedenstellend: *Le triomphe du peuple français*, zu datieren wahrscheinlich 1794, nach der Ermordung Marats und Le Pelletiers (1793, in der Gruppe rechts am Rand), gedacht vielleicht für den Vorhang der neuen Opéra.[8] „Le Peuple" ist repräsentiert in einer Mischung aus Augustus (Wagen und Figur lehnen sich an die Gemma Augustea, Wien, Kunsthistorisches Museum, an), Apoll und Herkules, mit der „Liberté" und der „Égalité" zwischen den Schenkeln und einer Garde weiblicher Personifikationen vorne auf seinem Wagen: „Wissenschaft", „Kunst", „Handel" und „Überfluß" zeichnen dieses Volk als Gemeinschaft der Gebildeten aus, ebenso die historischen Vorkämpfer und Tugendbeispiele hinter dem Wagen: Cornelia, Mutter der Gracchen, Wilhelm Tell mit Sohn, Marat und Le Pelletier. Dieser Paradigmenwechsel in der Repräsentationsstrategie weg von der Vielzahl der Teilhabenden hin zur Allegorie erlaubte nun, wieder zu vertrauten, hierarchischen Bildformeln zurückzukehren mit einer Figur an der Spitze. Daß allerdings ein solcher Bildaufbau, beruhend auf antiken Repräsentationen von Herrschaft, es erlauben würde, die Figur des Volkes ohne größeres Aufsehen mit der Gestalt z. B. eines Napoleon zu ersetzen, zeigt die Ambivalenz dieser Strategie zwischen Einheit und Vielheit, Demokratie und Autokratie. Da helfen auch die Pars-pro-toto-Figuren wehrhafter Vertreter des Volkes nichts, die dem Wagen vorne den Weg durch die Feinde schlagen.

Das Problem liegt also in der Verbildlichung von Volksautorität: eine Autorität der Vielen ist allein schon in der politischen Praxis schwer vorstellbar, denn die Autorität ist eine

---

8 Kat. *David* (1989), Nr. 123.

universalisierende Figur, die eine Distanz zwischen denen, die die Autorität delegieren und annehmen, und ihr selbst voraussetzt. Das ist, wie bereits Silke Wenk in anderem Zusammenhang unter Bezugnahme auf Hegels Äußerungen zur Allegorie entwickelt hat[9], mit einer Vielzahl männlicher Partikularsubjekte nicht möglich. Der Ausweg ist bekannt: die weibliche Nationalallegorie des 19. Jahrhunderts. Damit ist unter anderem auch die immer latente Gefahr beseitigt, daß eine männlich-partikulare Figur als Signifikant des Allgemeinen durch ihre Subjekthaftigkeit wieder zur Einzelautorität aufrücken könnte. Nicht nur die Vorstellung eines Allgemeinen für ein männliches Kollektiv wird so im repräsentierten weiblichen Körper als dem „Anderen" gefunden, sondern Weiblichkeit kann die männliche Autorität bezeichnen, ohne sie jedoch zu *sein*, d. h. ohne die Autorität einer männlichen *Vielheit* zu gefährden.

Davor liegt aber, historisch gesehen, noch ein weiterer Versuch: Wieder David, wieder ein Schwur, nun für Napoleon: *La Distribution des Aigles*, in Auftrag gegeben 1804 von Napoleon, beendet 1810. Mit dem Adler, von Napoleon befohlenes neues Emblem des Empires, auf den Standarten, wurde in einer Zeremonie das Volksheer ehemals der Revolution nun auf das Empire, oder besser, den Empereur, eingeschworen. David hatte ursprünglich eine über der Gruppe der Offiziere mit den Standarten fliegende „Viktoria" geplant, die ihm aber Napoleon aufschlußreicherweise verbot. Strukturell ist diese Anlage so anders nicht als der *Triumph des Volkes* von 1794: Wir haben eine männliche Führergestalt und bewaffnete Volksvertreter in Anspielung auf den neuen Charakter des Militärs als modernes Volksheer. Ausgespart bleibt jedoch die weibliche Personifikation als legitimatorischer Signifikant übergeordneter Autorität, zumindest im Bild. In der realen Festarchitektur hingegen – das Ganze fand statt vor der École Militaire auf dem Märzfeld – gab es Viktorien am Hauptpavillon und zweimal die France, einmal kriegführend, einmal Frieden stiftend.[10]

Abgesehen von dem Umstand, daß die gesamte Inszenierung dieser kollektiven Schwurhandlung vorausweist auf die NS-Inszenierungen auf dem Nürnberger Zeppelinfeld oder die des Stalinismus vor dem Lenin-Mausoleum, finde ich es symptomatisch, daß Napoleon selbst die Repräsentation einer anderen Autorität bzw. Einheitssymbolik neben ihm, der Allegorie der „Viktoria", offenbar als Konkurrenz ablehnt. Er bezieht seine Autorität zwar aus dem revolutionären Volksheer, dennoch geht er das Wagnis ein, sich allein als einigender Symbolkörper im Sinne des Königskörpers darzustellen, der *corpus politicum* und *corpus mysticum* zugleich ist, um Begriffe aus der von Kantorowicz[11] untersuchten mittelalterlichen Staatstheorie aufzugreifen. Ein Wagnis ist dies, weil er seine Souveränität ohne die autorisierenden Instanzen von Gottesgnadentum und dynastisch-väterlicher Genealogie legitimieren muß, also ohne die bisher üblichen Ableitungen, die ja die lineare Struktur des Zurückgehens zu einer Quelle, einem Ursprung haben, sei sie chronologischer oder metaphysischer Natur. Seine Alleinherrschaft ist abgeleitet eben vom *Volk*, dem sie gleichzeitig gilt.

---

9 Wenk (1986): „Warum ist die (Kriegs-)kunst weiblich?", S. 7–14.
10 Kat. *David* (1989), S. 443.
11 Kantorowicz (1990): *Die zwei Körper des Königs*.

Erstmals haben wir eine Art zirkelförmige Legitimationsstruktur, die zwischen dem Volk als Verband männlicher Subjekte und der Herrschaft kreist. Insofern binde ich die Visualisierung Napoleons als Empereur in die Geschichte der Repräsentation der Volkssouveränität ein. Paradoxerweise erweist sich gerade deshalb seine Lösung als echte Autokratie – erstmals hat selbst Gott als „Auftraggeber" oder wie im antiken Rom das „Gottsein" des Herrschers keinen Anteil. Volksherrschaft hat hier also zu einer Art der Alleinherrschaft geführt, wie sie dann erst wieder in den autoritären Regimen des 20. Jahrhunderts in Erscheinung tritt. Dennoch erweist sich Napoleons Versuch, sich aus dem autoritativen „Nichts" des Volkes zu legitimieren, als historisch verfrüht; die Könige von Gottes und dynastischer Genealogie Gnaden gewinnen erneut die Oberhand. Sie allerdings halten wiederum der historischen Aktualität der Volkssouveränität nicht stand – Delacroix' Ikone der Rebellion, die *Liberté guidant le peuple* (1831), legt davon Zeugnis ab. Gleichzeitig zeigt sie in dieser Bildgattung erstmals den Vierten Stand in pars-pro-toto-Gestalten als Teil des Volkes – wobei bis heute nicht klar ist, ob Delacroix dies affirmativ meinte oder ob er ihn in einer Art Faszination gegenüber der damals immer, wenn von den Arbeitern die Rede war, implizierten Anarchie bildwürdig machte.[12]

Damit haben wir jedoch einen historisch neuen Anspruch an die visuelle Repräsentation des Volkes. Seit der Etablierung konstitutioneller Monarchien ist der Dritte Stand, der bisher mit „Volk" gemeint war, staatstragend geworden. Nun aber spaltet sich der Volksbegriff. Von nun an gibt es staatstragendes und subversives Volk. Mit zunehmender Stärkung der Arbeiterbewegung gerät also auch die Legitimations- und Integrationskraft des bürgerlichen Volksbegriffs für die nationale Einheitssemantik des 19. Jahrhunderts in eine Krise, nachdem bereits die Symbole des einigenden Körpers des Königs und des Volksdiktators nicht „funktioniert" hatten. Das bedeutet jedoch, daß auch der neue Symbolkörper von Volkseinheit, die Nationalallegorie, insofern problematisch wird, als nicht mehr sicher sein kann, wer unter den – nach wie vor männlichen – Betrachtern sich gemeint fühlen kann als Teil der säkularen Ecclesia Nation.

In der Tat erweist sich bei näherer Betrachtung von Einzelfällen die weibliche Personifikation des gesellschaftlichen Allgemeinen zumeist als Repräsentantin der Werte bestimmter Teilgruppen des Volkes. Solche Personifikationen sind nicht notwendigerweise nur Nationalallegorien. Sie können auch Werte bezeichnen, die als universal präsentiert werden, die jedoch vor allem den kulturellen Diskursen bestimmter Schichten entsprechen.

Im Königskörper der absoluten Monarchien hatte der patriarchale Androzentrismus in der männlichen Figur eine Einheit von „überirdisch" inthronisierter Autorität, historisch-subjekthafter Partikularität und universalisierend-einigendem Symbolkörper gefunden. Nun, wo eine Vielheit männlicher Subjekte an der politischen Macht partizipierte, mußte dieser Einheitskörper zwangsläufig entthront werden. Das neue Problem, die Einheit einer

---

12 Material dazu findet sich im Ausstellungskatalog *Delacroix* (1987), S. 23. Auch die zeitgenössische Kritik war sich nicht einig und bewertete das Bild je nach politischer Orientierung, s. dazu ebd., S. 38. Dort wird die berühmte Besprechung von Heinrich Heine wiedergegeben. Siehe auch: Wagner (1989): *Allegorie und Geschichte*, S. 99ff.

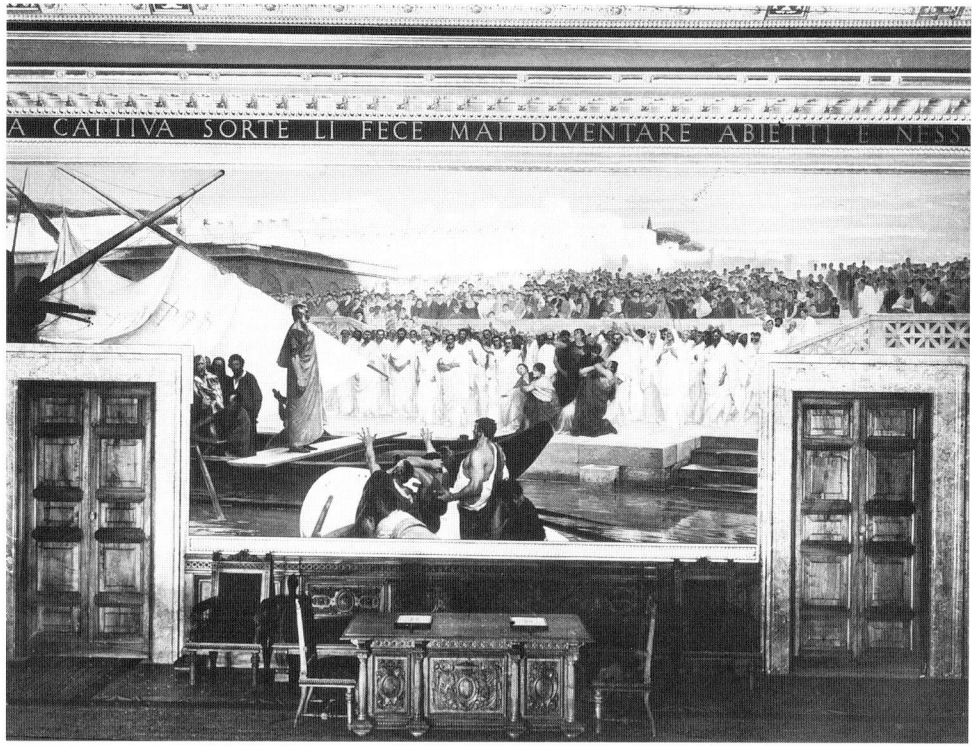

Cesare Maccari: *Attilius Regulus*, Fresko im Gelben Saal des Palazzo Madama, Rom, 1881–1888.
(Foto: Alinari)

Vielheit von männlichen Subjekten (das Volk) zu repräsentieren, an dem David mit dem Bild
vom Ballhausschwur gescheitert war, wurde im 19. Jahrhundert mit dem Bild des Weiblichen gelöst. Das heißt, gerade der Androzentrismus ist es, der das Bild des Weiblichen als
scheinbar Herrschendes hervorbringt, und zwar gerade dort, wo, wie bereits erwähnt, männliche Partikularität das männliche Allgemeine zu gefährden droht. Die konstitutionellen Monarchien finden dort zu Mischformen zwischen den Einheitskörpern des Königs und der
Allegorie, wo die Legitimation des Königs bereits geschwächt ist und der aktiven Anerkennung des Volkes bedarf, das heißt, wo bereits zwingend deutlich wird, daß die Universalität des einen Prinzips kaum mehr anerkannt werden wird.

Wie wir wissen, wird sich die Autoritäts- und Einheitsfigur des Königs nicht halten. Auch
die weibliche Allegorie zeigt in den unterschiedlichen Bedeutungsfeldern, die sie repräsentieren soll, daß es zwar kulturelle und politische Hegemonien gibt, die sich in ihr ausdrük-
ken, aber eben keine Volks-„Einheit". Das Problem einer „verkörperten" Repräsentation
von Volkseinheit bleibt bestehen, ja wird sich sogar verschärfen, als Bedürfnis verstärkt her-
ausschälen, je mehr sich das Krisenbewußtsein in den liberal-monarchistischen Staaten ver-

schärfen wird. Der Nationalismus bringt nun, seit den 80er Jahren des 19. Jahrhunderts, immer aggressivere Metaphern von Volkseinheit und Volkskraft hervor, die zwar auch Teile der Arbeiterschaft zu absorbieren vermögen, aber eben nicht soweit, daß die bereits erwähnte Spaltung des politisch aktiven Volkes in staatstragende und subversive Gruppen hätte beseitigt werden können. Aus den Anfängen dieser Entwicklung stammt ein Fresko von Cesare Maccari aus der Monumentaldekoration des italienischen Senats in Rom von 1881–1888, das eine neue Konstellation einführt unter Wiederaufnahme einer lange vergessenen Bildformel: der Horizontalität einer Vielheit von Personen.

Die Geschichte spielt während der Punischen Kriege. Attilius Regulus begibt sich, des sicheren Todes gewiß, aus freiem Willen wieder in die Gewalt der Karthager.

Wir sehen Attilius vor seiner Abfahrt nach Karthago, wie er zurückblickt auf trauernde Angehörige, die weißgewandeten Senatoren und die dunklen Massen des römischen Volkes. Gegenüber herkömmlichen Heldenerzählungen der Historienmalerei des 19. Jahrhunderts haben sich die hierarchischen Verhältnisse im Bild selbst geändert: Die pyramidale Anordnung in Anlehnung an die Bildschemata der Renaissance weicht einer ausgreifenden, panoramischen Horizontale. Innerhalb dieser neuen Bildsituation wird eine in der Historienmalerei ebenfalls ungewöhnliche Dramaturgie des Oben und Unten entwickelt, die auf der Isolation des Protagonisten gegenüber der Masse basiert, ohne ihn jedoch kompositorisch oberhalb von ihr zu plazieren.

Das Verhältnis von Einzelnem und Menge ist hier also trotz der vergleichbaren Anordnung in der Horizontale anders als bei Davids *Ballhausschwur*, denn nun gibt es den gegenüber der Masse hervorgehobenen Einzelnen, eine Konfiguration, die Maccaris Bild wie die bildnerische Entsprechung von Nietzsches Phantasie einer monumentalischen Historie[13] erscheinen läßt.

Der Bildansatz der Horizontale, der hier nun wieder auftaucht, ist nach wie vor bürgerlich-politisches Selbstzeugnis, aber unter drastisch modifiziertem Vorzeichen: das Volk ist passiv, der „Führer" handelt. Kaum hat sich also das Bürgertum in einem politischen System etabliert, ist dieses bereits in der Krise; und Nationalismus sowie erste klägliche Versuche von Imperialismus[14] bereiten ihrerseits eine Entwicklung vor, die dann dreißig Jahre später im Faschismus kulminiert.

---

13 „Daß die großen Momente im Kampfe der Einzelnen eine Kette bilden, daß in ihnen ein Höhenzug der Menschheit durch Jahrtausende sich verbinde, daß für mich das Höchste eines solchen längst vergangenen Momentes noch lebendig, hell und groß sei – das ist der Grundgedanke im Glauben an die Humanität, der sich in der Forderung einer *monumentalischen* Historie ausspricht." Nietzsche (1899): „Vom Nutzen und Nachtheil der Historie", S. 296. Die *Unzeitgemäßen Betrachtungen* sind 1873 entstanden. Dennoch können sie sicher nicht als unmittelbare Anregung für Maccari namhaft gemacht werden, da die Nietzsche-Rezeption in Italien erst in den 90er Jahren beginnt. Die Entsprechungen zwischen seiner Forderung und Maccaris Visualisierung des „Einzelnen" scheinen mir jedoch immerhin einen Verweis darauf im Sinne einer „historischen Konfiguration" (Walter Benjamin: *Gesammelte Schriften*, Bd. I.3, S. 1074) zu rechtfertigen. Zu den Fresken s. Falkenhausen (1993): *Italienische Monumentalmalerei*, S. 171ff.
14 Sabatucci (1970): „Il problema dell'irredentismo".

Bereits bei Maccari ist aus einer Bildidee, die bei David noch visuelle Formel für die politische Teilhabe des – auf die Männer beschränkten – Volkes war, eine weitere Pathosformel von Herrschaft geworden, diesmal einer „genuin" bürgerlichen. Zu fragen wäre also, ob schon zu den Zeiten vom *Ballhausschwur* künftige Herrschaftsstrukturen in nuce gelegt wurden, oder auch: Der Preis für die Emanzipation des Bürgertums wurde von jenen beglichen, die eben diese Emanzipation durch ihren Ausschluß davon als Herrschaftsdiskurs garantierten und fixierten: den Frauen und dem „Vierten Stand".

Ein anderer Vergleich macht die Spaltung des Volkes deutlich: In seinem Monumentalbild *Il Quarto Stato*[15] greift Pellizza da Volpedo wenige Jahre später die Horizontale auf. „Die Arbeiter rücken vor und nähern sich nach unabwendbarer Gesetzmäßigkeit ihrer hohen Bestimmung"[16], äußerte sich Pellizza da Volpedo über seine Ausdrucksziele. Aus einem Vortrag von Max Nordau, den dieser 1896 zur sozialen Funktion von Turin in Turin gehalten hatte, hatte sich Pellizza notiert: „... die Kunst muß dem Volk ein Bild seiner selbst geben, aber verschönert."[17] Das heißt, es ging ihm keineswegs um ein Bild der Denunziation sozialer Mißstände. In der Endversion ist der Horizont tief heruntergezogen und der Himmel verschmälert, während der Raum im Vordergrund, in den der Zug hineinmarschiert, vergrößert ist. So wird die Richtung des Wohin gegenüber dem Woher des Menschenzuges betont, also die Zukunft. Die formalen Mittel dieser Volksdarstellung zielen alle auf idealisierende Statik und eine Art „großen Stils" für das Volk, erreicht u. a. mit Anlehnungen an Raffaels *Schule von Athen*. Die Gruppe der „Avantgarde" an der Spitze zeigt darüber hinaus in einer Art Subtext Konnotate der Hl. Familie, wohl in dem Versuch, dieses Volk und sein „hohes Schicksal" zu sakralisieren – die Arbeiterbewegung als Heilsbewegung der Menschheit allgemein. Als legitimatorisches Zentrum dieses Universalismus wird hier die Utopie einer heilig-heilen Familie eingesetzt, gleichsam als letztes Ziel des sozialistischen Humanismus. Das bürgerliche Produkt Familie wird so zum alles transzendierenden Prinzip erhoben, mehr noch als im Bürgertum selbst.

Die völkische Gemeinschaft als sakrale Autorität

Das Nebeneinander von Maccaris antiker Präfiguration einer modernen „Massengesellschaft" und Pellizzas *Viertem Stand* führt vor Augen, daß die Volksmetapher gegen Ende des Jahrhunderts als übergreifende Einheits- und Autoritätsmetapher kaum noch wirksam sein konnte. Die Einheit und die das Kollektiv transzendierende Autorität als sich gegenseitig bedingende konnten nicht einmal mehr unter dem Zeichen kolonialer Expansion (nur

15 1891–1901, erste Version *Ambasciatori della fame* ab 1891, zweite Version *La Fiumana* ab 1895, ab 1898 dritte Version *Il Quarto Stato*, heute bekannt als Hintergrund im Filmplakat für Bertoluccis *1900*.

16 „... i lavoratori si avanzano e per legge ineluttabile vanno avvicinando i loro alti destini"; Pellizza da Volpedo (1976): *Il Quarto Stato*, S. 104.

17 „L'arte deve dare al popolo l'immagine di se stesso ma abbellita"; ebd., S. 38f.

ein expandierendes, eroberndes Volk ist vital) mit der notwendigen Eindeutigkeit über die Volksmetapher – sei sie abbildhaft oder versinnbildlicht – evoziert werden.

Diese Situation, von Historikern auch als Krise des liberalen Staates beschrieben, dauerte bis nach dem Ersten Weltkrieg an. Der Faschismus bot dann eine Lösung, über deren Bewertung die Historiker und Theoretiker sich immer noch nicht einig sind: Geschah da etwas Neues oder war dies die ulteriore Konsequenz bürgerlicher Staatsmacht, also geschehen im Zeichen der Kontinuität, den pseudorevolutionären Parolen des Faschismus zum Trotz? Abgesehen davon, daß solche Entweder-Oder-Klassifizierungsversuche in der Regel daran scheitern, daß sie die falschen Fragen stellen, möchte ich eine Interpretation anbieten, die vielleicht nicht neu ist und die ihrerseits keinerlei Anspruch auf Universalität hat, die sich jedoch gerade bei der Analyse der visuellen Repräsentationsformen von Herrschaft / Staat / Volk in den 30er, 40er Jahren als außerordentlich effektiv erweist.

Kurz auf den Punkt gebracht: Sozusagen in Wiederaufnahme einer Tradition, die sich im Grunde aus dem historischen Bruch der Französischen Revolution ableitet und den rein „profanen" Legitimationsverfahren Napoleons, d. h. ohne die Vermittlung über eine höhere Instanz, nicht unähnlich ist, tritt der legitimatorische Kreislauf zwischen Volk und Führer wieder in Kraft. Nun allerdings ist er kombiniert mit einem Angebot mythosgenerierender Transzendenz neuer Art, die historisch gut vorbereitet ist durch den Nationalismus: Nachdem der liberale Staat daran gescheitert war, eine Verkörperung des Einheitssymbols zu finden (bzw. dieses Problem, dessen sich Robespierre durchaus bewußt gewesen war, ignoriert hatte), wird das Problem einer machtdelegierenden, das Volk transzendierenden Autorität *innerhalb* dieses Zirkels gelöst. Das Volk selbst, im Nationalsozialismus der Rassekörper bzw. kollektiv die völkische Gemeinschaft, wird als sakrale Autorität gesetzt, die nun die Staatsmacht / den Führer legitimiert.

Mit diesem Ansatz ist m. E. auch einiges erklärbar, was bei Vergleichen „totalitärer" Ästhetiken immer wieder stutzig macht, nämlich daß die Ähnlichkeiten eben nur partieller und nicht genereller Natur sind. Nachvollziehbar werden die Unterschiede in den jeweils unterschiedlich unterlegten Begriffen oder Mythen vom Volk in seinem Verhältnis zum Führer als seiner Inkarnation, d. h. in den Differenzen im Verhältnis Volk – Führer, wie sie sich durch die unterschiedlichen Auffassungen vom „Volkskörper" ergeben.

Den Zirkel-Charakter der Führer-Legitimation in diesen autokratischen Regimen zeigen die Fotomontagen Hitlers, Mussolinis und Lenins (für entsprechende Montagen Stalins scheint der sozialistische Realismus bei Durchsetzung des Stalinkultes bereits zu dominant gewesen zu sein).

Hitler als Kniestück im Dreiviertelprofil über der aufschauenden, hitlergrüßenden Masse montiert,[18] El Lissitzkys Lenin als „Urvater"-Traumgesicht über eine Menge gelegt bzw. aus ihr aufsteigend,[19] Mussolini, auf sich herabschauend, wobei sein Körper, Hobbes' *Le-*

---

18 Plakat von 1934, Abbildung in: Golomstock (1990): *Totalitarian Art*, S. 171.
19 Abbildung in: ebd., S. 49.

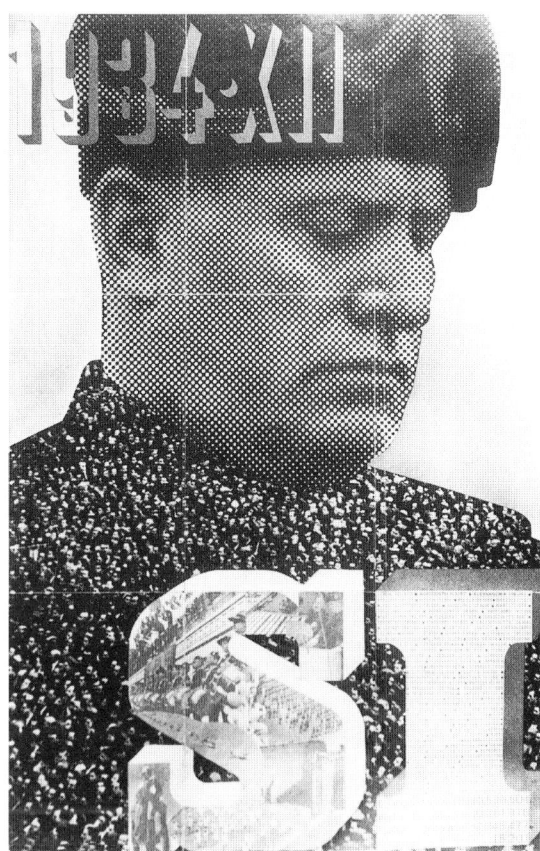

1934. XII SI, Plakat zur Volksabstimmung, 1934.
(Archiv der Autorin)

viathan ähnlich,[20] von der Masse gleichsam gebildet wird – der modernistische Montage-charakter ist bei Mussolini am deutlichsten. Dazu noch ein Beispiel, in dem sich das Verhältnis umkehrt: Mussolini bildet die Masse in Form unendlich vieler Duce-Köpfe mit jeweils typischem Mienenspiel.[21] Führer-Inszenierungen wie diese wären weder unter Stalin noch unter Hitler zu finden gewesen. Im folgenden werde ich mich jedoch auf die faschistischen Regime konzentrieren.

Bataille sagt zur „spezifisch faschistischen Einheit": „Mussolini selbst erkennt, in einer Art Hegelscher Vergöttlichung des Staates ..., ein besonderes Prinzip der Souveränität an, das er zugleich als *Volk*, *Nation* und *Überperson* bezeichnet". Das Volk, in Mussolinis Wor-

---

20 Thomas Hobbes: *Leviathan*, 1651, Titelkupfer. Den Vergleich regte mit einem Vortrag zu diesem Blatt Horst Bredekamp an. Er wäre auch inhaltlich, d. h. vor allem in der bildlichen Umsetzung staatstheoretischer Modelle, einer Vertiefung würdig, die hier zu weit führen würde.
21 Abbildung in: Silva (1973): *Ideologie e arte*, Abb. 60.

ten: „Zumindest die Idee des Volkes, ... die sich im Volk als Wille einer kleinen Anzahl oder sogar eines Einzigen inkarniert ..., ist weder eine Rasse, noch eine geographisch lokalisierbare Bevölkerungsgruppe, sondern eine Menschengruppe, die historische Kontinuität hat, eine Vielheit, die durch eine Idee zusammengehalten wird, die gleichermaßen Wille zur Existenz und zur Macht ist: d. h. Selbstbewußtsein, Persönlichkeit."[22]

Mussolini scheint sich also des Ideencharakters, heute würden wir pointiert formulieren, des konstruierten Charakters dieses „Volkes" ebenso bewußt zu sein wie der Art seiner Souveränität als Inkorporation einer Vielheit. Auf der theoretischen Ebene zieht von den genannten Führern er den Autorisierungskreislauf zwischen Führer und Volk am engsten. Die Art der Montage, die wir gesehen haben, repräsentiert diesen Inkarnationsmodus sehr klar, gerade auch in der Möglichkeit zur Abstraktion bzw. zur Zusammenführung von Bildideen, die die organische Bildauffassung sprengen. Dagegen betont die statische Gestaltung des Hitlerplakats eher die Abgelöstheit des Führers vom Volk. Die Bezugnahme verläuft einseitig vom Volk auf ihn, nicht aber zurück.

Wie die Volkseinheit begriffen wird, zeigt sich also auch in der Inszenierung der Führerporträts als Inkarnation dieser Einheit. Der Futurist Prampolini konstruiert in *Sintesi plastica del Duce* von 1926[23] mit wenigen geometrisch einfachen Formen und Volumen in einer extremen Reduktion der Form das dennoch eindeutig erkennbare Vorbild. Ein mit Schlaglicht versehener, metallisch wirkender Zylinder vermittelt den stechend-hypnotischen Blick, eine geschwungene Form den vorgeschobenen Unterkiefer, die Mussolini gern zur Schau stellte. Hinter dem Profil wird die Axtklinge sichtbar, die sonst aus dem Liktorenbündel herausragt. Die Identität von Führer und faschistischer Bewegung wird evoziert. Mussolini wird damit ebenso wie das Rutenbündel zum Symbol, oder besser, zum Signet, zum Markenzeichen des Faschismus.

Das Maximum an Abstraktion jedoch ist erreicht, wenn Mussolini nur noch im monumentalen M mit dem Fascio in der Mitte präsent ist, welches das Eingangstor zu einem Sommerlager bildet[24] – eine Inszenierung, wie sie im Falle Hitlers undenkbar gewesen wäre. Hitler blieb in seinen visuellen Repräsentationen immer naturalistisch erkennbar.

Worauf ist dieser Unterschied in der Führerinszenierung *innerhalb* dessen, was die Linke lange kurz den Faschismus genannt hat, zurückzuführen? In seiner Analyse von 1936 formuliert Bataille etwas, das wie ein Vorschlag zur Lösung dieser Frage klingt: „Das nationalsozialistische Deutschland, das sich nicht auf den Hegelianismus und dessen Theorie des Staats als Weltgeist berufen hat, wie es das faschistische Italien ... tat, hat die theoretischen Schwierigkeiten nicht gekannt, die sich aus der Notwendigkeit ergeben, offiziell ein

---

22   Zit. n. Bataille (1978): *Die psychologische Struktur des Faschismus*, S. 36. Das Zitat stammt aus dem Artikel „Fascismo" der *Enciclopedia italiana*.

23   Siehe Falkenhausen (1979): *Der Zweite Futurismus*, Abb. 1. Dort auch zur Beziehung Futurismus – Faschismus bis 1944. Ansonsten habe ich einige Gedanken zur Führer-Inszenierung in Falkenhausen (1987): „Mussolini architettonico", skizziert, die ich hier wieder aufnehme.

24   Abbildung in: Silva (1973): *Ideologia e arte*, Abb. 32.

Fritz Erler: *Hitler*, Öl auf Leinwand.
(Abb. nach: *Die Kunst im Dritten Reich*)

Prinzip der Autorität formulieren zu müssen: einerseits hat sich die mystische Idee der Rasse unmittelbar als imperatives Ziel der neuen faschistischen Gesellschaft durchgesetzt; andererseits erscheinen der Führer und die Seinen als ihre leibhaftige Verkörperung." Das verbietet natürlich jede Abweichung vom idealisierten Abbildcharakter. Allerdings möchte ich
den Punkt der leibhaftigen Verkörperung etwas modifizieren: der „Rassekörper" wurde vi-
suell nicht im Körper des Führers herausgestellt, sondern im Abbild des jungen, nackten
Körpers, sei er männlich wehrhaft oder weiblich fruchtbar. In gewisser Weise schob sich
also das Dogma vom Rassekörper zwischen Führer- und Volksbild und machte inszenierte
Verschmelzungen beider, wie wir sie im italienischen Faschismus gesehen haben, gewissermaßen unmöglich. Erlers Hitler-Porträt scheint das Verhältnis zwischen Rassekörper, der
gleichzeitig Volkskörper ist, und Führer zu exemplifizieren: Hitler, mit dem Rücken zum
männlichen „Volkskörper" in Gestalt eines nackten, knieenden Kriegers stehend, ist der
„Erbauer" dieses Rasse / Volkskörpers, sein Architekt. Rassegesetzgebung und Konzentrationslager wären dann, um im schrecklichen Bild zu bleiben, in seinen Augen nichts weiter
als Baumaßnahmen am Volkskörper.

Nur konsequent erscheint es denn auch, daß in der Malerei des Nationalsozialismus das Volk in seiner Vielheit kaum in Erscheinung trat, sondern in Pars-pro-toto-Figurationen, als Repräsentanzen bestimmter Bevölkerungsgruppen (z. B. Soldat, Arbeiter, Bauer, Mutter).[25] Sie visualisierte damit eine fixierte, ständische Gesellschaftsordnung, die der sozialen Fragmentierung des industriegeprägten Lebens Hohn sprach.

Das Volk selbst hingegen bildete auf den Plätzen die Bausubstanz der NS-Festarchitektur und wurde so Bestandteil seiner eigenen visuellen Repräsentanz. Nur dort, in den geordneten Quadern der Marschformationen, verlor offenbar das Volk als Masse für die Führer seinen gefürchteten Massencharakter im Sinne von Chaos und Unlenkbarkeit. Das ist auch in der stalinistischen Diktatur des Proletariats nicht anders.[26]

So formiert das Volk selbst jenes Bild der faschistischen Masse, wie sie Umberto Cerroni beschreibt: Sie muß einerseits durch das Gefühl kollektiver Macht aktiviert, aber andererseits durch das Gefühl der Aufgehobenheit in einer kollektiven Identität vom politischen Eingreifen abgehalten werden – eine nur „exekutive Mobilisierung"[27], die sich gerade in dem Moment perfekt realisiert, wo das Volk sich selbst als Metapher inkarniert. Der Spieß ist umgedreht: das Volk legitimiert sich vor und in dem strengen Blick seines Führers / Architekten im „perfekten" Bild seiner selbst.

Literatur

Bataille, Georges: *Die psychologische Struktur des Faschismus. Die Souveränität*, München 1978.

Cerroni, Umberto: *Teoria della società di massa*, Roma 1983.

David, Ausstellungskatalog, Paris 1989.

Delacroix, Ausstellungskatalog, Zürich 1987.

De Maistre, Joseph: „Des constitutions politiques et des autres institutions humaines" (1809), in: Univ. de Strasbourg, Faculté des Lettres: *Publications*, Series 2, Fasc. 21, hg. v. Robert Triomphe, Strasbourg 1959.

Falkenhausen, Susanne von: *Der Zweite Futurismus und die Kunstpolitik des Faschismus von 1922–1943*, Frankfurt/M. 1979.

Falkenhausen, Susanne von: „Mussolini architettonico – Notiz zur ästhetischen Inszenierung des Führers im italienischen Faschismus", in: *Inszenierung der Macht. Ästhetische Faszination im Faschismus*, Berlin 1987, S. 243–252.

Falkenhausen, Susanne von: *Italienische Monumentalmalerei im Risorgimento 1830–1890. Strategien nationaler Bildersprache*, Berlin 1993.

Golomstock, Igor: *Totalitarian Art in the Soviet Union, the Third Reich, Fascist Italy and the People's Republic of China*, New York 1990.

---

25 Beispiele dafür finden sich z. B. bei Hinz (1974): *Die Malerei im deutschen Faschismus.*
26 Das zeigen auch Plakatentwürfe von Gustav Klucis, s. Kat.: *Gustav Klucis* (1991), z. B. Nr. 267.
27 Cerroni (1983): *Teoria*, S. 318.

Hinz, Berthold: *Die Malerei im deutschen Faschismus. Kunst und Konterrevolution*, München 1974.

Kantorowicz, Ernst H.: *Die zwei Körper des Königs. Eine Studie zur politischen Theologie des Mittelalters*, München 1990.

Kat.: *Gustav Klucis. Retrospektive*, hg. v. H. Gaßner u. R. Nachtigäller, Kassel 1991.

Kiss, Gabor: „Nation als Formel gesellschaftlicher Einheitssymbolisierung", in: *Staatsrepräsentation*, hg. v. J.-D. Gauger u. J. Stagl, Berlin 1992.

Nietzsche, Friedrich: „Vom Nutzen und Nachtheil der Historie für das Leben", in: *Die Geburt der Tragödie. Unzeitgemäße Betrachtungen*, Nietzsches Werke, Erste Abteilung, Bd. I, Leipzig 1899.

Pellizza da Volpedo, Giuseppe: *Il Quarto Stato*, hg. v. Aurora Scotti, Milano 1976.

Sabatucci, S. G.: „Il problema dell'irredentismo e le origini del movimento nazionalista in Italia", in: *Storia contemporanea*, n. 3 (1970) u. n. 1 (1971).

Silva, Umberto: *Ideologia e arte del fascismo*, Milano 1973.

Wagener, Hermann: *Staats- und Gesellschafts-Lexikon*, Berlin 1863.

Wagner, Monika: *Allegorie und Geschichte. Ausstattungsprogramme öffentlicher Gebäude des 19. Jahrhunderts in Deutschland*, Tübingen 1989.

Wenk, Silke: „Warum ist die (Kriegs-)kunst weiblich? Frauenbilder in der Plastik auf öffentlichen Plätzen in Berlin", in: *Kunst und Unterricht* 101 (1986).

ANNETTE GRACZYK

Die Masse als elementare Naturgewalt

Literarische Texte 1830–1920

Mit „todstillem Donner, dumpfem Brausen" kulminiert Carl Sternheims expressionistischer Epochenroman von 1919/1920, *Europa*, in einer Revolutionsszene. Sie reflektiert und bewertet einen realen gescheiterten Umsturzversuch in Holland in der Folge der russischen Oktober- und der deutschen Novemberrevolution im Medium der Erzählkunst.[1] Das Revolutionsereignis bricht im Roman unvermittelt in ein Zwiegespräch der Protagonisten, Carl und Europa, ein, die hier eine entscheidende kontroverse Auseinandersetzung über den Gegensatz von Kollektivismus und Individualismus führen. Die beiden meteorologischen Metaphern Donner und Brausen zeugen davon, daß gerade eine Zündung stattgefunden hat: ein Blitz ist dem Donner vorausgegangen. Es muß ein folgenschweres Naturereignis sein, darauf weist das Oxymoron „todstiller Donner" mit seinem inneren Widerspruch hin.

Augenblicklich greift die elementare Entladung auf Europa über. Euphorisch reißt es sie fort. „Instinktiv" findet sie zum Epizentrum des revolutionären ‚Bebens', von dem die gewaltige Erschütterung der Atmosphäre ausgeht. Auf dem Buitenhof, dem zentralen Platz der Stadt Den Haag, taucht sie ein in eine heiß erregte Menschenmasse und wirft sich damit in den brandheißen Kampf, der bereits in vollem Gange ist. Sternheim komponiert im folgenden einen rhythmisch dynamisierten Massentumult. Perspektivisches Zentrum des Tumultes ist die Heldin Europa, die von der Masse als Führerin herausgehoben wird.

Der symbolische Wetterschlag am Beginn der Szene kann in seiner politischen Bedeutung nicht mißverstanden werden. Schon Charles Dickens greift 1859 in seinem historischen Roman über die Epoche der Französischen Revolution von 1789, *A Tale of Two Cities*, die gleichen Metaphern auf. In London braut sich ein Gewitter zusammen, während zur selben Zeit in Paris die Revolution losbricht. Das Wetter, das literarisch traditionell als Spiegel der inneren Gemütsverfassung des Helden diente, wird im Zeitalter der Revolutionen zur umfassenden Großmetapher, in der auf eine anschaulich-sinnliche Weise politische Situationen und Verhältnisse zu ‚Großwetterlagen' verdichtet werden.

---

1 Vgl. dazu ausführlicher Graczyk (1993): *Die Masse als Erzählproblem*.

Das Bild des Gewitters, auf das ich hier zunächst eingehe, entstammt dem Bereich elementarer Naturgewalten. Aber es gibt noch weitere *naturale* und auch *organische* Massenbilder, auf die ich hier zur Abgrenzung hinweisen möchte: die vielfältige Tiermetapher (Herde, Rudel, Schwarm), die Bilder des Wucherns und Gärens (die Hefe; aber auch die gemischte Metapher: Polyp), die pflanzlichen Vorstellungen wie Kornfeld, Tulpenbeet oder Wald; schließlich sei auch an die begleitenden Geschichtsmetaphern erinnert: Morgenröte, Geburt. Ich werde mich im folgenden aber auf den Bildkreis der elementaren Naturgewalten beschränken, weil er in der Gestaltung der *revolutionären* Massen den zentralen Typus bildet.

Das Gewitterbild prägt sich als eine Revolutionsmetapher im naturphilosophischen Kontext aus, den die Französische Revolution von der Aufklärung übernimmt. Unter den naturrechtlich gewendeten mythisch-transzendentalen Bildprämissen geht das Gewitter als ein zentrales Symbol in die revolutionäre Selbstdarstellung von 1789 ein: Hier überlagern sich die implizite Vorstellung der Natur als ausgleichende Gerechtigkeit mit der Erfahrung eruptiver revolutionärer Volksgewalt. Das Gewitter verleiht dem Ereignis gleichsam eine transzendente Würde. Es symbolisiert den gewaltsamen Umbruch zu einer neuen Ära. Wenn sich das Wetter nach dem Gewitter „aufklärt", werden die Kräfte der Finsternis vertrieben sein, und die ‚strahlende' Ordnung der Vernunft geht auf.[2]

In der Folge bürgert sich die politische Bedeutung der Metapher in den verschiedenen literarischen Genres – Pamphlet, Essay, Dichtung – ein. Die Revolutionen des 19. Jahrhunderts bestätigen die politische Bildverwendung und erweitern sie durch den eigenen Revolutionsbezug. Selbst die Gegner der Revolution bringen in den Gewitterbildern ihre Wertungen unter, indem sie andere Merkmale dieses Naturereignisses betonen. Die Kurzlebigkeit des Gewitters und seine Folgenlosigkeit sind gemeint, wenn ein Zeitgenosse die deutsche Revolution von 1848 in einem Pamphlet als „Märzensdonnerwetter" bezeichnet.[3]

Auch in Sternheims Roman werden die kritischen Untertöne aktualisiert, die das revolutionäre Gewitterbild seit 1789 grundieren: Während die positiv besetzte Bildtradition, welche die reinigende Kraft und regenerierende Wirkung des Gewitters hervorhebt, in den euphorischen Handlungsmomenten der Szene fortlebt, klingt im „todstillen Donner" untergründig auch das bedrohliche Potential des Unwetters an. Sternheim durchkreuzt in seiner doppelbödigen Bildverwendung die utopisch-emphatische Deutung des Ereignisses durch einen apokalyptischen Gegensinn. Vor allem durch den Tod der Protagonistin Europa wird

---

2 In den Zusammenhang der traditionellen naturalen Revolutionssymbolik gehört auch das Bild der Aurora, auf das Sternheim aber nur in verhaltener Weise anspielt und das er nicht zu einem tragenden Metapherkomplex macht. – Zur Licht- und Schattenmetaphorik der Revolution vgl. Starobinski (1973): *1789*.

3 *Aufklärung über die Grundursachen des Merzen-Donnerwetters*, veröffentlicht unter dem Namen Antoni Bauernfreund, Augsburg 1848; erwähnt bei Jäger (1971): *Politische Metaphorik*, S. 32. Jäger gibt (S. 29–34) weitere sinnfällige deutsche Literaturbeispiele zur revolutionären Bildverwendung des Gewitters, u. a. bei Hölderlin.

das Revolutionsgewitter im Roman zu einem geschichtlich wie politisch letztlich folgen-
losen Zwischenspiel der Natur.

Das Motiv des loskrachenden Gewitters kündigt bereits den Grundtenor der gesamten
Szene an. Sternheim greift in seiner Revolutionsgestaltung auch auf weitere Großmetaphern
zurück, die, wie das Gewitter, dem Bereich der elementaren Natur*gewalt* entlehnt sind. Zwei
zentrale Motivbereiche organisieren den Szenenaufbau. Erstens findet sich das revolutionäre Geschehen zu einem vulkanischen Ereignis überformt. Zweitens wird die entfesselte
Dynamik des Massenaufruhrs in literarische Bilder eines aufgewühlten Meeres umgesetzt.

Sternheim zieht beide Naturbereiche heran, um die *ekstatische* Dimension des Massenaufruhrs zum Ausdruck zu bringen. Die elementare Metaphorik erfüllt dabei eine zentrale
Funktion: In ihr gestaltet der Autor die Aufhebung der Individuation. Die ozeanische und
die vulkanische Metaphorik vergegenwärtigen auf eine erotisch hoch aufgeladene Weise
zunächst die äußere, dann auch innere Verschmelzung von Masse und Ich. Dieser Vorgang
der ekstatischen Entgrenzung wird an der Protagonistin Europa vorgeführt.

Europa wird in der bebenden Menschenmasse von einer vulkanischen Gewalt ergriffen;
später „rollen" in ihrem Innern wie aus verschollenen Schichten „Urworte" auf. Auf dem
Höhepunkt der Szene befindet sie sich auf einer hohen Flutwelle aus dem Menschenmeer
herausgehoben und speit, wie aus einem Krater, „kolossalen Schimpf" auf das Militär. Ge-
naugenommen überlagern sich in der Szene die vertikal aufstrebende Gewalt des Vulkans
und der Flutwelle. Wie die vulkanische Metapher oder auch das die Szene einleitende Gewitterbild ist das Wasserbild geeignet zu zeigen, wie der einzelne von der revolutionären
Bewegung ergriffen wird. Während im Bild des Vulkans vor allem die revolutionäre Empörung und Auflehnung der Masse zum Ausdruck kommt, vermag die ozeanische Metapher
aufgrund ihrer bildimmanenten Möglichkeiten differenzierter zu zeigen, wie das Individuum sich im Zusammenspiel mit der Masse bewegt und dabei stufenweise immer mehr mit
der Masse verschmilzt. Die ozeanische Metapher leistet daher in Sternheims Szene den
wichtigsten Teil einer Transformation des Ichs: Am Szenenende löst sich die Heldin Europa
buchstäblich im Meer der Masse auf.

Das Wasserbild erfüllt aber noch eine weitere Funktion. Von Anfang an ist die Dynamik
der revolutionären Schlacht als ein elementares Kraftspiel von überrollender Flut und weh-
rendem Soldatendamm komponiert. Ich möchte den Szenenaufbau hier kurz am Beispiel der
Wassermetaphorik verdeutlichen: Europa *schwingt* sich zunächst in eine *Woge* und *schwimmt*
hin, wo es am schwülsten ist. Ihre weiteren Bewegungen in und mit der Menge sind nach
dem Muster sich ,drehender' Strudel- und Wellenbewegungen komponiert. Sie wird mit
dem Menschengedränge, das sie umgibt, rückwärts gegen eine Hausmauer *gesprengt* und
hochgeschraubt, und wogenartig wird sie wieder *zurückgehoben* und fortgerissen, als die
Menge, ihrerseits zum Gegensturm übergehend, wieder Raum gewinnt. An einem ersten
Höhepunkt thront Europa, von der Menge *hochgehoben*, als Führerin über dem Menschen-
meer, das an sie *brandet*. Am Umschlagpunkt der Szene rollt sich das entfesselte Menschenmeer senkrecht zu einer riesigen Sturzwelle auf, die sich im Überschlagen auf die
gegnerischen Truppen wirft. Als Gischt, die im Moment des Überschlags entsteht, wird Europa in die Tiefe gespritzt und taucht, ihre Individualität abstreifend, ins Meer (der Masse)

ein. In einem Schlußbild formt Sternheim dann die latente Lebenssymbolik des Wassers zu einer genuin lebensphilosophischen Großmetapher aus und geht damit über die traditionelle Bildverwendung hinaus: Als Teil des Menschenmeeres löst sich Europa zunächst in der elementaren Kraft des Wassers auf; sie kämpft als Elementarkraft gegen den „Wall" der Soldaten an. Schließlich verschmilzt sie vollends mit ihrem Element, wenn sie – verblutend – ihre innerste Lebenskraft ins Meer verströmt. Das Leben kehrt als elementare Kraft an seinen Ursprung zurück.

Sternheim greift im Bild des aufgewühlten Menschenmeeres auf eine lange Tradition zurück, die sehr viel älter ist als die eigentliche Öffnung der Kunst gegenüber dem Sujet der Masse. Von dieser kann auf seiten der erzählenden Literatur erst im ersten Drittel des 19. Jahrhunderts gesprochen werden, als in der Nachfolge der Geschichtsromane von Walter Scott eine romantische und realistische Kunstprogrammatik entwickelt wird. Weil dem Bild vom Menschenmeer unter den Naturmetaphern eine zentrale Bedeutung zukommt, will ich etwas ausführlicher auf es eingehen.

Literarisch läßt sich das Meeresbild, und zwar sowohl als eine politische Metapher als auch als einfaches Beschreibungsmuster, bis in die Antike zurückverfolgen.[4] Der Vergleich des Volkes mit dem brausenden Meer ist bereits biblisch vorgegeben.[5] Demosthenes nennt das Volk eine Woge, die vom Zufall bewegt wird; Cicero wie Livius vergleichen die entfesselte Masse mit einem tosenden Meer. Über die humanistisch gebildete Elite geht der Topos vom aufrührerischen Volkesozean unter pejorativen Vorzeichen in das Bildungsgut der europäischen Neuzeit ein. Der breite Haufen des gemeinen Volkes, schreibt Pierre Charron in seinem moralphilosophischen Werk *De la Sagesse* (zuerst 1601), das entscheidenden Einfluß auf die Herausbildung des französischen Rationalismus hatte, sei „ein seltsames vielköpfiges Tier [...], unbeständig und wandelhaft, nicht weniger rastlos als die Wellen des Meeres". Aufsässig, unruhig, aufrührerisch gleiche es dem an sich stillen Meere, das schäumt und tobt, wenn es von wütenden Stürmen aufgetrieben wird.

Aber die ozeanisch-flutende Qualität des Volkesozeans birgt noch ein anderes, utopisches Potential: Der begeisterte Revolutionstourist Joachim Heinrich Campe sieht in der „ungeheuren, *aus Menschen aller Stände*, jeglichen Alters und beiderlei Geschlechts zusammengeflossenen Volksmasse" des revolutionären Paris einen „sanftwallenden [...] menschlichen Ozean(s)", in den sich jeder „ungescheut und ohne alle Bedenklichkeit" hineinstürzen könne. Die negative Vorstellung vom aufrührerischen „Volkesozean" wird hier zu einem freiheitlichen, auch erotisch aufgeladenen Sinnbild egalitärer Mischung und sozialer Schrankenlosigkeit.[6]

---

4   Hempel (1974): *Manzoni*, weist in einer Fußnote auf die Präsenz dieser Metaphorik in der *Aeneis* hin, S. 111f.

5   Ich verweise hier auf die grundlegende Arbeit von Peil (1983): *Untersuchungen zur Staats- und Herrschaftsmetaphorik*, der im Rahmen der Staatsschiff-Metaphorik mit zahlreichen Belegen ausführlich auf das Meeresbild eingeht, S. 742ff. Peils Arbeit, die nach komplexen Metaphernfeldern vorgeht, ist unmittelbar aufschlußreich für die politische Massenmetaphorik.

6   Campe (1977): *Briefe aus Paris*, S. 30. Vgl. Brüggemann (1985): *„Aber schickt keinen Poeten nach London!"*, S. 74ff.

Das Bild vom Volkesozean geht, durch die Naturmetaphorik der Französischen Revolution emphatisch aufgewertet und zugleich konkretisiert, in die politische Metaphorik der Romantik ein. In Deutschland wird es insbesondere in der Literatur des Vormärz bei Heine, Börne oder Herwegh staats- und zeitkritisch eingesetzt. In Frankreich wird das Meeresbild nach der Juli-Revolution von 1830 bei Hugo und Vigny zur tragenden literarischen Metapher ausgeformt, mit deren Hilfe das großartige Schauspiel einer bewegten Menschenmenge geschildert wird. Schon in seinem Roman von 1831, *Notre-Dame de Paris*, beschreibt Hugo die Volksmenge der mittelalterlichen Stadt Paris als ein *ozeanisches* Element, das mit seinem brodelnden und quirligen Leben die Stadt geradezu überschwemmt. Im Wechselspiel mit den architektonischen Gegebenheiten des Raumes wird die steinerne Landschaft der Stadt durch die Menschenmasse mit einer flutenden Bewegung erfüllt. Stadt und Masse gehen daher in Hugos Roman des mittelalterlichen Paris eine phantastisch-groteske Synthese ein:

> „Der Platz vorm Palast, mit Volk überfüllt, bot den Neugierigen an den Fenstern den Anblick eines Meers, in das fünf oder sechs Straßen, wie ebensoviele Flußmündungen, jeden Augenblick neue Fluten von Köpfen ergossen. Die ständig anschwellenden Wogen dieser Menge brachen sich an den Häuserecken, die da und dort, gleich Gebirgsausläufern, in das unregelmäßige Becken des Platzes hineinragten. Über die große Treppe in der Mitte der hohen gotischen Kathedrale floß ein doppelter Strom unaufhörlich hinauf und hinab; nachdem er sich an der zwischenliegenden Freitreppe gebrochen hatte, ergoß er sich in großen Wellen über ihre beiden seitlichen Abgänge. Diese große Treppe also rieselte ununterbrochen in den Platz wie ein Wasserfall in einen See. Das Geschrei, das Lachen, das Stampfen all dieser tausend Füße machten unerhörten Lärm und gewaltiges Getöse. Ab und zu schwoll dieses Getöse an – der Strom, der die Menge auf die große Treppe wälzte, flutete zurück, trübte sich, wurde unruhig, strudelte."[7]

Hugo wie übrigens auch der romantische Historiker Michelet überhöhen das Volk zu einer elementaren Urkraft, die gleichsam im Unbewußten wirkt. Ein Aphorismus Hugos verdeutlicht auf eine prägnante Weise die Geisteshaltung, aus der heraus seine ozeanischen

---

7 „La place du Palais, encombrée de peuple, offrait aux curieux des fenêtres l'aspect d'une mer, dans laquelle cinq ou six rues, comme autant d'embouchures de fleuves, dégorgeaient à chaque instant de nouveaux flots de têtes. Les ondes de cette foule, sans cesse grossies, se heurtaient aux angles des maisons qui s'avançaient çà et là, comme autant de promontoires, dans le bassin irrégulier de la place. Au centre de la haute façade gothique du palais, le grand escalier, sans relâche remonté et descendu par un double courant qui, après s'être brisé sous le perron intermédiaire, s'épandait à larges vagues sur les deux pentes latérales, le grand escalier, dis-je, ruisselait incessamment dans la place comme une cascade dans un lac. Les cris, les rires, le trépignement de ces mille pieds faisaient un grand bruit et une grande clameur. De temps en temps cette clameur et ce bruit redoublaient, le courant qui poussait toute cette foule vers le grand escalier rebroussait, se troublait, tourbillonnait." – Hugo (1967): *Notre-Dame de Paris*, S. 26/27. Ich verweise weiter auf die einschlägigen Ausführungen zur Stelle bei Klotz (1969): *Die erzählte Stadt*, aus dessen Anhang (S. 538f.) ich die obige Übersetzung übernehme und als Lesehilfe biete; sie basiert auf der Übersetzung von E. v. Schorn: *Notre-Dame von Paris*, Leipzig 1958.

Massendarstellungen in *Notre-Dame de Paris* und später auch in *Les Misérables* zu verstehen sind: „Wenn man die Revolution für das Werk von Menschen ausgeben wollte, so müßte man auch Ebbe und Fluth für das Werk der Wellen ausgeben."[8]

Bei Dickens schließlich wird die ozeanische Metapher zur großen Denkfigur, in der das geheimnisvolle Wesen der Masse ergründet werden soll. In *Barnaby Rudge* (1841), einem Roman über die konfessionell motivierten Aufstände in London um 1780, heißt es über den Mob, den Dickens an dieser Stelle speziell im Auge hat: Er sei

> „gewöhnlich ein Wesen von höchst geheimnisvoller Existenz, zumal in einer großen Stadt. Wenige können sagen, woher er kommt oder wohin er geht. Er sammelt und zerstreut sich mit gleicher Plötzlichkeit, und ihn zu seinen verschiedenen Quellen zu verfolgen ist ebenso schwierig wie beim Ozean; und damit ist die Parallele noch nicht zu Ende, denn der Ozean selbst ist nicht unsicherer und unbeständiger, nicht schrecklicher, wenn er aufgewühlt ist, nicht unvernünftiger noch grausamer."[9]

Eine weitere Metapher aus dem elementaren Naturbereich ist der Sturm. Er ist uns bereits bei Charron und schließlich auch bei Sternheim im Doppelbild des stürmischen Meeres begegnet. Neben dem Gewitter, dem Vulkan mit seinen Lavaströmen und den reißenden Wasserfluten verbildlicht der Sturm den energetisch-elementaren Charakter der Revolution. Wie die Wassermetaphorik bringt er die mitreißende Wirkung des revolutionären Geschehens auf die einzelnen zum Ausdruck. Er ist die Chiffre einer Entfesselung, die den einzelnen in seiner inneren Triebstruktur erfaßt. „Die Leidenschaften", heißt es z. B. in dem geschichtsphilosophischen Werk des Schweizer Aufklärers Isaak Iselin, „die Unordnungen, die Mißbräuche sind in der moralischen Welt was in der physischen die Stürme." Er hat dabei eine Analogie zwischen dem physischen, psychischen und historischen Bereich im Auge; namentlich bezieht er sich auf den amerikanischen Freiheitskrieg und die politischen Wirren in Polen.[10] Es ist die entfesselte Leidenschaft, Wut und Empörung der Volksmassen, die in der bildlichen revolutionären Selbstdarstellung von 1789 als „Sturm der Geschichte" über die Alte Ordnung der feudalistischen Gesellschaft hinwegfegt.

Auch die Sturmmetapher hat sich – wie die Wassermetapher – seit Menschengedenken mit mythischen, biblischen und symbolisch-religiösen Bedeutungen angereichert. Ihr politisches Sinnpotential ist so alt wie die historischen Erfahrungen von Massenphänomenen

---

8 Zit. n. Jäger (1971): *Politische Metaphorik*, S. 83.

9 „A mob is usually a creature of very mysterious existence, particularly in a large city. Where it comes from or whither it goes, few men can tell. Assembling and dispersing with equal suddenness, it is as difficult to follow to its various sources as the sea itself; nor does the parallel stop here, for the ocean is not more fickle and uncertain, more terrible when roused, more unreasonable, or more cruel." – Dickens (1954): *Barnaby Rudge*, S. 396. Ich verweise auf Klotz (1969): *Die erzählte Stadt*, der ausführlicher auf die Wassermetaphorik bei Hugo und Dickens eingeht und weitere Literaturangaben gibt; zu Dickens: S. 157f., zu Hugo: S. 98ff. Vgl. auch S. 141f. zu Hugos *Les Misérables*. Die deutsche Übersetzung entnehme ich dem Anhang der Arbeit von Klotz (S. 545).

10 Isaak Iselin: *Ueber die Geschichte der Menschheit*, zit. (n. d. Aufl. v. 1791) n. Jäger (1971): *Politische Metaphorik*, S. 29.

und politischen Einbrüchen. Die vorgeschichtlichen Ablagerungen sind noch in den Mythen lebendig, die geschichtlichen schon seit der Bibel. So heißt es z. B. biblisch: „Wind
säen sie und ernten Sturm".[11] In der antiken Staatsphilosophie ist der Sturm zunächst ein
Sinnbild für den äußeren Krieg. Spätestens seit Cicero wird er auch auf die innenpolitischen
Unruhen bezogen.[12] Seinen originären Platz hat der Sturm – wie übrigens auch das „brau-
sende Meer" – in der antiken Staatsschiffmetaphorik. Das derart angereicherte System der
naturalen Metaphern steht – unter den historisch wechselnden weltanschaulich-religiösen
Prämissen – als Beschreibungs- und Deutungsmuster auch für die politischen Massenphänomene der Neuzeit seit dem Bauernkrieg bereit.

Den Revolutionären von 1789 fehlt noch das Bewußtsein, daß ihr *naturales* revolutionä-
res Metaphernsystem selbst *geschichtlichen* Veränderungen unterworfen ist. Die Revolution
in ihrer offiziellen Selbstdarstellung drückt sich unter den naturphilosophischen Denkvor-
aussetzungen der Aufklärung in einem emphatischen Naturverständnis aus. Sie unterstellt
der Natur, die sie gleichsam divinisiert, geschichtlichen Sinn: Die Revolution, als der
gewaltsame Umbruch der Gesellschaft, gibt sich nicht als Menschheitsgeschichte, sondern
als Naturgeschichte aus. Aber dieser Natur hat sie ihre zeitbezogenen gesellschaftlichen und
politischen Ziele unterlegt.

Wenn auch die Naturphänomene für sich genommen im wesentlichen gleich bleiben, so
ändert sich jedoch ihre Bewertung, die sie im menschlichen Denken erfahren. Bereits vor
der Revolution kommt es auf dem Gebiet der Geologie zu wissenschaftlichen Hypothesen
über die naturgeschichtliche Entstehung der Erde und ihres Reliefs, d. h. also über die ge-
schichtliche Verankerung der Natur selbst. Dabei wird der alte Streit zwischen Neptunisten
und Vulkanisten fortgeführt, der sich auch durch das gesamte 18. Jahrhundert zieht. Während die Neptunisten die Entstehung der erdgeschichtlichen Formationen auf das Wirken der
Meere und der fließenden Gewässer zurückführen, sehen die Vulkanisten die eruptiven, ka-
taklysmischen Veränderungen der Erde als entscheidend an. Buffon legt 1778 in den *Epo-
ques de la Nature* ein kombiniertes Modell beider Ansätze vor, indem er nun (entgegen seiner früher in der *Théorie de la Terre* niedergelegten neptunistischen Überzeugung) die
Wirkung des Erdfeuers zur primären Quelle der Erdformation erklärt; das Wasser habe erst
in späteren Erdperioden mitgewirkt.[13] Die geologischen Hypothesen mit ihren suggestiven
Schilderungen gewaltsamer Erdausbrüche und sintflutartiger Überflutungen, welche die
Zeitgenossen beeindruckten, reichern auch den Bildkreis der elementaren Naturgewalt mit
der historischen Tiefe der Erdgeschichte an. Diese wird später mit den Naturbildern auch
auf die Masse übertragen. Die Masse wird damit zu einer schöpferisch-elementaren Kraft,
die den – durchaus gewaltsam verlaufenden – geschichtlichen Prozeß der Formation der
Erde fortsetzt.

Die Naturmetapher ist ein Vehikel, das 1789 in das noch unbekannte Neue des *Sozialen*
führt. Mit ihr wird zwar die Eigendynamik der Revolution als Kollektivvorgang erfaßt. Aber

---

11 Hos. 8.7.
12 Peil (1983): *Untersuchungen zur Staats- und Herrschaftsmetaphorik*, S. 753ff.
13 Dazu im einzelnen Broc (1975): *La Géographie des philosophes*, S. 421–434 sowie S. 194–196 u. passim.

die Beschreibung bleibt auf einer gleichsam physiognomischen Ebene stehen. Eine begriff-lich-analytische Erkundung der neuen Kategorie des Sozialen kann das Bild von sich aus nicht leisten. Die neuartige Erscheinung und Wirkungsdimension des kollektiven Prozesses tritt zwar hervor; die Dynamik seiner erstaunlichen Verbreiterung, Geschwindigkeit und Wucht wird im Vergleich zur Naturgewalt erfaßt, und auch die emotionalisierende Wirkung, die von der Gesamtbewegung auf den einzelnen ausgeht, wird zum Ausdruck gebracht. Aber die Träger der Revolution, die Gesellschaftlichkeit der Masse, ihre spezifischen Haltungen usw. werden damit allenfalls nur von außen benannt. Als differenzierte soziale Triebkräfte mit ihren je eigenen Sozialisationsformen, Motiven, Zielen bleiben sie unerkannt. Die natu-rale Metaphorik bietet das Phänomen der Masse in seiner energetischen Erscheinungs- und Bewegungsform. In die Infrastruktur der Massenerscheinung dringt sie nicht. Die „Natur" als die Bezugsebene sowohl der Revolution als auch der Reaktion ist im Grunde Ausdruck einer Sprachnot, welche die Masse als das komplexe Unbekannte mit dem Bekannten be-nennen will. Mit den Metaphern wird aber auch das ganze System, das in den Naturbildern steckt, in die Massenvorstellung eingeschleust.

Die Naturmetaphorik ist aber nicht nur eine Überformung sozialer Vorgänge. Sie kann insofern auch treffend sein, als die Menschen auch Naturwesen, die Masse und die sozialen Vorgänge somit auch Naturphänomene sind. In ihrer naturalen Basis sind die revolutionä-ren Vorgänge durch *Emotionen* bestimmt. Daher behalten die Naturmetaphern ihre Faszina-tionskraft. Im gesellschaftlichen Ganzen erscheint in dieser Hinsicht der Mensch in seiner Doppelexistenz: als Naturwesen und Kulturwesen zugleich.

Einen Höhepunkt einer solchen Aufarbeitung bildet Gustave Flauberts Roman *L'Educa-tion sentimentale* von 1869, der die revolutionäre Generation von 1848 darstellt. Nach der Schließung der Nationalwerkstätten kündigen sich in Paris die Juni-Aufstände der Arbeiter an. Flaubert nutzt das naturmetaphorische Repertoire, um zu vergegenwärtigen, wie sich das kommende Ereignis in der versammelten Masse der empörten Arbeiter ‚zusammenzieht'. Wieder treffen wir zunächst auf die nun schon bekannten Metaphern: Gewitter und stürmi-sches Menschenmeer.

> „Gegen neun Uhr fluteten die Massenansammlungen, die sich bei der Bastille und dem Châtelet gebildet hatten, auf den Boulevard zurück. Nun war von der Porte Saint-Denis bis zur Porte Saint-Martin ein ungeheures Gewimmel, eine einzige Masse von einem dunklen, beinahe schwarzen Blau. Alle Männer, die man erblickte, hatten brennende Augen und fahle, vom Hunger abgemagerte und von der erlittenen Ungerechtigkeit er-regte Gesichter. Unterdessen ballten sich Wolken zusammen; der Gewitterhimmel lud die Menge mit Elektrizität, und unentschieden kreiste sie wirbelnd um sich selber, breite Wogen schlagend wie die hochgehende See. Und in ihrer Tiefe war eine unberechenbare Kraft, etwas wie eine Elementargewalt zu fühlen."[14]

---

14 „Vers neuf heures, les attroupements formés à la Bastille et au Châtelet refluèrent sur le boulevard. De la porte Saint-Denis à la porte Saint-Martin, cela ne faisait plus qu'un grouillement énorme, une seule masse d'un bleu sombre, presque noir. Les hommes que l'on entrevoyait avaient tous les prunelles ardentes,

Vor der bevorstehenden Katastrophe zieht sich der Protagonist Frédéric absichtlich mit seiner Begleiterin in den Bois de Fontainebleau zurück. Aber zur gleichen Zeit, als in Paris die Arbeiteraufstände blutig niedergeschlagen werden, holen den Helden in der abseits gelegenen Landschaft die apokalyptischen Visionen heim. So wie in der früheren Szene das gesellschaftliche Geschehen mit den Naturmetaphern dramatisiert worden war, ist jetzt der Blick auf die Natur mit kulturgeschichtlichen und zivilisatorischen Assoziationen aufgeladen. Flaubert setzt sich mit dem Thema Revolution im Material der Natur auseinander.

> „Man sah riesige, knorrige Eichen, die sich wie verkrampft vom Boden erhoben, einander umklammerten und sich, solide auf ihren Stämmen ruhend wie Torsos, mit ihren nackten Armen verzweifelte Rufe und wütende Drohungen entgegenschleuderten wie eine Gruppe von im Zorn versteinerten Titanen.“[15]

Reminiszenzen und Symbole untergegangener bzw. neuerstehender Kultur (hier: antike Torsos, im nachfolgenden Text: Ruinen untergegangener Städte, Steinbruch und Arbeit am Stein) koppeln sich mit den Visionen mythischer Kämpfe und erdgeschichtlicher Katastrophen.

Nachdem hier bereits das Thema des Kampfes anklingt, stoßen Frédéric und seine Begleiterin im folgenden auf Arbeiter, die in einem Steinbruch die Felsen bearbeiten.

> „Die Felsbrocken wurden immer zahlreicher, schließlich füllten sie die gesamte Landschaft aus; sie waren würfelförmig wie Häuser, flach wie Platten, sie stützten sich gegeneinander, überlagerten und überragten sich, waren ineinander verkeilt wie die unkenntlichen, ungeheuerlichen Trümmer einer untergegangenen Stadt. Aber viel mehr noch ließ ihr wütendes Durcheinander einen an Vulkane, an Sintfluten, an große unbekannte Erdkatastrophen denken. [...] Rosanette wandte ihren Kopf ab und meinte, ‚so etwas könne einen ganz verrückt machen‘“.[16]

---

le teint pâle, des figures amaigries par la faim, exaltées par l'injustice. Cependant des nuages s'amoncelaient; le ciel orageux chauffant l'électricité de la multitude, elle tourbillonnait sur elle-même, indécise, avec un large balancement de houle; et l'on sentait dans ses profondeurs une force incalculable; et comme l'énergie d'un élément.“ – Flaubert (1979): *L'Education sentimentale*, S. 350. Als Lesehilfe gebe ich an dieser Stelle die Übersetzung von E. A. Reinhardt (1981): *Die Erziehung des Herzens*, S. 385, die hier treffend die Metaphorik wiedergibt.

15 „Il y avait des chênes rugueux, énormes, qui se convulsaient, s'étiraient du sol, s'étreignaient les uns les autres, et, fermes sur leurs troncs, pareils à des torses, se lançaient avec leur bras nus des appels de désespoir, des menaces furibondes, comme un groupe de Titans immobilisés dans leur colère.“ – Flaubert (1979): *L'Education sentimentale*, S. 350; die weiter herangezogenen Textstellen stehen auf S. 356f. Ich greife an dieser Stelle auf die hier angemessenere Übersetzung von Heidi Kirmße (1982): *Die Erziehung der Gefühle*, S. 348f., zurück.

16 „Elles [les roches] se multipliaient de plus en plus, et finissaient par emplir tout le paysage, cubiques comme des maisons, plates comme des dalles, s'étayant, se surplombant, se confondant, telles que les ruines méconnaissables et monstrueuses de quelque cité disparue. Mais la furie même de leur chaos fait plutôt rêver à des volcans, à des déluges, aux grands cataclysmes ignorés. Frédéric disait qu'ils étaient là depuis le commencement du monde et resteraient ainsi jusqu'à la fin; Rosanette détournait la tête, en affirmant que ‚ça la rendrait folle‘.“ – Überarb. Fass. der Übers. von E. A. Reinhardt (1981): *Die Erziehung des Herzens*, S. 393.

Die Erklärungsansätze der Vulkanisten und der Neptunisten zur Entstehung des Erdreliefs sind hier unentschieden nebeneinandergesetzt und im folgenden Text in weitere suggestive Landschaftsbilder umgesetzt. Wichtig ist, daß sie an der hier zitierten Stelle mit den Zeichen einer untergegangenen Zivilisation verbunden sind. Naturgeschichte und Kulturgeschichte werden zusammengesehen. Die Vision von Trümmern überlagert die Arbeit im Steinbruch, Symbol der aufbauenden Kulturarbeit.

Das zentrale Thema aber, welches die Landschaft mit den verdrängten Ereignissen in der Hauptstadt verbindet, bleibt implizit: Während Frédéric und seine Gefährtin gebannt auf die „Trümmer" sehen, werden im selben Augenblick in Paris die Barrikaden errichtet. Es sind die trümmerähnlichen Barrikaden, auf die Frédéric folgerichtig als erstes Zeugnis der gerade beendeten revolutionären Kämpfe stoßen wird, als er später nach Paris zurückkehrt. Die Barrikaden nehmen die Thematik von Aufbau und Untergang wieder auf und erhalten angesichts der naturgeschichtlichen Visionen einen Beigeschmack der Vergeblichkeit.

Indem im 19. Jahrhundert z. B. Hugo, Dickens oder Flaubert sich den Themen Aufstand, Revolution und Masse zuwenden, wirken sie an einer Öffnung der Literatur zum Gesellschaftlichen mit. Dennoch bleiben sie, wie hier deutlich wurde, weitgehend in der Vorstellungswelt des Naturalen. Selbst bei Zola wird das Soziale naturmetaphorisch überformt. Vorwiegend sind es allerdings Tiermetaphern, mit denen Zola die Triebseite des Menschen im Rahmen der soziologischen Milieutheorie belegt.

Im Gegensatz zum sozial engagierten Zola greift Sternheim die Naturmetaphorik im Rahmen eines von Nietzsche und Bergson beeinflußten vitalistischen Deutungshorizontes auf. Er überlagert dabei die archaisch-apokalyptische und die emphatische Bildtradition in einer Weise, in der sich beide relativieren. Es ist das Zusammenspiel von Gewitter, Vulkan und Meer, in dem sich die Kernaussage der Sternheimschen Szene formuliert: die Revolution erscheint wesentlich als ein elementarer Aufruhr der Natur. In der Hervorkehrung der naturalelementaren Seite wird das (politisch-geschichtliche) Ereignis jedoch um seine kulturellsoziale Dimension verkürzt.

Eine derartige analytische Vertiefung des Sozialen kann man im Gegensatz zur Literatur des 19. Jahrhunderts durchaus einfordern, nachdem die Soziologie und mit Le Bon auch die Massenpsychologie als Wissenschaft von der Masse entstanden sind.

Sternheim dagegen zielt bewußt auf eine elementar-naturale Überformung des Geschehens ab. Er greift den revolutionären Vorgang in seinen irrationalen und triebdynamischen Aspekten auf. Entsprechend rekurriert er auf den *Instinkt*, der Europa zum Brennpunkt des Geschehens treibt. Gerade das Defizit einer bewußten inhaltlichen Zielsetzung kennzeichnet denn auch die Massenansammlung auf dem Platz: „Menschen [...] wußten nicht, wo und was es galt; begriffen nichts" – und es fällt ein charakteristisches Verb – „bebten". An die Stelle des Verstandes treten irrationales Leben und Erleben. Sternheim benutzt dazu ein bewußt antiintellektualistisches Vokabular aus den Bereichen des Sensuellen (schmecken, riechen, spüren) und des Sexuellen. Sinnenrausch, Leidenschaft und ekstatischer Taumel charakterisieren das eruptive Massengeschehen auf dem Platz. Bis in Einzelheiten der Szene hinein arbeitet Sternheim an einer *Remythisierung* der Revolution: Es ist eine dionysische

Entfesselung, die im Aufruhr zum Ausbruch kommt, ein kollektives ‚Beben‘, das die Menge ergreift, ein kollektiver Rausch, der die Menschen ‚trunken‘ macht.

Die Remythisierung läßt sich, mit engerem Bezug auf die Masse, bereits vor Sternheim schon bei Heym, Stadler oder Schickele aufweisen. Sternheims Text stellt einen späten, aber sprachlich virtuosen Entwurf dieser Richtung dar. Nichtsdestoweniger wird die Remythisierung noch im weiteren Verlauf des 20. Jahrhunderts eine Rolle spielen, nicht zuletzt in der nationalsozialistischen Massenästhetik. Demgegenüber gibt es aber auch spezifisch moderne Formen der künstlerisch-literarischen Massengestaltung, in der Beobachtung und Analyse, vor allem aber eine innovative Technik der Erzeugung von Bewegung eine Rolle spielen. E.T.A. Hoffmann, Poe, Zola stellen literaturgeschichtlich wichtige Stationen auf dem Weg dorthin dar. Seitdem im Futurismus die Bewegung als solche zum ästhetischen Programm erhoben wurde, wird in Deutschland vor allem im Expressionismus die rhythmische Bewegung nicht nur für die Darstellung des einzelnen, sondern auch für die Gestaltung der Masse relevant. Gleichzeitig schärft sich der Blick auf die gegliederte Bewegung der Masse im Raum. Der Blick der künstlerischen Avantgarden ist teils abstrahierend auf die Bewegungs*formen* bezogen, teils ist er auf den Gesamt*zusammenhang* der Masse in der Bewegung gerichtet und versucht (wie teilweise Sternheim auch), diesen über naturale, organische oder anthropomorphe Bildfiguren zum Ausdruck zu bringen. Zu dem sachlich-abstrakten Denken, das die Bewegungs*analyse* forciert, kommt also auch ein gegenläufiges organisch-naturales Moment. Franz Jung ist einer der ersten Schriftsteller, der in *Proletarier* (1921), einer Erzählung über die gescheiterte Novemberrevolution, eine rhythmisch-*abstrakte* Bewegungsanalyse der Masse aus ihrem kollektiven Schwerpunkt heraus unternimmt. Es ist nicht ohne aufschlußreiche Ironie, daß auch Jung letztlich nicht ohne die naturale und organische Metaphorik auskommt, um das geschilderte politische Ereignis, die Niederschlagung einer Großdemonstration, nachträglich in einen Deutungshorizont politisch-geschichtlicher Sinngebung zu stellen.

Literatur

BROC, NUMA: *La Géographie des philosophes. Géographes et voyageurs français au XVIIIe Siècle*, Paris 1975.

BRÜGGEMANN, HEINZ: „*Aber schickt keinen Poeten nach London!“ Großstadt und literarische Wahrnehmung im 18. und 19. Jahrhundert. Texte und Interpretationen*, Reinbek b. Hamburg 1985.

CAMPE, JOACHIM HEINRICH: *Briefe aus Paris zur Zeit der Revolution geschrieben*, reprograph. Druck d. Ausg. Braunschweig 1790, hg. v. Hans-Wolf Jäger, Hildesheim 1977.

CHARRON, PIERRE: *De la Sagesse*, texte revu par Barbara de Negroni [Textfass. n. d. 2. Ausg. v. 1604; zuerst 1601], Paris 1986.

DICKENS, CHARLES: *Barnaby Rudge. A Tale of the Riots of Eighty*, introd. by Kathleen Tillotson, London (u. a.) 1954. Dt. v. M. v. Schweinitz unter dem gleichen Titel, München 1963.

DICKENS, CHARLES: *A Tale of Two Cities*, introd. by John Shuckburgh, London / New York / Toronto 1958. Dt. v. Richard Zoozmann unter dem Titel: *Eine Geschichte zweier Städte*, hg. v. Georg Seehase, Berlin 1987.

FLAUBERT, GUSTAVE: *L'Education sentimentale. Histoire d'un jeune homme*, in: *Œuvres*, Bd. 2, texte établi et annoté par Albert Thibaudet et René Dumesnil, Paris 1979. Dt. v. E. A. Reinhardt: *Die Erziehung des Herzens. Der Roman eines jungen Mannes*, 2. Aufl., Leipzig 1981. Weitere dt. Übers. v. Heidi Kirmße: *Die Erziehung der Gefühle*, Berlin 1982.

GRACZYK, ANNETTE: *Die Masse als Erzählproblem. Unter besonderer Berücksichtigung von Carl Sternheims „Europa" und Franz Jungs „Proletarier"*, Tübingen 1993.

HEMPEL, WIDO: *Manzoni und die Darstellung der Menschenmenge als erzähltechnisches Problem in den „Promessi Sposi", bei Scott und in den historischen Romanen der französischen Romantik*, Krefeld 1974.

HUGO, VICTOR: *Notre-Dame de Paris. 1482*, in: *Œuvres complètes*, Bd. IV/1, édition chronologique, hg. v. Jean Massin, Paris 1967. Dt. v. Else v. Schorn unter dem gleichen Titel, Leipzig 1958.

JÄGER, HANS-WOLF: *Politische Metaphorik im Jakobinismus und im Vormärz*, Stuttgart 1971.

JUNG, FRANZ: *Proletarier*, in: ders., *Joe Frank illustriert die Welt. Die roten Jahre I*, hg. v. Walter Fähnders, Helga Karrenbrock u. Martin Rector, Darmstadt / Neuwied 1972, S. 71–141; zuerst 1921. Nachdruck auch in: ders., *Der tolle Nikolaus. Prosa, Briefe*, hg. v. Cläre M. Jung u. Fritz Mierau, Frankfurt/M. 1981, S. 91–149.

KLOTZ, VOLKER: *Die erzählte Stadt. Ein Sujet als Herausforderung des Romans von Lesage bis Döblin*, München 1969.

PEIL, DIETMAR: *Untersuchungen zur Staats- und Herrschaftsmetaphorik in literarischen Zeugnissen von der Antike bis zur Gegenwart*, München 1983.

STAROBINSKI, JEAN: *1789 – Les Emblèmes de la raison*, Paris 1973. Dt. v. Gundula Göbel: *1789 – Die Embleme der Vernunft*, München 1989.

STERNHEIM, CARL: *Europa*, in: *Gesamtwerk*, Bd. 5 (= *Prosa* II), hg. v. Wilhelm Emrich, Neuwied / Berlin 1964; zuerst in 2 Bdn., 1919/20.

Hanno Möbius

Symbolische Massendarstellungen in Fritz Langs *Metropolis*

Das 20. Jahrhundert gilt als Zeitalter der Massen, doch schon lange vorher befassen sich die Künste mit diesem Thema. Vor allem die Malerei und die Literatur entdecken es beim Militär und im Krieg, in religiösen Feiern und in den Städten, deren Bevölkerung sich schon im 18., vor allem aber im 19. Jahrhundert vergrößert und verdichtet, so daß sich die Masse als Thema aufdrängt.

Über die soziale und ästhetische Herausforderung der Masse hinaus steht natürlich deren politische Dimension mit ihrer großen Sprengkraft im Mittelpunkt des Interesses. Sie wird immer wieder zum Anlaß für die massenpsychologische Forschung. Le Bon z. B. antwortet mit seiner Massenpsychologie auf die Pariser Commune von 1871, Freud mit *Massenpsychologie und Ich-Analyse* auf den Ersten Weltkrieg, und Reich schreibt seine *Massenpsychologie des Faschismus* im Jahr 1933. Der Sieg der nationalsozialistisch strukturierten Massenbewegung ist der Anlaß auch für die bohrenden und selbstkritischen Analysen über einzelne Tendenzen in den Künsten als mögliche Wegbereiter des Nationalsozialismus. Zwei herausragende Filmkritiker und -theoretiker – Siegfried Kracauer und Lotte Eisner – werfen dem deutschen Film der frühen 20er Jahre vor, er habe unter anderem durch seine Massendarstellung dazu beigetragen, der faschistischen Bewegung den Weg zu bahnen.[1]

Einer Konstruktion von Folgerichtigkeit, die die geistigen Auseinandersetzungen nachträglich dem faktischen Verlauf der Geschichte kausal einpaßt, ist aber die Offenheit der geschichtlichen Situation entgegenzuhalten. Nach den Erfahrungen mit Massen im Ersten Weltkrieg und dem anschließenden politischen Umsturz in Deutschland setzen sich die Künste verstärkt mit dem Thema „Masse" auseinander. Sie untersuchen vielfach (z. B. Kracauer, im Roman *Ginster*), was ein „Individuum" von einem Menschen in der Masse unterscheide, und zeigen seine oft widerstrebende Integration in das Kräftefeld unterschiedlicher Massen. Als Bildkünste versuchen Malerei wie Film, ihrer neuartigen Sicht auf die Masse eine bildhafte Form zu geben, die aber deren empirischer Erscheinungsweise ähnlich bleiben mußte, um von den Betrachtern auf die soziale Realität bezogen werden zu können.

---

1 Kracauer (1979): *Von Caligari zu Hitler*; Eisner (1980): *Die dämonische Leinwand*.

Kracauer beschreibt in seinem 1927 erschienenen Essay *Ornament der Masse* Formationen der *Masse*, die sich grundlegend von Erscheinungsformen einer einfachen Ansammlung von Menschen, also einer *Menge*, unterscheiden. Die Revuegruppe der Tillergirls, die auf einer Linie aufgereiht gleichartige Bewegungen tanzt, und die Darbietungen von Sportlergruppen, die in Stadien gymnastisch-tänzerisch große Figuren bilden, bringen Kracauer zufolge etwas Gleichartiges hervor: sie bilden Ornamente von Massen. Schon Mitte der 20er Jahre werden derartige Massenveranstaltungen im Stadion von der Wochenschau aufgenommen. Während sich die Tillergirls, so Kracauer, in den Revuen zu Figuren verdichten, ereignen sich in Stadien:

> „Darbietungen von gleicher geometrischer Genauigkeit. Das kleinste Örtchen, in das sie noch gar nicht gedrungen sind, wird durch die Filmwochenschau über sie unterrichtet. Ein Blick auf die Leinwand belehrt, daß die Ornamente aus Tausenden von Körpern bestehen [...].“[2]

Diese Beobachtung schärft den Blick auf Massenphänomene, auch wenn Kracauers Bewertung noch der traditionellen Kulturkritik verhaftet bleibt. Er vermerkt, daß die Einzelnen ihre Individualität abgeben und zu Masseteilchen des Ornaments werden. „Die Muster der Stadions und Kabarette [...] werden aus Elementen zusammengestellt, die nur Bausteine sind und nichts außerdem.“[3] Diese Massenornamente sieht er für Zuschauer arrangiert, die selber den Status der Menge haben: „Der Regelmäßigkeit ihrer Muster jubelt die durch die Tribünen gegliederte Menge zu.“[4]

Die passive Formierung der Zuschauer durch die Sitzordnung in Stadien erreicht nicht im entferntesten den Grad an Organisiertheit und Komprimiertheit, den die geometrischen Tanzformationen aufweisen. Die Massenornamente entstehen durch ihre Abstraktion vom Einzelkörper zugunsten der Gesamtfigur. Kracauer wertet die Ornamente daher als Symptom für kapitalistische Instrumentalisierung schlechthin.

Kracauers Beobachtung und sein Hinweis auf die Wochenschau sind für Walter Benjamin der Ausgangspunkt für eine Erweiterung des Themas, wenngleich Benjamin Kracauer in diesem Zusammenhang nicht zitiert. In einer Fußnote zur zweiten Fassung des „Kunstwerk“-Aufsatzes heißt es:

> „Hier ist, besonders mit Rücksicht auf die Wochenschau, deren propagandistische Bedeutung kaum unterschätzt werden kann, ein technischer Umstand von Wichtigkeit. *Der massenweisen Reproduktion kommt die Reproduktion von Massen besonders entgegen.* In den großen Festaufzügen, den Monstreversammlungen, in den Massenveranstaltungen sportlicher Art und im Krieg, die heute sämtlich der Aufnahmeapparatur zugeführt werden, sieht sich die Masse selbst ins Gesicht.“[5]

---

2 Kracauer (1977): *Das Ornament der Masse*, S. 51.
3 Ebd.
4 Ebd. Der Begriff der Menge müßte im Sinn Kracauers durch den der Masse ersetzt werden.
5 Benjamin (1974): „Das Kunstwerk“, S. 506.

Benjamin erweitert das Thema in zweifacher Hinsicht: Er greift die Erwähnung der Wochenschau auf, die für ihn aber nicht mehr dokumentarischen, sondern propagandistischen Charakter hat. Schließlich schreibt Benjamin seinen Text im erzwungenen Exil des Jahres 1936. Die Zeitumstände haben ihn auch veranlaßt, die sozialen Orte der Massendarstellungen wesentlich zu erweitern, vor allem um den Kriegsschauplatz.

Benjamins Weiterführung der Gedanken geht aber einher mit einer entscheidenden Verkürzung. Zum einen geht ihm der Blick Kracauers auf die eigentümlich geometrischen Formen der Massendarbietung und damit die Erkenntnis des Ornament-Charakters verloren; gar nicht unterscheidet er die aktive Masse von der passiven Menge etwa im Stadion. Seine zuletzt zitierte Wendung, die Masse sehe sich bei den Massenveranstaltungen *in der Wochenschau* selbst ins Gesicht, trifft – zum zweiten – den wesentlichen Punkt nicht. Die Filmzuschauer erfahren sich zwar als Teil einer Menge, nicht aber als Teil einer Masse. Mit der Verbürgerlichung des Kinos in den 20er Jahren bilden die Filmzuschauer einen relativ losen Zusammenhang, der eine geringere Gemeinsamkeit als bei einer Masse schafft. Nach Erlöschen der Pausenbeleuchtung sind die Zuschauer weitgehend vereinzelt. Während die Menge auf den Tribünen die Massendarbietungen emotional anfeuert, sehen die Kinobesucher die Massenornamente durch die Vorführsituation reservierter. Auch wenn sich die Bedeutung und die Auffassung von Masse bis 1936 stark verändert haben, ist doch – im Unterschied zu Benjamin – an den Verdichtungsgraden von Kollektiven als Kriterium festzuhalten.

Die von Benjamin genannten Festumzüge oder etwa marschierende Militärkolonnen bringen geometrische Großformen der Masse hervor, die sich historisch entwickelt haben und teils stilisiert inszeniert werden, teils auch spontan entstehen. Die gestaltende Inszenierung, die Ästhetik der Massenformationen, hat eine lange Tradition, die hier nur an wenigen Beispielen gezeigt werden kann. Sie bildet sich *politisch* sowohl in staatstragenden wie auch in oppositionellen und religiösen Ausdrucksformen aus und bringt in den 20er Jahren ambivalente Formen hervor. Die Ästhetisierung der Politik, von der Benjamin im „Kunstwerk"Aufsatz spricht,[6] ist kein Werk erst der Nazis, wohl aber wird sie durch diese enorm gesteigert. Die Frage ist von heute her, welche Bildtraditionen den Nazis zuarbeiten.

Die filmischen Massendarstellungen stehen ebenfalls in der Tradition dieses Bildmotivs *in den anderen Künsten*; auch hier müssen einige Hinweise genügen. Beide Erfahrungen – die realgeschichtliche und die ästhetische – gehen als Verweisarten in die Konzeption des Films ein und sind auch für die Zuschauer entscheidend, um die filmischen Massenformationen mit der eigenen Erfahrung verbinden zu können.

Beide Traditionslinien treffen sich in den Bildfiguren der Masse sowie deren Bewegungen, mit denen *der Film* der 20er Jahre das Thema den Zuschauern[7] präsentiert. Kracauers Sicht auf die Formen der Masse kann daher mit Gewinn auf die Massenornamentik im Film übertragen werden. Vor allem ist *Metropolis*, Fritz Langs Film aus dem Jahr 1927, thema-

---

6 Vgl. ebd., S. 469 bzw. S. 508.

7 Zur sozialen und psychischen Situation des Zuschauers vgl. die Arbeiten zum Kino-„Dispositif". Einen
   Überblick gibt: *Filmwahrnehmung* (1990); s. auch: Livingston (1983): „La Foule au cinéma", S. 207ff.

tisch eine Entsprechung zu den Tillergirls und den Stadionveranstaltungen. Als erste hat Lotte Eisner die Geometrisierung der Masse in diesem Film behandelt;[8] ihre Beobachtungen sind allerdings oft ungenau und müssen präzisiert werden.

Am auffälligsten verweist der eingangs im Film gezeigte Block der Arbeiter auf ähnliche Formen der Masse in der Geschichte und in der damaligen Gesellschaft mit ihren Massendemonstrationen. Man sieht einen langen Block aus Menschen in Reihen von jeweils 6 Arbeitern, der sich langsam im Gleichschritt in einem Tunnel auf einen großen Fahrstuhl zubewegt. Dieser kann aufgrund seines Fassungsvermögens den langen Block nur schubweise aufnehmen und muß ihn daher unterteilen. Beim Schichtwechsel – die einmontierten Sirenenbilder zeugen davon – kommt dem abgehenden Block ein heraufziehender, gleichartiger entgegen; beide ziehen aneinander vorbei.

Die Stilisierung der Arbeiterblöcke macht deutlich, daß die Arbeiterkolonne im Film kein Zitat der Realität ist, sondern deren Interpretation. Die Formation ist symbolisch verdichtet und enthält damit einen Doppelcharakter: einmal einen Verweis auf die Realität als *Bezeichnetes*; zum zweiten einen spezifischen Stellenwert dieses Symbols als Zeichen im fiktionalen Zusammenhang des Films. Die Formation dieser Masse ist deshalb symbolisch, weil in ihr ein bestimmtes soziales Verhältnis komprimiert wird.

Zunächst zur Verweisebene: zur *realen* Bedeutung derartiger Massenformationen. Die Bewertung jener, in Blöcken geordneten Arbeiterdemonstrationen war für die Zeitgenossen umstritten. Die realen Demonstrationen dieser Art, die erst mit dem Fall des Sozialistengesetzes in den 90er Jahren aufkommen, waren – so eine heutige Interpretation –

„symbolisch in dem engeren Sinn, daß sie ihre Bedeutung nicht auf der Zunge tragen – was bei oppositionellen Intentionen u. a. bedeutet, daß sie weniger leicht inkriminierbar sind".[9]

Während die zeitgenössischen Bewunderer staunen, wie „ordnungsfähig die Berliner Volksmenge ist"[10], sehen die damaligen Kritiker in der Demonstrationsform „den preußischen Militarismus in Zivil"[11].

Der Hinweis auf militärische Marschblöcke kehrt in den verschiedenen Kritiken immer wieder. Er hat seine Berechtigung in der Ähnlichkeit der beiden blockhaft formierten Massen, die von Führern gelenkt werden, auch wenn die Führung jeweils anders begründet ist.

Historisch leitet sich diese Demonstrationsform einmal von den Präsentationsformen der Handwerker im Vormärz her, die in ihren öffentlichen Festumzügen, nach Handwerk und Meisterbetrieb getrennt, blockhaft auftraten. Doch auch religiöse Demonstrationsformen in Prozession und Trauerzug (zumeist in 6er Reihen) haben das blockhafte Auftreten der Arbeiter beeinflußt. Ein frühes Zeugnis ist der Zug für die Märzgefallenen 1848. Weiterhin muß an die Form der *fêtes révolutionnaires* in der Französischen Revolution der Jahre ab

---

8 Eisner (1980): *Die dämonische Leinwand*, S. 223ff.
9 Warneken (1991): „„Die friedliche Gewalt des Volkswillens‘", S. 97.
10 Friedrich Naumann: „Die Wahlrechtsdemonstrationen", zit. n. Warneken, ebd., S. 100.
11 Die unabhängig-nationale Zeitung *Tägliche Rundschau*, 11.4.1910, zit. n. Warneken, ebd., S. 101.

1794 erinnert werden. Hier werden erstmals zivile Massen im politischen Zusammenhang militärisch geordnet – der Hinweis auf den spezifisch preußischen Militarismus der deutschen Arbeiterdemonstrationen ist also verkürzt.[12]

Für die heutigen Betrachter verengt sich allerdings der Bedeutungsspielraum dieser filmischen Massendarstellung durch die historisch späteren Bilder von Marschblöcken, nicht zuletzt jene von Marschblöcken in der Nazizeit, aber auch jene von Kampfdemonstrationen der verstaatlichten Arbeiterbewegung Osteuropas. Dieser historisch bedingte Zuwachs an negativer Eindeutigkeit nimmt der doppelten Ebene des filmischen Massensymbols einen Teil seiner Unbestimmtheit. Auf der Verweisebene des Films werden in der heutigen Rezeption die realen blockhaften Demonstrationsformen wesentlich skeptischer bewertet. Die symbolische filmische Verwendung dieser Form von Arbeiterdemonstrationen wird daher tendenziell als *déja vu*-Erlebnis in der Vorphase der Nazizeit realisiert. Mitverantwortlich für diese Sicht ist die Aufnahme gerade der Blockform in den Propagandafilmen der Nazizeit.

In *Metropolis* sind die gezeigten Blöcke kein Zitat der Realität, sondern Teil der *bildhaften Kompositionsversuche* von Massenhaftigkeit und Individualität, von Masse und herausgehobenem Einzelnen, wie sie gleichzeitig in Malerei, Theater und Tanz und auch dem zeitgenössischen Film zu beobachten sind. Lang konnte auf die Inszenierungspraxis des expressionistischen Theaters, vor allem an den Reinhardt-Bühnen, zurückgreifen, aber er zeigt den Problemkomplex deutlicher und vor allem systematischer. Lotte Eisner hat darauf hingewiesen, daß Lang schon in seinen früheren Filmen, besonders im ersten *Mabuse*-Film (1922) und in den *Nibelungen* (1924), Ornamente der Masse zeigt. Sie verweist auch auf die ersten Filme dieser Thematik, besonders auf Otto Ripperts *Humunculus* (1916).[13] Parallel zu Fritz Lang befassen sich die sowjetischen Filmkünstler, vor allem Sergej Eisenstein, mit dem gleichen Thema.

In *Metropolis* unterscheiden sich die Menschenblöcke von der Realität vor allem durch die negative Emotion, die von ihnen ausgeht. Die Gesichter der Einzelnen sind nach unten gerichtet und auch in der Langsamkeit der Bewegung ist das Gefühl der Bedrückung präsent. Selbst eine reale Trauerkundgebung, wie die erwähnte Demonstration für die Märzgefallenen des Jahres 1848, war von anklagender Empörung getragen. Die deprimierte Stimmung der Arbeiterblöcke im Film löst ihre Ikonographie partiell von den realen Massenkundgebungen. Die Bedrohung des politisch-gesellschaftlichen Gegners, die in jeder Demonstration mitschwingt, fehlt der Formation im Film fast ganz. Bei den Betrachtern kann ein Unbehagen entstehen, weil das dialogische Verhältnis realer Demonstranten mit ihren Adressaten hier weitgehend fehlt. Diese depressive Form der filmischen Masse erscheint somit labil, obgleich deren Konsistenz zunächst dominant bleibt.

Die Ausgangslage für die spätere Entwicklung ist damit dramaturgisch eindeutig. Die Blöcke werden am Anfang des Films als Symbol eines unhaltbaren gesellschaftlichen Zu-

---

12 Die Arbeiterbewegung verstand sich in der Tradition der Französischen Revolution; der internationale Arbeiterkongreß von 1889 beschloß den 1. Mai als Fortsetzung jener Tradition. Vgl. Korff (1991): „Symbolgeschichte als Sozialgeschichte?", S. 25f.

13 Eisner (1980): *Die dämonische Leinwand*, S. 224ff.

stands gezeigt, der am Ende des Films seine Erlösung in einem neuartigen Gesellschafts-
modell, dem säkularisierten Dreibund von Herz, Hirn und Hand findet. Am Anfang von *Metropolis* ist es für die Menschenblöcke konstitutiv, daß sie vom gestaltenden Willen des Direktor Fredersen abhängig sind. Er überblickt vom obersten Stockwerk des höchsten Hauses
die Welt von Metropolis; er hat die Arbeiter räumlich und hierarchisch unter sich. Obgleich
Fredersen sich nicht bei den Arbeiterblöcken aufhält, ist er als Ordnung schaffende und er-
haltende Macht virtuell anwesend. Wenn sich die labilen Blöcke im Verlauf der Handlung
auflösen, wird auch er sich ändern.

Fredersens Verhältnis zum Block der Arbeiter ähnelt strukturell dem Verhältnis der Ar-
beiterführer zu ihren Demonstrationsblöcken und auch dem der religiösen Führer zu ihren
Gläubigen etwa in Prozessionen; sie ähnelt auch dem Verhältnis militärischer Führer zu den
Militärblöcken. Der kleinste gemeinsame Nenner besteht darin, daß Einzelne eine geformte
Masse anleiten und aus dieser Beziehung auch eine Verantwortung *für* ihre Masse tragen.
Diese grundlegende, sich gegenseitig bedingende Konstellation von Masse und Einzelnem
ist im Film aber gestört. Der Film nimmt damit die gesellschaftliche Erschütterung durch
den verlorenen Weltkrieg mit seinen Folgen in der Revolution und den chaotischen Anfangs-
jahren der Weimarer Republik auf.

Die Ordnung des Blocks wird in der Filmhandlung zunächst gebrochen und dann überwunden. Durch die Verführungskünste einer dämonischen Frau wird die Masse in einen anderen, chaotischen Aggregatzustand versetzt, in dem sie zerstörerisch und sogar selbstzer-
störerisch handelt. Von der dämonischen Frau angestachelt, wird die freigesetzte Masse zur
Rotte.

Dieses Bild der gewalttätigen Masse, die von Einzelnen verführt und fehlgeleitet wird,
dieses Bild der Rotte entsteht bereits in den Bauernkriegen neu.[14] Die Rolle von Rädelsfüh-
rern für Gewaltakte von Massen wurde seither vor allem in der Justiz zunehmend stärker
betont. Dieser Reflex auf die Bedeutung der Einzelnen in der Masse kehrt auch in der maßgeblichen Massenpsychologie von Le Bon am Ende des 19. Jahrhunderts wieder. Die dort
wenig schmeichelhaft beschriebenen Führer der Massen sind pervertierte Individuen, die die
Manipulation der Massen betreiben. Der Film greift diese Ebene auf. Zugleich macht er eine
verführerische Frau zur Anführerin in die falsche Freiheit. Er stellt damit ein Gegenbild zur
weiblichen Allegorie der Freiheit auf, wie sie vor allem von Delacroix aus der französischen
Revolution von 1830 bekannt ist.[15] Weil die verführerische Rädelsführerin ein künstlicher
Mensch ist, der einer fürsorglichen Frau mit dem Namen Maria nachgebildet wurde, kann
zusätzlich der *eros* der Verführerin gegen die *caritas* der Maria ausgespielt werden.

Nachdem die Masse ihre Existenzform als Rotte überwunden hat, findet sie am Ende des
Films zur Figur des räumlichen Dreiecks. Es läßt sich als Transformation eines Blocks durch
Ausrichtung seiner Elemente auf ein Ziel verstehen. Die Masse hat einen Zielpunkt bekom-
men. Ihre Emotionen sind nicht mehr depressiv auf den Boden gerichtet, sondern erhobe-

---

14 Roth (1990): *Kollektive Gewalt und Strafrecht*, S. 127.
15 Stilgeschichtlich geht auch Delacroix' Gemälde auf seine vorherigen Schlachtengemälde zurück.

Metropolis. Die falsche Maria als Rädelsführerin. Sie ist der männlichen Rotte voraus. Wenn die Gitter überwunden sein werden, wird sie anführend / flüchtend zur Zerstörung der Maschinen aufreizen.

nen Hauptes nach vorn, wo der neue Dreibund von Herz, Hirn und Hand geschlossen werden soll. Auch dieses Dreieck ist nur ein andersartiges Verhältnis von Masse und herausragendem Einzelnen. Von der Spitze des Dreiecks löst sich der Werkmeister, um als Führer der Masse den Dreibund mit zu besiegeln. Zwar führt er die Masse und repräsentiert das nachrückende Volumen des Dreiecks. Andererseits bringt die Masse in dieser Formation ihren Führer selbst hervor. Er ist ihr nicht fremd, tritt ihr nicht gegenüber. Er beherrscht sie nicht von außen, sondern bleibt mit ihr in der Figur des Dreiecks als deren Spitze verbunden, so lang es die Situation erlaubt. Dadurch wirkt er in seiner Führerschaft eher als positiver Repräsentant, denn als Herrscher.

Mit dem Dreieck wird ein weiteres geometrisches Muster gefunden, um das Verhältnis von Masse und herausgehobenem Einzelnen durchdeklinieren zu können. Von den *horizontalen* Massenfiguren wird im Film von Lang einzig das Dreieck positiv bewertet.[16] Die Mög-

16 Der Vollständigkeit halber erwähne ich noch eine weitere Massenfigur, die aber nur geringen Aussagewert hat: die schlangenförmige Kette einer Polonaise. In diese Formation finden sich die Arbeiter aus Freude

Metropolis. Aus den statuarisch schreitenden, zum Dreieck formierten Arbeitern löst sich ihr Führer, um am erhöhten Kirchenportal den Bund mit den Vertretern von Herz und Hirn zu schließen.

lichkeiten geometrischer Grundfiguren für symbolische Massendarstellungen sind mit den bisher vorgestellten Mustern aber keineswegs erschöpft. Weitere Grundformen erschließt sich der Film in der *Vertikalen.*

Der Kegel erscheint erstmals ansatzweise in Ernst Lubitschs *Madame Dubarry* 1919, bevor auch Lang ihn aufgreift. In *Metropolis* erscheint der Kegel, nunmehr in deutlicherer Gestalt, mehrfach.

Im Gegensatz zum Block überwiegt beim Kegel das Artifizielle. Diese Figur läßt sich zwar von realen Situationen herleiten, vor allem von Kundgebungen mit erhöhtem Sprecher, von Barrikadenstürmungen, von Scheiterhaufen,[17] aber auch von religiösen Szenen im Zusammenhang von Wallfahrten. Der Kegel als Massenfigur ist aber eine heroisierende, fast denkmalartige Stilisierung dieser Situation. Sie ist in der Aktion so instabil, daß sie sich fast

darüber, daß sie die Überschwemmung überlebt haben. Als sie erkennen, daß das Schicksal ihrer Kinder noch ungewiß ist, löst sich diese Formation auf.

17 Diese Konstellation von Masse und herausgehobenem negativen Einzelnen wird mit der Verbrennung der falschen Maria in den Film integriert.

Metropolis. Die jungen Männer der Oberschicht huldigen dem falschen Idol.

nur medial herstellen läßt, vor allem in den Bildmedien, im lebenden Bild, im Tanz und auf dem Theater. Die Spitze des Kegels besteht dann aus einem herausgehobenen Kämpfer, Führer oder auch Verführer, aus einer Fahne oder – religiös – aus dem Kreuz. Schon in *Madame Dubarry*, besonders aber in *Metropolis*, wird dieser Kegel zusätzlich geometrisiert, indem die vertikale Kulmination durch die hochgestreckten Arme der unten Stehenden betont wird.

Von dieser vertikalen Figur gibt der Film eine negative und eine positive Variante. Während die Oberschicht in der gezeigten Weise dem falschen Idol huldigt, formieren die von einer Überschwemmung bedrohten Massen die ähnlich ausgestreckten Hände zum Zeichen der Hoffnung auf Erbarmen, auf Hilfe. Beide Varianten enthalten die Grundkonstellation des geometrisierten Massensymbols: das Verhältnis von Masse und herausgehobenem Einzelnen. In dem einen Fall steht das tanzende Idol, im anderen die barmherzige Maria an der Spitze.

Der Film kennt noch eine zweite vertikale Massenfigur, die aber nur negativ bewertet wird: den Stern mit erhöhtem Mittelpunkt. Wieder ist es die bedrückte Masse, die aus Endlos-Blöcken sternförmig auf einen Punkt geführt wird, der sich in die Vertikale erweitert: in

Metropolis. Die Frauen und Kinder der Unterschicht vertrauen der barmherzigen Maria.

den Turm zu Babel. Der sogenannte Neue Turm zu Babel ist in der oberirdischen Welt von *Metropolis* das Zeichen der Machtkonzentration und der Hybris. In seinem obersten Stock-werk residiert und überwacht Direktor Fredersen jenes System, das dann in der Filmhand-lung zerbricht. Die Existenzweise der Masse im Turmbau macht das besonders deutlich, was Lotte Eisner allgemein zu den Massenfiguren dieses Films sagt: sie werden der Architektur ähnlich.[18] Der zentrierte Punkt, der zunächst noch als Massenaufschichtung erscheint, wird im Neuen Turm von Babel zu Stein. Die Versteinerung ist hier das letzte Stadium der Ent-fremdung und Unterdrückung.

Mit dem Viereck (dem Block), dem Dreieck, dem Kegel und dem vertikalisierten Stern werden geometrische Grundformen für die Darstellung elementarer Massenverhältnisse ge-nutzt, denen auf seiten der herausgehobenen Einzelnen eine je unterschiedliche Körper- und besonders Armhaltung entspricht. Die zunächst statischen geometrischen Figuren werden in ihrer Verlebendigung durch die Masse zu Symbolen verschiedenartiger Dynamik: der ge-bändigten und potentiell aggressiven im Block, der zielgerichteten, aggressiven oder pathe-

---

18 Eisner (1980): *Die dämonische Leinwand*, S. 223ff.

Metropolis. Die sternförmig anrückenden Arbeiterkolonnen werden im Neuen Turm zu Babel versteinern.

tisch gemeinten im Dreieck, der potenzierten im Kegel. Die Bewegung findet in der Horizontalen nicht mehr genügend Raum und weicht daher in die Vertikale aus, wo sie in einer Pose eingefroren wird. Und schließlich im Sternbild, in dem sich die Dynamik der menschlichen Arbeit im vertikalen Turm vergegenständlicht. Mit den verschiedenen geometrischen Formen entsteht ein jeweils unterschiedlicher Sozialcharakter der Masse.

In der gleichen Zeit, in der *Metropolis* und *Madame Dubarry* entstehen, beschreiben Paul Klee und Wassily Kandinsky Linien, Form, Flächen und Farben in einem dynamisierten Zugriff. Sie nehmen an diesen graphischen und malerischen Grundelementen eine innere Bewegung wahr, die in dynamischen Spannungsverhältnissen der verschiedenen Formen und Farben zueinander die konkreten Bildwirkungen erzeugt.[19]

Dieser dynamischen Sicht der Grundelemente kommt der Film als Bewegungskunst entgegen. Einige experimentierende Maler wechseln zum Film und setzen im „absoluten Film"

---

19   Klee, Paul: *Urwege zur Form*, bzw. Kandinsky, Wassily: *Analytisches Zeichnen*; vgl. Nitschke (1989): *Körper in Bewegung*, S. 336ff.

die graphischen und malerischen Grundelemente als abstrakte Handlungsträger in Bewegung. Im absoluten Film tritt nun der Charakter z. B. eines schwarzen Vierecks in ein dynamisches Verhältnis zum Charakter eines weißen Kegels; beide Formen können sich voneinander entfernen oder aufeinander zu bewegen, größer oder kleiner werden usw. In den experimentellen Filmen wird die eigenständige *Ausdruckskraft* bewegter geometrischer Grundelemente als reine Form, in Verbindung mit der Farbe untersucht. Kandinsky hatte im spitzen Dreieck etwa ein Gefühl der Wärme erkannt, das seinen adäquaten Ausdruck in der Farbe Gelb gewinnt.[20] In sozialer Rückübersetzung sieht er in seiner Schrift über das *Geistige in der Kunst* in der Spitze eines Dreiecks die Führerschaft in der Staffelung sozialer Schichten.[21] Eine vergleichbare, an den Konstruktivismus erinnernde Koppelung geometrischer Grundformen mit sozialem Handeln liegt auch in *Metropolis* vor. Fritz Lang experimentiert in mehreren Filmen mit der Rückübersetzung formaler Erkenntnisse in den sozialen Kontext von Filmhandlungen.

Die Ausdruckskraft der geometrischen Grundformen als Form bleibt auch dann bestehen, wenn die Grundelemente in Spielfilmen gleichsam mit Menschen aufgefüllt werden bzw. wenn die Erscheinungen der Massengesellschaft mit Hilfe der Grundelemente gegliedert werden. Die geometrische Grundform affiziert gleichsam die Erscheinung der Masse. Im visuellen Raum des Films lassen sich Raumgestalten der Masse als Muster vergleichsweise leicht realisieren, zumal sie sich von einem empirisch wirkenden Umfeld abheben. Gegenüber der trivialliterarischen Vorlage zu *Metropolis*, dem gleichnamigen Roman von Thea von Harbou, in der einzig die blockhafte Gestalt der Masse beschrieben wird,[22] erweitert Fritz Lang dieses zunächst singuläre Massensymbol zu einem System von positiven und negativen Massenfigurationen.

Die geometrischen Grundformen, die aus vielen Menschen bestehen, haben es im Film mit seiner Bewegtheit aber schwer, konstant zu bleiben. Der Film hat der Malerei die Bewegung voraus, aber er muß es bei dem Massen-Thema vermeiden, in der Bewegung die Stabilität der geometrischen Grundformen zu verlieren. Die Geometrie der Massenformationen aber muß konstant bleiben, um identifizierbar zu sein; die Massenformen müssen sich daher in jedem Moment der körperlichen Bewegung neu herstellen. Verantwortlich dafür ist der Rhythmus der Masse. Im Block ist der Gleichschritt aller die Gewähr dafür, daß trotz der Bewegung die Konstellation erhalten bleibt. Im Dreieck differenziert sich ein vorderer Keil von Menschen durch gleichartige Beschleunigung aus dem rhythmischen Konsens des Blocks. Im Kegel wird die gemeinsame Bewegung dynamisiert und vor dem Höhepunkt angehalten: es entsteht eine Pose der Intensität, im einen Fall des Erbarmens, im anderen Fall der emotionalen Vergötzung.

Auch im Rhythmus lassen sich die unterschiedlichen Sozialcharaktere der Massenfigurationen erkennen. Der Block in *Metropolis* bewegt sich – im Gegensatz zu wirklichen Mas-

---

20 Kandinsky (1973): *Punkt und Linie zu Fläche*, S. 76.
21 Kandinsky (o. J.): *Das Geistige in der Kunst*, S. 29.
22 Harbou (o. J. [1927]): *Metropolis*, S. 15. Der Roman ist nach der Filmuraufführung erschienen.

sendemonstrationen – im Gleichschritt und verweist damit implizit auf den sie beherrschenden Willen des Direktors.

Aber auch in der Dreiecksformation gehen die Massen im Gleichschritt. Die Bewegung ist zielgerichtet. Aber sie ist nicht schnell, wie sie es bei einem Angriff wäre. Feierlich schreitet diese Masse, um an der Spitze ihrer Formation den selbst hervorgebrachten Führer aus sich zu entlassen. Fritz Lang sieht diese Massenformation positiv und er geht damit grundsätzlich über die Massenpsychologie Le Bons hinaus. Wenn auch die Botschaft jenes Dreibundes höchst problematisch ist und die wertende, dualistische Zuordnung vieler Massenfigurationen zur guten bzw. zur bösen Maria politisch unzureichend und naiv erscheint, so läßt sich seine politische Diskussion der verschiedenen Massenformationen im Medium des Visuellen nicht als Wegbereitung für eine faschistische Ästhetik der Masse interpretieren. Lang verwirft jene Massenverhältnisse, die später vom Nationalsozialismus aufgegriffen werden.

Die symbolischen Formen von Massenblock und Massenkegel mit den erhobenen Armen, die im *Metropolis*-Film negativ gewertet werden, stehen in der Endphase der Weimarer Republik bereit, um im Nationalsozialismus ihre Inszenierung zu erfahren und zum Erkennungszeichen der „Bewegung" zu werden. In der Nazizeit werden die blockhafte Masse und der Massenkegel mit den erhobenen Armen, zusammen mit der trivialisierten Erfahrung des „Wir"-Gefühls, den fatalen Status haben, mehr als ein Symbol, nämlich eine gelebte Form der Masse zu sein.

Allen Massenfiguren in *Metropolis* ist gemeinsam, daß sie nur von außen fixiert werden. Sie stehen damit in der langen Tradition, die Masse als etwas Fremdes zu definieren, die im Kontrast zum herausgehobenen Einzelnen bestimmt werden muß. Der eigentliche Gegenspieler der Masse in dieser Tradition ist der Autor bzw. Künstler selbst, der als exterritoriales Subjekt sein Urteil über die Masse als Objekt fällt. Vom Standpunkt des einzelnen Künstlers bestand die Masse immer aus den anderen. Wie es scheint, ist dieser Blick auf die Masse als auf etwas Fremdes an die Filmzuschauer weitergegeben worden. Die einzelnen Zuschauer bekommen in *Metropolis* die unterschiedlichen Formen der Masse distanziert, ohne identifikatorische Einbeziehung vorgeführt. Das trifft – trotz seiner positiven Bewertung'– auch auf das Dreieck zu. Die geometrisierende, fremdartig erscheinende Darstellung verhindert eine Identifikation.

Auch die soziologische Analyse der Masse mit ihren mathematisierenden Erhebungsmethoden geht über Le Bons Massenpsychologie hinaus, die den Massenanführer tendenziell als luziferische Ausgabe des bürgerlichen Individuums und seine Anhänger als weitgehend willenlose Mitläufer versteht. Die soziologische Analyse erkennt seit Durkheim das Massenhafte auch im Individuum. Dieser paradigmatische Wechsel wird bei Fritz Lang im Bild der Dreiecksformation aufgegriffen, indem dort der Massenführer als Repräsentant aus der Masse hervortritt. Aber erst im Film der Neuen Sachlichkeit werden die gewöhnlichen Mitglieder der Masse in ihrer neuartigen Individualität untersucht. Entscheidend für die neusachliche Darstellung ist, daß potentiell jeder Einzelne Kennzeichen des Massenhaften in sich und an sich trägt. Es zeigt sich vor allem im Seriellen. Im Seriell-Gleichförmigen verliert die Ausrichtung auf einen Führer an Bedeutung; an seine Stelle treten entpersönlichte

Bindekräfte der Masse. Die neu-sachlichen Filme untersuchen die Masse entsprechend nach abstrakten Klassifikationsmöglichkeiten. Selbst noch das Existentielle wie etwa das Essen oder der Tod werden in der Reihungstechnik zum Massenphänomen.

Die Masse wird dadurch aber keineswegs zum Souverän. Sie ist zwar nicht mehr von einzelnen Führern, dafür aber von abstrakt bleibenden Kriterien abhängig, die ihr Signum in der Uhrzeit finden. Die Uhr ist in diesen Filmen das Zeichen der zivilisatorischen Rationalität und zeigt an, was die Masse zu tun hat und auch tut, nur modifiziert nach arm und reich. Der beispielhafte Film dieser neuen Sicht auf die Masse ist Walter Ruttmanns *Berlin. Die Sinfonie einer Großstadt* (1927). Auf ihn wie auch auf King Vidors *The Crowd*, auf den viele von Ruttmanns Befunden zutreffen, kann hier nur verwiesen werden.

Ein wichtiger Gesichtspunkt kann aber von den neu-sachlichen Filmen an das Metropolis-Thema herangetragen werden. Das Prinzip der Reihung ist prinzipiell unabschließbar und begreift auch die *Filmzuschauer* mit ein. Wenn sie den Abwandlungen eines massenhaften Grundmusters zusehen, erfahren sie sich selbst nur als weitere Variante. Anders als bei *Metropolis* gehören zur Masse nicht nur die anderen. Zur Masse gehört dann auch der Regisseur Ruttmann. Und zu ihr gehört auch der Kritiker, um einmal auch ihn in Frage zu stellen.

Literatur

Benjamin, Walter: „Das Kunstwerk im Zeitalter seiner technischen Reproduzierbarkeit", in: *Gesammelte Schriften*, Bd. I.2, hg. v. Rolf Tiedemann u. Hermann Schweppenhäuser, Frankfurt/M. 1974.

Eisner, Lotte: *Die dämonische Leinwand*, Frankfurt/M. 1980.

Filmwahrnehmung, hg. v. Knut Hickethier u. Hartmut Winkler, Berlin 1990 (Schriften der Gesellschaft für Film- und Fernsehwissenschaft, Bd. 3).

Harbou, Thea von: *Metropolis*, Berlin o. J. [1927].

Kandinsky, Wassily: *Das Geistige in der Kunst*, 10. Aufl. Bern o. J.

Kandinsky, Wassily: *Punkt und Linie zu Fläche*, Bern 1973.

Korff, Gottfried: „Symbolgeschichte als Sozialgeschichte? Zehn vorläufige Notizen zu den Bild- und Zeichensystemen sozialer Bewegungen in Deutschland", in: *Massenmedium Straße* (1991).

Kracauer, Siegfried: *Das Ornament der Masse*, Frankfurt/M. 1977.

Kracauer, Siegfried: *Von Caligari zu Hitler. Eine psychologische Geschichte des deutschen Films*, Frankfurt/M. 1979.

Livingston, Paisley: „La Foule au cinéma", in: *Stanford French Review*, VII.2 (1983).

Massenmedium Straße. Zur Kulturgeschichte der Demonstration, hg. v. Bernd Jürgen Warneken, Frankfurt/M. 1991.

Nitschke, August: *Körper in Bewegung. Gesten, Tänze und Räume im Wandel der Geschichte*, Stuttgart 1989.

Roth, Andreas: *Kollektive Gewalt und Strafrecht. Die Geschichte der Massendelikte in Deutschland*, Berlin / Bielefeld / München 1990 (Quellen und Forschungen zur Strafrechtsgeschichte, Bd. 4).

Warneken, Bernd Jürgen: „,Die friedliche Gewalt des Volkswillens‘. Muster und Deutungsmuster von Demonstrationen im deutschen Kaiserreich", in: *Massenmedium Straße* (1991).

Abbildungen: Horst von Harbou / Cinémathèque Française, Paris.

MIRIAM BRATU HANSEN

Ein Massenmedium konstruiert sein Publikum: King Vidors *The Crowd* (1928)

Wie jede Nation ist die der Vereinigten Staaten, mit Benedict Anderson zu reden, eine „imagined community", eine inszenierte Kollektivität.[1] Wie in kaum einer anderen Nation war diese Inszenierung erschwert und zugleich geboten aufgrund der extremen Heterogenität dieses Landes, das mindestens 150 Jahre brauchte, um das zu werden, was heute als Amerika gilt: Es gab weder ein einheitliches Volk im ethnischen Sinne, noch eine geographische und klimatische Einheit, noch eine gemeinsame Kultur, welche gesellschaftliche und politische Nationalität hätte projizieren können. Es ist viel über die historische Produktion der amerikanischen Einheit geschrieben worden, über ihre Setzung als Verfassungsnation, über die Rolle des Gleichheitsprinzips in der Integration ethnisch und kulturell verschiedenster Einwanderergruppen. Es ist ebenso viel geschrieben worden über die Kluft zwischen demokratischem Ethos und gesellschaftlicher Realität, den Genozid der Kolonisation, die Entrechtung der Menschenrechte in der Sklaverei und die bis heute fortdauernden Diskriminierungen aufgrund von rassisch-ethnischen, Klassen- und Geschlechtsunterschieden.

Worum es mir hier geht, ist die Rolle der Massenkultur in der Inszenierung der amerikanischen Nation. Dies klingt zunächst wie ein altes Argument, nämlich die bekannte These von der amerikanischen Filmindustrie als populäre, demokratische Kunst, welche Einwanderern aus Süd- und Osteuropa sowie Landflüchtigen aus verschiedensten Regionen die Assimilation und Integration in die große amerikanische Mittelklasse ermöglichte. Als das Kino um 1907 zum Massenartikel wurde, bestand das Publikum vorwiegend aus Einwanderern, d. h. einer ethnisch differenzierten Arbeiterklasse, und deren Familien; die sich boomartig entfaltende Filmindustrie bezog aus diesem Umstand zwar Legitimationsprofite – die Propagierung des Kinos als neue Universalsprache, als „großer Sozialarbeiter", als „Arbeiterakademie" –, versuchte jedoch von Anfang an, die „besseren Klassen" anzuziehen, d. h., sie entwickelte Strategien zur Standardisierung heterogener Zuschauer durch und für den

---

1 Anderson (1991): *Imagined Communities.* Vgl. auch Sollors (1991): „Konstruktionsversuche nationaler und ethnischer Identität".

Konsum.[2] Was mich hier interessiert, ist jedoch nicht die ideologische Valenz dieser These, sondern die Art und Weise, wie das Massenmedium Film selber schon früh diese These reflektiert, wie der Film versucht, Widersprüche, die im Prozeß der Nationalisierung auftreten, zu artikulieren und auf fiktionaler Ebene aufzulösen.

Das Kino ist dabei nur ein Element einer modernen Warenkultur, welche andere Unterhaltungsmedien sowie Objekte des täglichen Gebrauchs, Freizeit- wie Arbeitsbereich umfaßt. Was die Einigung der amerikanischen Nation vorantrieb, war weniger das Ereignis des Bürgerkriegs, sondern, in den darauffolgenden Jahrzehnten, die boomhafte Entfaltung eines Marktes für standardisierte Produkte, von der Singer-Nähmaschine, dem Fahrrad und Colt-Revolver, Sears & Roebucks-Katalogen, Groschen-Romanen, Stereoskop, Telefon, Grammophon, zu dem schwarzglänzenden Symbol der neuen Wirtschaft, dem Ford Model T. (Die Liste ließe sich beliebig in die Gegenwart hinein verlängern.) Die Idee, daß diese Objekte an jedem Punkt des nationalen Raumes einen identischen Lebenszusammenhang und Lebensstandard garantierten, machte sie, wie schon Daniel J. Boorstin formulierte, zu „vehicles of community".[3] Das heißt, Gegenstände des alltäglichen Gebrauchs funktionierten weniger als Objekte sozialer Distinktion – das natürlich auch –, denn als konkrete Evidenz eines demokratischen Raumes, an dem prinzipiell jeder teilhaben konnte. Mit der Ausdehnung dieses Produktions- und Konsumtionszusammenhangs auf die Freizeitkultur (in den 10er und 20er Jahren dieses Jahrhunderts) traten zugleich die Widersprüche des amerikanischen Traums verschärft hervor: zum einen der allgemeine, daß die Durchsetzung ökonomischer Selbstverwirklichung notwendig die Ideale kommunitärer Gleichheit und Solidarität unterminierte; zum anderen der spezifischere Widerspruch zwischen einem Individualismus, der auf der protestantischen Ethik, auf harter Arbeit und Sparsamkeit beruht, und Vorstellungen von persönlichem Erfolg, die sich an den Versprechen des Konsums: Sinnlichkeit, Luxus und Überfluß orientierten. Das heißt, Werbung und Filmindustrie führten einen Lebensstil vor, der mit der Selbstdisziplin, die dessen Finanzierung erforderte, unvereinbar war.[4]

King Vidors Film *The Crowd* handelt von einem Menschen, der beinahe an diesem Widerspruch scheitert. Der Film erzählt die Geschichte von John Sims, einem amerikanischen Jedermann (geboren am 4. Juli 1900), der aus der Kleinstadt aufbricht, um in New York sein Glück zu machen – er ist, wie es in einem Zwischentitel heißt, „one of 7 million who believe New York depends upon them". Er arbeitet im Großraumbüro einer Versicherungsgesellschaft vor sich hin ohne weiterzukommen, schreibt nebenher Werbeslogans. Im Vordergrund des Films steht eine Liebes- und Familiengeschichte aus der Retorte: John lernt Mary kennen, sie heiraten, bekommen zwei Kinder, kommen mit seinem Gehalt kaum aus; er gewinnt den ersten Preis für einen seiner Werbeslogans, dies führt jedoch zu einem Konsumrausch, in dem die kleine Tochter durch einen Autounfall zu Tode kommt; er kommt über ihren Tod

---

2 Hansen (1991): *Babel and Babylon*, Kap. 2.
3 Fisher (1991): „Democratic Social Space", S. 76. Das Zitat stammt aus: Daniel Boorstin: *The Americans* (1972), S. 89.
4 Lears (1994): *Fables of Abundance*; Fox / Lears (1983): *The Culture of Consumption*; Susman (1984): *Culture as History*, S. 122–131.

nicht hinweg, verliert seine Arbeit, findet keine neue und wird vorm Selbstmord nur durch seine eigene Feigheit und das Vertrauen seines Sohnes gerettet. So erniedrigt, erkämpft er sich schließlich einen Job – als *sandwichman* im Clownskostüm –, er bringt seine Frau in letzter Minute davon ab, ihn zu verlassen, und führt die Familie in eine Vaudeville-Show aus.

Diese Erzählung steht in der Tradition amerikanischer Filme, die das Los des „kleinen Mannes", des *common man* dramatisieren, des Genres des „populistischen" Films, welches ideologisch zu individualistischem Humanismus und moralischem Optimismus tendiert (angefangen mit D. W. Griffith).[5] Von diesem, Realismus signalisierenden Genre her gesehen, ist Johns Scheitern motiviert durch sein naives Selbstvertrauen und Überlegenheitsgefühl, seine Unfähigkeit zu erkennen, wie wenig er sich von der von ihm verachteten Masse unterscheidet. So macht er sich z. B. bei seiner ersten Verabredung mit Mary über einen als Clown verkleideten *sandwichman* lustig, Zwischentitel: „The poor sap – I'll bet his father thought he would be President", was nicht nur auf die großspurigen Voraussagen seines eigenen Vaters in der Geburtsszene zu Anfang des Films, sondern auch auf das spätere *comeback* des Helden selbst im Clownskostüm verweist. Im Sinne des realistischen Genres wäre das Happy-End als Ergebnis einer Konversion zu lesen, in der John seine Zugehörigkeit zur Masse, seine Durchschnittlichkeit akzeptiert und sich so als überlebensfähiges Mitglied der Gesellschaft erweist.

Was der Film psychologisierend als Charakterschwäche des Helden suggeriert, wird zugleich allegorisch dem Milieu zugeschrieben, aus dem er stammt: das wohlsituierte Haus in der patriarchalischen Kleinstadt, in dem der Vater ihm das Klassenprivileg in die Wiege legt, ein Sozialisationsmodell, das ihm in der modernen Metropole nichts mehr nützt. Im Gegenteil, es ist gerade die Erwartung, daß er zum Erfolg prädestiniert sei, die ihn davon abhält, wirklich etwas aus sich zu machen. Das zweite Modell einer erfolgreichen Integration ist das der ethnischen Großfamilie, wie sie die als italienisch charakterisierte Verwandtschaft der Ehefrau darstellt. Obwohl der Film die Gegenseitigkeitsstrukturen der Einwandererkultur durchaus als mögliche Überlebensstrategie anbietet, markiert er diese als ebenso anachronistisch wie das Festhalten am kleinstädtischen Klassenprivileg. Der Held rettet sich statt dessen durch Selbstintegration in die dritte Option, die der Film als einzig zeitgemäße präsentiert: die großstädtische Massengesellschaft, die in der letzten Szene zum Riesen-Publikum versammelt ist. Die drei Optionen – die liberal-hierarchische Gemeinschaft der Kleinstadt, die multikulturelle der Einwanderergruppen und die massenkulturelle der Konsumgemeinde – sind alle als Diskurse über die amerikanische Nation zu verstehen, die in den 20er und 30er Jahren noch durchaus miteinander konkurrierten.

Wenn der Film in der Schlußszene für den massenkulturellen Diskurs Partei ergreift, so ist dies alles andere als selbstverständlich, noch war es dies für Studio und Regisseur. Als

---

5 Neuere Kommentare zu *The Crowd* diskutieren den Film im Spannungsfeld zwischen „Realismus" und Melodrama: s. Lang (1989): *American Film Melodrama*, S. 114–132; Gledhill (1992): „Between Melodrama and Realism", S. 129–167, 143ff.

Abb. 1: *Vom Massenornament zum Individuum*
(King Vidor: *The Crowd*, MGM 1928)

MGM den Groß-Film *The Crowd* im Februar 1928 mit einiger Verspätung anlaufen ließ (die Industrie war mitten in der Umstellung auf Ton), hatten die Theatermanager die Auswahl zwischen zwei verschiedenen Enden; insgesamt gab es Drehbuchentwürfe zu sieben verschiedenen Enden, zwei wurden schließlich gedreht und in getrennten Rollen in Vertrieb gebracht.[6] In der einen Version wird der soziale Abstieg des Helden aufgefangen durch einen überraschenden Erfolg weiterer Werbeslogans, und die Familie erstrahlt wiedervereint in einem sentimentalen Weihnachtstableau (d. h., der Film versucht den kleinstädtischen, kleinfamilialen Individualismus zu restaurieren). Die andere Version ist die nun gängige, in der die Rettung der Familie als Integration durch und in die Massenkultur gefeiert wird. Wenn dieses Ende dem faden Optimismus der ersten Version einen gewissen Dämpfer aufsetzt, so ist es doch immer noch als *happy ending* intendiert. In ihrer spezifisch filmischen Choreographie allerdings sperren sich die letzten Einstellungen gegen jegliche Art von eindeutigem Abschluß und lassen den Film mit einem ambivalenten, wenn nicht gar zynischen Akkord ausklingen.

Die letzte Sequenz beginnt mit einer Überblendung von der auf dem häuslichen Sofa wiedervereinten Kleinfamilie – der kleine Junge links, die Mutter in der Mitte – hin zu einer graphisch korrespondierenden, etwas näheren Einstellung auf die Familie im öffentlichen Milieu des Vaude-

6 Vidor (1953): *A Tree is a Tree*, S. 152f.; Dowd / Shepard (1988): *King Vidor*, S. 87; Durgnat / Simmon (1988): *King Vidor, American*, S. 81.

ville-Theaters. Ein Schnitt zur Bühne zeigt den Anlaß des allgemeinen, fast krampfartigen Gelächters: eine Burleskszene, in der ein Clown Prügel bezieht. Der Gegenschnitt zeigt die Dreiergruppe ein letztes Mal gemeinsam kadriert; die folgenden Einstellungen lösen die Familie auf in eine Zweiereinstellung nach rechts – John hilft seinem Nachbar bei einem Hustenanfall – und in eine Zweiereinstellung nach links auf Frau und Kind.

Als Mary, die Frau, im Programmheft einen von Johns Werbeslogans entdeckt („Sleight-of-Hand the Magic Cleaner"), schwenkt die Kamera nach rechts, um John eine subjektive Einstellung auf die Anzeige, die auch einen jonglierenden Clown zeigt, zu gewähren, und setzt diese Bewegung fort, damit der besagte Nachbar John zu seinem Erfolg gratulieren kann. Der Slogan erinnert ihn nun nicht mehr an den Verlust der Tochter, sondern gewinnt eine neue Bedeutung in der Interaktion mit einem Fremden, im Diskurs zwischenmenschlicher Solidarität.

Nach einer letzten Zweiereinstellung auf das küssende Paar zieht sich die Kamera langsam nach oben zurück und zeigt ein zunehmend abstraktes Muster von Hunderten sich in unhörbarem Lachen biegenden Körpern, bis sich die Einstellung in eine Vogelperspektive auflöst (Abb. 2). Diese Kamerabewegung antwortet symmetrisch auf eine ähnliche in umgekehrter Richtung, nämlich die berühmte Einstellung, in der die Kamera senkrecht an der Fassade eines Manhattaner Bürohochhauses hochfährt, dann in die Horizontale schwenkt und mit einer Überblendung in das offene Fenster eines Großraumbüros eindringt (fehlt in der deutschen Fassung), um von oben herab aus dem geometri-

Abb. 2: *Vom Individuum zum Publikum* (King Vidor: *The Crowd*, MGM 1928)

schen Muster von Hunderten von Angestellten die Nummer 137, John Sims, den Helden des Films herauszugreifen (Abb. 1).

Jenseits der Ebene realistischer, individual-psychologischer Motivation allerdings entfaltet der Film eine andere Art von Diskurs auf der stilistischen Ebene, mit Strategien visueller Komposition und des Schnitts, für den die letzte Einstellung typisch ist. Immer wieder wird John in Gruppenzusammenhängen gezeigt, in denen er ein mehr oder minder identisches Element darstellt – Konfigurationen, die sich in ihrer historischen und ideologischen Problematik mit Siegfried Kracauers Konzept des „Ornaments der Masse" begegnen. In *The Crowd* variieren diese Gruppenmuster je nach Choreographie, Kameradistanz und Abstraktionsgrad: von den geometrisch organisierten extremen Totalen der Büroangestellten und des Vaudeville-Publikums über die serialen Kompositionen der auf dem Zaun sitzenden Jungen und ihres erwachsenen Gegenstücks, den werdenden Vätern auf der Krankenhausbank (jeweils ein Schwarzer dabei), oder den anonymeren Schlangen vor dem Arbeitsamt; bis hin zu den unstrukturierten Haufen vergnügungssüchtiger bzw. erholungssuchender Menschen in Coney Island und am Strand.

Die Serialität erstreckt sich nicht nur in die räumliche Dimension, sondern auch in die zeitliche der mechanischen Wiederholung: Johns erste Begegnung mit Mary z. B. ist in eine Sequenz eingebettet, in der weibliche Angestellte eine nach der anderen sich aus der Drehtür des Bürogebäudes schälen, um von ihren auf dem Bordstein wartenden Kavalieren in Empfang genommen zu werden. Die Analogie zum Fließband wird noch durch einen Zwischentitel unterstrichen, wenn sein Freund Bert John den beiden Damen vorstellt: „Jane ... John, John ... Jane, Mary ... John, John ... Mary." Wenn dann John und Mary dem anderen Paar auf einen Doppeldeckerbus folgen, so unterstreicht der Film die Serialität sogar in seiner eigenen Artikulation; er wiederholt für John haargenau dieselbe subjektive Einstellung, mit der er zuvor Bert einen Blick unter den Rock seiner die Bustreppe hochsteigenden Begleiterin gewährt: das männliche Privileg des Blicks auf den Frauenkörper wird als Klischee, als mechanische Geste zitiert.

Dieser in erster Linie graphische Diskurs des Massenornaments gehört zwar zur Erzählweise des Films, geht aber über die Ebene des realistischen Genres hinaus und impliziert eine Analyse von Johns Schicksal jenseits des humanistischen Arguments um individuelles Versagen oder gesellschaftliche Bedingtheit. Nachhaltiger als Johns persönliches Unglück und seine soziale Demütigung unterminiert der Diskurs des Massenornaments die Klischees des bürgerlichen Individualismus, wie sie aus John hervorklappern, die hohlen Mythen des amerikanischen Traums. Durch die Gegenüberstellung von Johns gedankenloser Litanei des persönlichen Erfolgs (wenn „mein Boot ankommt") mit Bildern massenkultureller Multiplikation, Wiederholung und Gleichheit entsteht eine *strukturelle Ironie* unabhängig von jeglicher Erkenntnis oder Bewußtseinsleistung auf seiten des Helden. Die symmetrische Klammer des Clownsmotivs ist ein Beispiel solcher struktureller Ironie. Ein weiteres ist die Szene am Strand, in der John zunächst allein mit seiner Ukulele kadriert wird, zu der er penetrant-fröhlich intoniert: „All alone / I'm so all alone"; der Gegenschnitt zeigt dann nicht nur einen Mann, der sich über den Lärm beschwert, sondern eine Menge von Leuten, die sich den Strand friedlich miteinander teilen. Die Gegenüberstellung von individualistischer Ideo-

logie und Massengesellschaft bringt zugleich die Auflösung der Grenzen zwischen öffentlich und privat ins Spiel, die der Film immer uieder thematisiert.

In der Diskrepanz zwischen der fortgesetzten Behauptung eines bürgerlichen Persön-
lichkeitsbegriffs und gesellschaftlichen Entwicklungen, die von einer zunehmenden Tendenz zur Serialität und Identität gekennzeichnet sind, bewegt sich *The Crowd* auf ähnliches
Gelände wie Siegfried Kracauers Schriften von Mitte der 20er Jahre bis 1933, insbesondere
seine Aufsätze zu den Medien, Orten, Ritualen und Subjekten der neu entstehenden Massenkultur. Insbesondere die etwa gleichzeitig entstandene Artikelserie *Die Angestellten* könnte
als das Buch zum Film gelten – einem Film, den Kracauer meines Wissens nie besprochen
hat. Kracauer sah bekanntlich die neue Klasse der Angestellten charakterisiert durch das
paradoxe Verhältnis von kleinbürgerlicher Prätention, dem Beharren auf dem Privileg gegenüber der Arbeiterklasse, einerseits und den konformistischen Verhaltensweisen, in denen das Streben nach Distinktion sich ausdrückte, andererseits.

Diese subjektive Tendenz zur Uniformierung war für Kracauer jedoch nur Teil eines umfassenden historischen Prozesses gesellschaftlicher Desintegration und Reintegration, der
sich objektiv u. a. in den ornamentalen Arrangements von und für die Massen (z. B. Revuen,
Sportveranstaltungen) vergegenständlichte. Als Symptom der kapitalistischen Moderne war
das Massenornament für Kracauer so doppeldeutig wie jene: einerseits Ausdruck von Prinzipien der Rationalisierung und Abstraktion, andererseits, in seiner Anonymität und Auflösung des individuellen Körpers und ganzheitlichen Subjekts, Vorschein menschlicher Beziehungen, die von den blinden Zwängen der Natur und sozialer Hierarchie befreit wären.
Das politische Problem für Kracauer war, wie das Massenornament – und das ihm korre-
spondierende Publikum – Bewußtsein seiner selbst als Massensubjekt erlangen, wie es zur
Öffentlichkeit werden könne. Die Alternative, das wußte Kracauer schon früh, war der Sieg
des Faschismus.[7]

Kracauers Konzept des Massenornaments ist bekanntlich kritisiert worden wegen seiner
simplistischen Analogie zwischen kulturellen Formen und tayloristischen Produktionsme-
thoden („Den Beinen der Tillergirls entsprechen die Hände in der Fabrik"). Diese Kritik geht
jedoch an der wichtigsten Dimension seiner Analyse der Massenkultur vorbei, die er in
Hunderten von Essays über Straßen, Lunaparks, Hotelhallen und Kneipen, Passagen und
Schaufenster, Tourismus und Tanz, über Kino und Studio, Photographie, Wochenschau und
Illustrierte entwickelte. Was diesen Essays eine historische Schwerkraft verleiht, die in unse-
re Gegenwart hineinwirkt, ist, daß Kracauer schon früh die tiefgreifende Wirkung der öko-
nomischen Akzentverschiebung von der Produktions- auf die Konsumsphäre und deren Aus-
weitung auf den gesamten Freizeitbereich erkannte, eine Entwicklung, die zweifellos in den
USA fortgeschrittener war als in Deutschland (aber auch hier nicht umsonst unter dem
Stichwort des Amerikanismus verhandelt wurde). So kreisten seine Beobachtungen um die
Herausbildung qualitativ neuer, in konsumistischen Darstellungs- und Rezeptionsweisen

---

7 Kracauer (1971): *Die Angestellten*; ders. (1990): „Das Ornament der Masse". Zu Kracauers Konzeption des
   Kinos als Öffentlichkeit s. Schlüpmann (1990): „Der Gang ins Kino".

sich abzeichnender Formen von Subjektivität, Faszination und Identifikation, die weder mit marxistischen, produktionsorientierten Ansätzen noch mit psychoanalytischen, auf ödipaler Familienstruktur basierenden Modellen zu fassen waren.

Kennzeichen dieser neuen Subjektivität war zum einen die Fixierung der Sinne an Visualität, die sichtbare „Oberfläche" mit ihrem Glanz und Gepränge, zum andern eine Dezentrierung der Wahrnehmung in der „Zerstreuung". Kracauer selbst war fasziniert von der Erosion des bürgerlichen Individualitätsbegriffs, der Möglichkeit, daß Fragmentierung und Entleerung des Subjekts in produktive Rezeptivität, Freisetzung von Erfahrung umschlagen könnten. Dabei spielte für ihn das Kino eine ebenso ambivalente Rolle wie das Massenornament. Das Kino war für ihn der Ort einer spezifischen Verbindung von visueller Wahrnehmung und dezentrierter Identifikation, in der die Grenzen zwischen dem Selbst und den fremdgesteuerten Bildern geschwächt bzw. von vornherein porös sind und so eine narzißtische Verschmelzung mit dem Strom der Bilder entstehen konnte. So beschreibt er z. B. in seinem frühen Aufsatz „Langeweile" (1924) einen in der Großstadt Streunenden, der alsbald in ein Kino einkehrt, um dort „vielgestaltig sich abkurbeln zu lassen. Er hockt als künstlicher Chinese in einer künstlichen Opiumkneipe, verwandelt sich in einen dressierten Hund, der einer Filmdiva zuliebe lächerlich kluge Handlungen begeht, ballt sich zu einem Unwetter im Hochgebirge zusammen, wird zum Zirkusartisten und zum Löwen zugleich." Kracauer weiß allerdings auch und nur zu gut, daß solche imaginären Metamorphosen unter gegebenen Bedingungen Wirklichkeitsverlust und Isolation mit sich bringen. „Man vergißt sich im Gaffen, und das große dunkle Loch belebt sich mit dem Schein eines Lebens, das niemandem gehört und alle verbraucht."[8]

Kracauers Bild des Zuschauers verweist uns zurück auf The Crowd, insbesondere auf die kritische Darstellung konsumistischer Subjektivität im Film. Diese stellt einen dritten Diskurs dar, der zwischen der realistischen, individuell zentrierten Erzählung und dem graphischen Diskurs des Massenornaments vermittelt, ohne die beiden unbedingt zu versöhnen. (Es ist dieser dritte Diskurs, der Vidors Film nachhaltig von dem stilistisch-ideologischen Dualismus – modernes Massenornament und Melodrama – in Fritz Langs Metropolis unterscheidet.) Auf der vordergründigsten Ebene thematisiert The Crowd die Akzentverschiebung auf den Konsum dadurch, daß der Protagonist mit der Werbebranche assoziiert wird, vielmehr mit der Fiktion, daß Werbung, wie Drehbuchschreiben oder die Kreierung von Filmstars, eine populäre Kunst sei, an der sich jeder beteiligen kann; ob ein Slogan angenommen wird oder nicht, ist reine Glückssache. In diesem Sinne mag John als Opfer des ideologischen Projekts angesehen werden, den amerikanischen Traum für die Konsumgesellschaft umzuschreiben, d. h. den Widerspruch zwischen individualistischer Leistungsideologie und den hedonistischen Appellen der Selbstverwirklichung durch Konsum aufzulösen. John scheitert, weil er die Versprechungen der letzteren wörtlich nimmt, d. h. mißversteht im Sinne der ersteren. Er unterscheidet sich von der Menge, weil er gerade nicht, wie sein Freund Bert, ein „aufgeklärter Konsument" ist, welcher, so Horkheimer und Adorno, sich dem System verschrieben hat, gleichwohl er dessen Manipulationen durchschaut.

---

8 Kracauer (1990): „Langeweile", S. 279.

Außer der thematischen Rolle der Werbung durchziehen kommerzielle Bilder die Mise-en-scène des Films – Ladenschilder, Reklame, Sandwichboards, Anzeigen in Zeitschriften und Verkehrsmitteln. Signifikanterweise häufen sich diese Bilder in jenen Sequenzen des Films, die hin zur Heirat von John und Mary führen. Nicht die Natur, sondern Coney Island gibt die Kulisse für ihre Romanze ab: der klassische Ort der Zerstreuungskultur erscheint als Tummelplatz des selbstvergessenen Vergnügens und als Riesenmaschine der Paarbildung zugleich. Als John Mary zum ersten Mal küßt, wird das Paar, wie Dutzende von Paaren, die den „Tunnel of Love" durchfahren, selbst zum Objekt der Schaulust für die nächsten Kunden, angemacht durch das Schild: „Do They Neck? WATCH!" Auf den Begriff gebracht wird die konsumistische Interpretation der Paarbildung schließlich auf der Heimfahrt in der Subway: John erblickt eine Anzeige mit dem Slogan „You Furnish the Girl / We furnish the Home"[9] und macht daraufhin Mary einen Heiratsantrag; die subjektive Einstellung, die sein erwachendes Begehren indiziert, gilt der Anzeige, nicht der Frau.

Die konsumistische Ikonographie in *The Crowd* ist dem Liebesverhältnis nicht äußerlich, sondern ist sein Kern; die Triebökonomie der Individuen und die Ökonomie der Werbung sind nicht zu trennen. Alle erotischen Beziehungen scheinen durch Bilder des Konsums vermittelt, ja durch den Prozeß der Bilderproduktion. Wenn wir das Paar vor einem Postkarten-Setting der Niagara Falls wiedersehen – die Ehe ist offensichtlich noch nicht vollzogen –, erkennt John sein Begehren erst, als er sich anschickt, Mary zu photographieren und sie sich entsprechend in Pose begibt. Den ganzen Film hindurch bleibt seine Liebe zu Mary im Register des Imaginären, in einem narzißtischen Spiegelverhältnis befangen, ohne ein wirkliches Erkennen des Anderen als Anderen. So wird die Ehe aus dem Schutt des Alltags, der Armut und Johns Übellaunigkeit nur dadurch gerettet, daß Mary ihm sagt, daß sie schwanger sei; wenn das Kind dann zur Welt kommt, es ist natürlich ein Junge, erneuert John sein Versprechen, es endlich zu etwas zu bringen – „to be somebody" –, und Mary versichert ihm mit wissendem Lächeln: „He's just like you, Johnny." Der Refrain dazu folgt auf dem Höhepunkt der Krise des Films, als der Sohn den Vater vorm Selbstmord bewahrt, indem er die Worte der Mutter als eigenen Wunsch formuliert: „I want to be just like you." Ein besserer Spiegel für Johns Identität als Mary oder die kleine Tochter, verkörpert der Sohn ein metaphorisches Äquivalent der vielen Spiegel im Film, vor denen John, mit Kracauer zu reden, sein „moralisch-rosa" Aussehen arrangiert.[10]

Die Wiederherstellung von Johns Identität zum Filmende ist so von Anfang an als illusorisch gekennzeichnet – durch die systematische Verknüpfung von individuellem Narzißmus

<hr />

9   Dieser Slogan erinnert an eine frühere satirische Version in Sinclair Lewis' Roman *Babbitt* von 1922: „Mid pleasures and palaces / Wherever you may roam / You just provide the little bride / And we'll provide the home"; Lewis (1980): *Babbitt*, S. 34. Der Slogan aus *The Crowd* taucht schon in einem Mary Pickford-Film des Vorjahres (*My Best Girl*; dir. Sam Taylor, 1927) auf, wo er ebenfalls den Helden zu einem Antrag animiert. Kracauer besprach diesen Film („Ladenmädchen spielen Kino", in: *Frankfurter Zeitung*, 26. Januar 1928) und begeisterte sich dabei für besagten Gag.

10 Kracauer (1971): *Die Angestellten*, S. 223f.

mit konsumistischen Wunsch- und Identifikationsstrukturen. In der Dramatisierung dieses Zusammenhangs beleuchtet der Film das Problem des Geschlechterverhältnisses, welches bei Kracauer weitgehend im dunkeln bleibt. Die narzißtische Disposition, die üblicherweise mit Frauen assoziiert wird sowie mit deren historischer Rolle als primäre Konsumenten, wird in *The Crowd* eindeutig mit der Krise männlicher Identität und Selbstdarstellung in Zusammenhang gebracht, die der Film mit dem kleinstädtischen Modell der amerikanischen Nationalidentität assoziiert (die ethnische Einwandererfamilie der Frau wird dagegen durch die paternalistisch-autoritären Brüder als maskulin, wenn nicht „macho" charakterisiert). Von dem Augenblick an, wenn wir John als neugeborenen Säugling, von seinem Vater vor einem Spiegel apostrophiert, sehen, werden seine persönlichen Schwierigkeiten als Teil einer scheiternden patriarchalischen Linie begriffen, über Generationen hinweg perpetuiert durch die zunehmend abstrakten Wunsch- und Trugbilder des amerikanischen Traums. John wird feminisiert nicht nur durch seine sozioökonomische Erniedrigung, sondern auch durch die narzißtische Konstruktion seines Charakters. Jenseits des starken Moments der symbolischen Kastration behält der Film jedoch klar im Blick, wie sich die selbstbespiegelnde männliche Identität auf das Leben empirischer Frauen auswirkt: Auch in der Freizeitszene am Strand, zum Beispiel, geht die Hausarbeit für Mary weiter, während John sich in kindischer Intransigenz amüsiert.

Präsentiert der Film seinen Helden als Allegorie des amerikanischen Nationalcharakters (Vidor zufolge als „American Everyman"), so demontiert er jedoch dabei zugleich die Kategorie eines psychologisch abgerundeten Charakters, der als typischer Repräsentant des Volkes oder einer Klasse zu lesen wäre. John erfüllt sein Versprechen, „to be somebody big", dadurch, daß er ein Niemand wird, eine Maske, eine biegsame Marionette, ein Clown, der eine Travestie des Prinzips der individuellen Selbstverwirklichung gegen Bezahlung herumträgt (der Text auf seinem Sandwichboard lautet: „I am always happy when I eat at Schweiger's Grill"). Diese schreckliche Ironie ist jedoch nur dem Zuschauer ersichtlich; nichts weist darauf hin, daß der Charakter selber zu irgendwelcher Einsicht, Erinnerung oder Selbsterkenntnis gelangt. Im Gegenteil, Johns Unfähigkeit, sich selbst in der Rolle des von ihm zuvor verachteten Clowns zu erkennen, ist nur die Kehrseite seiner Identifikation durch Spiegelbilder, sozusagen der *fall-out* des Mißerkennens.

Der Diskurs konsumistischer Subjektivität stürzt schließlich den Film in einen Abgrund von Ambivalenz, wenn er in der Schlußsequenz mit dem Diskurs des Massenornaments konvergiert. Fordert uns die Erzählung auf, Johns *comeback* als einen Schritt zur zwischenmenschlichen Solidarität zu feiern, so markieren die letzten beiden Einstellungen seine Integration ins Kollektiv als Travestie. Das Bild von Hunderten von Oberkörpern, die in unhörbarem Gelächter hin und her schwanken, illustriert plastisch Kracauers Behauptung, daß das Massenornament „stumm", von menschlichem Bewußtsein undurchdrungen bleibt. Hat John nun endlich seinen Platz in der Masse akzeptiert, so bedeutet diese Gleichung auch umgekehrt, daß das Kollektiv aus Individuen besteht, deren psychische Strukturen sich nicht grundsätzlich von Johns unterscheiden. Zumal ihr Gelächter auf eine Szene antwortet – ein Clown wird geschlagen –, die Horkheimers und Adornos Analyse des „Stahlbads des Fun" ins Gedächtnis ruft, welches die Kulturindustrie ihren Konsumenten verordnet: nämlich die unreflektierte Spiegelbeziehung zwischen dem sadomasochistischen Ritual auf der Bühne und der gesellschaftlichen Situation der Zuschauer, welche ihr kollektives Gelächter in ein Zerrbild der Solidarität und Versöhnung verkehrt.[11]

Entfaltet man diese Metaphern der Zuschauerschaft in all ihren Implikationen, so bietet *The Crowd* eine Vision von Massenkultur, die mindestens so ambivalent, wenn nicht sogar pessimistischer ist als die Kracauers. Wie viele ambitiöse Hollywoodprodukte enthält Vidors Film eine Dimension strategischer Selbstreflexion auf das Medium und sein Publikum (von *Sherlock Jr.* und *The Wizard of Oz* bis *The Purple Rose of Cairo* und *Jurassic Park*). Als Stummfilm, der auf der Schwelle zum Tonfilm anlief, versammelt *The Crowd* noch einmal das Repertoire der populären Medien, die den Entstehungszusammenhang des frühen Kinos abgaben: Photographie und Grammophon, Lunapark, Vaudeville und die Burleske – ein Spektrum der kommerziellen Zerstreuungskultur, die vom Kino sowohl absorbiert als auch zerstört wurde. Zudem wurde *The Crowd* konzipiert und verkauft als „ein Epos der großen amerikanischen Mittelklasse", jener Klasse, die Hollywood seit dem Ersten Weltkrieg als Kundenbasis kultiviert hatte. So hält das abschließende Bild des Publikums *im* Film denn auch dem Publikum *des* Films einen Spiegel vor, ein Publikum, das wahrscheinlich ein ähnliches demographisches Profil aufwies.

Doch wenn Johns katastrophischer Abstieg in die Arbeitslosigkeit einen Schatten vorauswirft auf die Auswirkungen der Depression auf Millionen von Amerikanern, dann gerät diese Analogie durch die ambivalente Darstellung der Unterhaltungsgemeinde in der letzten Einstellung vollends zur Mise-en-abîme: Entweder akzeptiert der Zuschauer die Hommage an die große amerikanische Mittelklasse und identifiziert sich mit dem Spiegelbild in illusorischer Vollständigkeit und Harmonie; oder der Zuschauer bezieht eine Position satirischer Überlegenheit gegenüber den schwankenden Masken und würde damit den Akt des Mißerkennens wiederholen, der das Verhältnis des filmischen Zuschauers zur Szene auf der Bühne bestimmt. In beiden Fällen wird die strategische Selbstreflexion, die uns Johns Integration als Triumph der populären Unterhaltungsindustrie zu feiern heißt, durch die Selbstreflexivität des Textes – den Diskurs des Massenornaments, die Logik konsumistischer Subjektivität – unterminiert: ideologische Affirmation zerfällt in kritische Ambivalenz.

Wenige Jahre später, nach dem Börsensturz, wäre ein solcher Schluß kaum noch möglich gewesen. Die ornamentale Inszenierung von Massen wurde ins Musical verlegt, einem der interessantesten Genres der Depressionszeit, das programmatisch damit befaßt ist, *breadlines* in *chorus lines* zu verwandeln (vgl. *Gold Diggers of 1933*). Die Geschichte des *common man* wurde ins Kleinstadtmilieu zurückverlagert, wo sie im sentimentalen Populismus eines Frank Capra reüssierte. Wie ambivalent das Ende von *The Crowd* auch sein mag, der Film thematisiert die zentrale Rolle der Massen- und Konsumkultur für die Inszenierung und Integration der amerikanischen Nation, und er benennt zugleich ihre Schwächen, Gefahren und Grenzen. Wie kritisch man sich zu dieser Massenkultur verhalten mag,

---

11 Horkheimer / Adorno (1984): *Dialektik der Aufklärung*, S. 162f.

es gibt kein Draußen, keine distanzierte, überlegene Position (wie etwa die von Horkheimer und Adorno), von der aus man sie verstehen und effektiv kritisieren könnte. Denn die amerikanische Massenkultur ist nicht nur Modell der nationalen Integration, sondern auch Horizont der öffentlichen Selbstverständigung, innerhalb dessen – und gegen den – sich alle anderen Öffentlichkeiten konstituieren. Dies ist die amerikanische Kulturnation, ob wir sie mögen oder nicht: nicht eine Kulturnation, die der politischen vorausging, sondern eine, die die Widersprüche und Exklusionen der letzteren zu artikulieren, zu absorbieren oder zu marginalisieren vermag – *for better or for worse*.

Literatur

ANDERSON, BENEDICT: *Imagined Communities: Reflections on the Origin and Spread of Nationalism* (1983), London / New York 1991.

DOWD, NANCY / SHEPARD, DAVID: *King Vidor*, Metuchen, New Jersey 1988.

DURGNAT, RAYMOND / SIMMON, SCOTT: *King Vidor, American*, Berkeley / Los Angeles 1988.

FISHER, PHILIP: „Democratic Social Space. Whitman, Melville, and the Promise of American Transparency", in: *The New American Studies*, hg. v. P. Fisher, Berkeley / Los Angeles 1991, S. 70–111.

FOX, RICHARD WIGHTMAN / LEARS, T. J. JACKSON (Hg.): *The Culture of Consumption*, New York 1983.

GLEDHILL, CHRISTINE: „Between Melodrama and Realism. Anthony Asquith's *Underground* and King Vidor's *The Crowd*", in: *Classical Hollywood Narrative. The Paradigm Wars*, hg. v. Jane Gaines, Durham / London 1992.

HANSEN, MIRIAM: *Babel and Babylon. Spectatorship in American Silent Film*, Cambridge, Mass. 1991.

HORKHEIMER, MAX / ADORNO, THEODOR W.: *Dialektik der Aufklärung* (1947), in: Adorno, Theodor W.: *Gesammelte Schriften*, Bd. 3, hg. v. Rolf Tiedemann, Frankfurt/M. 1984.

KRACAUER, SIEGFRIED: *Die Angestellten: Aus dem neuesten Deutschland* (1928/29), in: ders., *Schriften*, Bd. 1, hg. v. Karsten Witte, Frankfurt/M. 1971.

KRACAUER, SIEGFRIED: „Langeweile" (1924), in: ders., *Schriften*, Bd. 5.1, hg. v. Inka Mülder-Bach, Frankfurt/M. 1990, S. 278–281.

KRACAUER, SIEGFRIED: „Das Ornament der Masse" (1927), in: ders., *Schriften*, Bd. 5.2, hg. v. Inka Mülder-Bach, Frankfurt/M. 1990, S. 57–67.

LANG, ROBERT: *American Film Melodrama. Griffith, Vidor, Minelli*, Princeton, N. J. 1989.

LEARS, JACKSON: *Fables of Abundance. A Cultural History of Advertising in America*, New York 1994.

LEWIS, SINCLAIR: *Babbitt* (1922), New York 1980.

SCHLÜPMANN, HEIDE: „Der Gang ins Kino – ein Ausgang aus selbstverschuldeter Unmündigkeit. Zum Begriff des Publikums in Kracauers Essayistik der Zwanziger Jahre", in: *Siegfried Kracauer. Neue Interpretationen*, hg. v. Michael Kessler u. Thomas Y. Levin, Tübingen 1990.

SOLLORS, WERNER: „Konstruktionsversuche nationaler und ethnischer Identität in der amerikanischen Literatur", in: *Nationale und kulturelle Identität*, hg. v. Bernhard Giesen,
Frankfurt/M. 1991.

SUSMAN, WARREN: *Culture as History. The Transformation of American Society in the Twentieth Century*, New York 1984.

VIDOR, KING: *A Tree is a Tree*, New York 1953.

II.

Konkretionen:
Instrumentalisierte Symbolik

Hartwig Gebhardt

„Der Kaiser kommt!"

Das Verhältnis von Volk und Herrschaft in der massenmedialen Ikonographie um 1900

Übereinstimmend verweisen alle in den letzten einhundert Jahren unternommenen Versuche, den Begriff „Volk" zu definieren, auf dessen Mehr- und Vieldeutigkeit. Bis zu einem halben Dutzend und mehr Haupt- und Unterkategorien wurden und werden in der einschlägigen Literatur verwendet, um den Begriff in seinen zahlreichen Bedeutungsvarianten zu erfassen. Hier wird im folgenden von der politischen wie auch von der sozialen Dimension des Volksbegriffs in der Zeit um die Jahrhundertwende die Rede sein. Den Zugang zu dieser Betrachtungsweise mögen zwei zeitgenössische Beschreibungen eröffnen. Die erste ist im 16. Band von *Brockhaus' Conversations-Lexikon* aus dem Jahre 1887 enthalten. Dort heißt es zum Stichwort „Volk" u. a.: „Im engern Sinne bedeutet V. [...] die Gesamtheit der Regierten, im Gegensatz zur Regierung."[1] Die zweite, etwas ausführlichere Beschreibung findet sich in der um dieselbe Zeit veröffentlichten Schrift *Volk und Nation* von Friedrich Julius Neumann: „Um *politische* Scheidungen [...] handelt es sich z. B., wenn man, obwohl doch Fürst und Volk selbstverständlich derselben politischen Einheit angehören, das Volk dem Fürsten oder der Regierung gegenüberstellt und danach [...] der Fürst z. B. von *seinem* oder zu *seinem Volke* spricht, desgleichen, wenn von der Wahrnehmung der Rechte des Volkes gegenüber der Regierung durch *Volks*vertretungen die Rede ist u.s.w. Namentlich um *soziale* Scheidungen aber handelt es sich, wenn, wie es unendlich oft geschieht, vom Volk im Gegensatz zu den *besser situierten*, höher *gebildeten* oder *herrschenden* Klassen gesprochen wird."[2]

---

1 Brockhaus (1887), S. 319f.
2 Neumann (1888), S. 35f. – Jene Vorstellungen waren nicht auf das ausgehende 19. Jahrhundert beschränkt, sondern blieben auch später konstitutiv für das politische Verständnis vom „Volk"; siehe z. B. die Zusammenfassung des Sprachgebrauchs für den Volksbegriff bei Werner Sombart im 1931 erschienenen und 1959 unverändert wiederaufgelegten *Handwörterbuch der Soziologie*: „Volk im Gegensatz zu den Regierenden oder Behörden" und „Volk im Gegensatz zu den ‚oberen' Schichten", in: Vierkandt (1959), S. 229.

Die definitorische Betonung eines strukturellen Gegenüber oder gar Gegensatzes von Volk und Herrschaft gerade in Zeiten tiefgreifender gesellschaftlicher Umbrüche, die je nach politischem Standort als Gefährdung oder als Chance begriffen wurden, fordert die Frage nach dem damaligen öffentlichen Umgang mit politisch-gesellschaftlichen Vorstellungen vom ‚Volk' heraus. Das Material zur Beantwortung dieser Frage liefert hier ein Medium, dessen Rolle bei der Vermittlung kollektiver Bilder von herausragender Bedeutung war. Gemeint ist die massenhaft produzierte und verbreitete Bildpresse in Deutschland, die bereits damals tendenziell die gesamte Bevölkerung erreichte.[3] Aus der großen Zahl einschlägiger Unternehmen wurden für diesen Beitrag Beispiele aus einigen seinerzeit bekannten deutschen illustrierten Zeitschriften ausgewählt: aus der *Gartenlaube*, der Leipziger *Illustrirten Zeitung*, der *Berliner Illustrirten Zeitung*, dem *Simplicissimus* und dem *Wahren Jacob*. Um die Jahrhundertwende belief sich die wöchentliche Gesamtauflage dieser fünf Blätter auf rund eine halbe Million Exemplare,[4] doch wird man angesichts der damals üblichen extensiven Mehrfachnutzung desselben Zeitschriftenheftes von einem Vielfachen an Lesern ausgehen dürfen. Hinsichtlich der Tendenz deckten die genannten Zeitschriften die wichtigsten Bereiche des politischen Spektrums im kaiserlichen Deutschland – von konservativ bis sozialdemokratisch – ab. Das ihnen in bezug auf unser Thema Gemeinsame ist, daß sie dem Volk Ansichten seiner selbst präsentierten, die, ungeachtet ihrer unterschiedlichen Vermittlungsformen – Ereignisbild, Allegorie, Karikatur –, alle als Zeugnisse politischer Intentionen im damaligen Verständigungsprozeß zwischen Medienproduzenten und Medienrezipienten zu verstehen sind. Diesen Prozeß zu rekonstruieren und zu vergegenwärtigen, ist das Ziel der folgenden Analysen und Überlegungen.

1. Die konservative Botschaft: das Volk, das keines ist

Im Jahre 1899 veröffentlichte die Familienzeitschrift *Die Gartenlaube* die xylographische Reproduktion eines Gemäldes von Theodor Kleehaas mit dem Titel *„Der Kaiser kommt!"* (Abb. 1). Kleehaas war Spezialist für ländliche und Kinderszenen.[5] Diese Vorliebe kommt auch in diesem Bild zum Ausdruck, das die Redaktion des Blattes mit einer kurzen Erläuterung[6] versah: „Behörden und Einwohner" eines „in den Bergen malerisch gelegenen Städtchens" seien zum Bahnhof gekommen, um den Kaiser zu begrüßen, dessen Zug auf der Durchfahrt „nur eine Minute" auf dieser Station halten werde. Wenn auch für eine festliche Begrüßung keine Zeit bleibe, so solle doch der Monarch den Ort „nicht ohne ein Zeichen der Liebe und Verehrung" seitens der Bevölkerung passieren. Um das Eintreffen des Zuges

---

3 Gebhardt (1983), S. 47ff.
4 *Die Gartenlaube*: 100.000 (1905, nach Barth [1974], S. 437); *Illustrirte Zeitung*: 26.000 (Kürschner [1902], Sp. 542f.); *Berliner Illustrirte Zeitung*: 150.000 (ebd., Sp. 145); *Simplicissimus*: 80.000 (ebd., Sp. 1023); *Der Wahre Jacob*: 160.000 (1902, nach Ege [1992], S. 221; diese Zeitschrift erschien 14tägig).
5 Thieme / Becker (1927), S. 427.
6 *Die Gartenlaube* (Leipzig), Nr. 25 (1899), S. 428.

Abb. 1: *Der Kaiser kommt!* Nach dem Gemälde von Th. Kleehaas. *Die Gartenlaube* (Leipzig), 25 (1899), S. 412f. (24,3 x 36,0 cm).

nicht zu versäumen, habe man schon lange vor dessen Ankunft die Plätze eingenommen. Das Läutewerk links im Bild trennt die offizielle Begrüßungsabordnung, die sich unter dem Vordach des Bahnhofs und damit gleichsam auf hoheitlichem Boden versammelt hat, von der ungleich größeren Gruppe der Zaungäste. Obgleich durch Kleidung und Haltung herausgehoben, ist die Honoratiorengruppe an den Rand des Geschehens gedrängt. Hauptakteure sind die Zuschauer auf und hinter dem Zaun. Es sind Männer, Frauen und Kinder beiderlei Geschlechts und aller Altersstufen, deren genauere soziale Zuordnung, anders als bei den Mitgliedern des Empfangskomitees, einige Mühe machen würde. Doch scheint eine solche Differenzierung auch gar nicht in der Absicht des Malers gelegen zu haben. Vielmehr bilden die Zaungäste eine tendenziell homogene Gruppe, die die Einwohnerschaft der Kleinstadt repräsentiert. ‚Alle‘ sind gekommen, den Kaiser zu begrüßen. Niemand hat sich ausgeschlossen, kein Mißton der Unzufriedenheit oder gar der Opposition beeinträchtigt die erwartungsfrohe Stimmung. Auf diese Weise sind auch die beiden Personengruppen vereint, denn das Trennende tritt zurück gegenüber der gemeinsamen Stellung zum Kaiser, der in Kürze eintreffen wird. Diese Gemeinsamkeit kommt zum Ausdruck in der Linie, die die Anwesenden bilden und die fast über die gesamte Breite vom Zaun markiert wird. Kennen die Mitglieder der offiziellen Abordnung ihren Platz ohnehin, so weist den Zuschauern der Zaun ihren Platz bei dem bevorstehenden Ereignis zu. Nur die Kinder dürfen *auf* dem Zaun sitzen, der Raum davor ist für die Anwesenden tabu.

Die Menge, fernab großstädtischer Unruhe und Bewegung, akzeptiert und respektiert die ihr gezogene Grenze freiwillig; da bedarf es keiner Ordnungshüter. Der Raum vor dem Zaun gehört dem Herrscher, was auch symbolisiert wird durch den parallel zum Zaun verlaufenden und diesen als Grenze betonenden Schienenstrang, auf dem der Kaiser kommen und auf dem er sich auch wieder entfernen wird. Dazwischen wird es einen Moment der Nähe geben, doch wird sich der Monarch nicht mit der Menge gemein machen. Dem Text zufolge wird sich nur das Kind in dem weißen Kleid mit den Blumen dem Kaiser nähern dürfen. Wenngleich dieser Teil des Geschehens nicht mehr Gegenstand der bildlichen Darstellung ist, so besteht doch kein Zweifel an dem Verlauf des hohen Besuchs in der Kleinstadt, der, unter Beachtung der dem Monarchen geschuldeten Distanz, Ausdruck eines harmonischen Verhältnisses zwischen Herrscher und Beherrschten sein wird. Die betont genrehafte Darstellung des Vorgangs im Bild hat es der Redaktion der *Gartenlaube* angebracht erscheinen lassen, ihrer Leserschaft eine zusätzliche Deutungshilfe zu geben, die über die gezeigte Einzelszene hinausweist. Im Begleittext des Blattes, das ehedem demokratisch-liberal war, nun aber schon seit langem konservativ-kaisertreu ist, heißt es nämlich am Schluß, daß während des Kaiserbesuchs die „Sonne [...] mit ihrem Glanze die alten Türme und Mauern des Städtchens (verklärt), das schon in alten Zeiten manchen Kaiser in seinen Thoren begrüßt hat". Die Natur und die Geschichte werden damit zu Zeugen und Garanten für eine Beziehung zwischen Volk und Herrschaft gemacht, die sich in ihrer selbstverständlichen Gegebenheit jeder gesellschaftlichen oder gar politischen Diskussion entzieht.

Im Jahr 1901 zeigte auch die Leipziger *Illustrirte Zeitung* ihrer Leserschaft eine auf den Herrscher wartende Menge (Abb. 2). Wiedergegeben ist eine während der alljährlichen militärischen Frühjahrsübungen in der Umgebung Berlins entstandene Szene. Wieder ist „*Der*

Abb. 2: *Auf dem Tempelhofer Felde bei Berlin: „Der Kaiser kommt!". Originalzeichnung von Georg Koch. Illustrirte Zeitung* (Leipzig), 3023 (6. 6. 1901), S. 884f. (32,8 x 48,3 cm).

Kaiser kommt!" der Titel des Bildes, dessen Zitatform auf den Ruf anspielt, der dem Erscheinen des Monarchen unter den Zuschauern vorauseilt. Diesmal kommt der Kaiser wirklich, von rechts hinten, recht gut wahrnehmbar und durch den ihm vorbehaltenen Schimmel sowie die kaiserliche Standarte kenntlich gemacht. Der Kaiser ist zwar auszumachen, aber doch nicht eigentlich die Hauptperson des Geschehens. Diese Rolle hat der Zeichner dem Polizisten zu Pferde im Vordergrund zugewiesen, der gemeinsam mit mehreren Kollegen für einen Durchlaß durch die Zuschauermenge sorgt bzw. – in der hier vielleicht angemesseneren Sprache der Militärs – eine Bresche durch die Menge legt. Diese setzt sich dem beigegebenen Text[7] zufolge aus Angehörigen „aller Stände und Altersklassen" beider Geschlechter zusammen, eine Beschreibung, der die bildliche Darstellung entspricht.

Die Zuschauer sind gekommen, um die militärischen Vorgänge auf dem Exerzierfeld zu verfolgen, vor allem aber „um recht nahe den Kaiser zu sehen". Dieser Wunsch läßt die Menge vordrängen, während die Polizisten dieser Bewegung entgegenwirken, denn ihre Aufgabe ist, die Menge auf Distanz zum Monarchen zu halten. An diesem Ort aber erleichtert kein Zaun, der als Grenzlinie dienen könnte, den Einsatz der Polizei, und so kommt es, daß diese, obwohl es sich um eine kaisertreue Menge handelt, sich nicht scheut, handgreiflich gegen die Zuschauer zu werden, wie die Szene im Mittelgrund unterhalb des linken Reiters zeigt, wo einer der Ordnungshüter einen Zuschauer zurückstößt. (Die Gefahr, daß die Leserschaft der *Illustrirten Zeitung* den Sinn der Botschaft als Kritik am Vorgehen der Polizei gegen ein offensichtlich harmloses Publikum hätte mißdeuten können, bestand übrigens nicht: das Blatt war, allein schon durch seinen außergewöhnlich hohen Preis bedingt, eine Oberschichten-Zeitschrift, die im wilhelminischen Deutschland mit ihrem publizistischen Programm und ihrer politischen Praxis keinen Zweifel an der Legitimität der bestehenden Klassenherrschaft aufkommen ließ.) Die Distanz als Prinzip und Technik traditionaler Herrschaft verkörpert auf dem Bild am sinnfälligsten der Berittene im Vordergrund, der die Rolle des sich nähernden Monarchen, ihn gleichsam vertretend, vorwegnimmt. Während seine Kollegen noch im unmittelbaren Kontakt mit der Menge sind, hält er die Zuschauer schon allein aufgrund seiner martialischen Erscheinung hoch zu Roß auf Abstand. So betrachtet, bedurfte es der realen Person des Kaisers eigentlich gar nicht, um das ‚richtige' Verhältnis von Volk und Herrschaft zu veranschaulichen.

Bei den „Der-Kaiser-kommt"-Darstellungen konservativer deutscher Bilderblätter fällt im Hinblick auf den hier thematisierten Begriff Volk auf, daß sie ‚Volk' zeigen, es aber nicht so nennen. Die Rede ist statt dessen von „Menschen", „Leuten", „Einwohnern", „Publikum" und – bevorzugt – von „Menge". Als weiteres Ergebnis kann festgehalten werden, daß die kaisertreu-konservative Presse-Ikonographie um die Jahrhundertwende von der Vorstellung einer quasi statischen, weil zeitlos unveränderlichen Beziehung zwischen Volk und Herrschaft geprägt war und sie mit ihren Mitteln im Publikum propagierte. Diese Sicht, die den gesellschaftlichen Diskurs über die Beziehung schon vom Ansatz her gegenstandslos machte, war allerdings nicht die einzige. Daß das Verhältnis von Volk und Herrschaft seinerzeit auch Anlaß und Objekt kritischer Mediendarstellung war, belegen die folgenden Beispiele.

---

7 *Illustrirte Zeitung* (Leipzig), Nr. 3023 (6. 6. 1901), S. 887.

2. Die liberale Botschaft: das gleichberechtigte Volk

Abb. 3: *Ein Land, in dem das Volk über die Regierung zu Gericht sitzt.*
Berliner Illustrirte Zeitung 20 (19. 5. 1901), S. 308 (9,2 x 14,8 cm).

Im Mai 1901 veröffentlichte die *Berliner Illustrirte Zeitung* aus dem liberal-demokratischen Großverlag Ullstein einen Bildbericht, in dem das Blatt seinen Lesern das Herrschaftssystem in der Schweiz erläuterte.[8] Schon die Überschrift des ausführlichen Artikels – „Des Volkes Wille als oberstes Gesetz" – gab die Richtung an und ließ den Unterschied zu den politischen Verhältnissen im Deutschen Reich bewußt werden. Beschrieben wurden die Verfahren, in denen die Kantonsregierungen Rechenschaft über ihre Tätigkeit vor den versammelten Stimmbürgern ablegen. Zu derartigen Versammlungen „strömten tausende Menschen in der [Kantons-]Hauptstadt zusammen", und die Stimmberechtigten bildeten ein „Volksparlament". Ein solches, „Ring" genannt, in dessen Mitte sich die Vertreter der Exekutive befinden, zeigt eines der beiden dem Artikel beigegebenen Pressefotos (Abb. 3). Die Bildsymbolik – das Volk umringt und kontrolliert die Regierung – erschließt sich deutlich aus der Perspektive. Wenn auch der ungenannte Verfasser des Artikels einige Vorbehalte gegen die „Schwerfälligkeit" dieser Methode politischer Entscheidungsfindung vorbrachte, so bekundete er – und mit ihm die Redaktion der *Berliner Illustrirten Zeitung* – doch große Sympathie mit einem Herrschaftssystem, in dem, so die Bildunterschrift, „das Volk über die Regierung zu Gericht sitzt". Daß dies zudem auf volkstümliche Weise geschah, ersahen die deutschen Leser der Zeitschrift u. a. daraus, daß das versammelte Volk mit „liebe, getreue

8 *Berliner Illustrirte Zeitung*, Nr. 20 (19. 5. 1901), S. 307f.

Landsleute" angeredet wurde („‚Herren' und ‚Verehrte Anwesende' oder dergl. giebt es nicht") und daß sich den politischen Geschäften „Belustigungen des Volkes" anschlossen, „das ihnen auch in ausgiebiger Weise huldigt". Der Bericht aus der Schweiz steht hier stellvertretend für eine größere Zahl von Text- und Bildbeiträgen, mit denen dieses liberale Massenblatt seinerzeit versuchte, der deutschen Öffentlichkeit die Kritikwürdigkeit des hiesigen Herrschaftssystems und der dem Volk darin zugewiesenen Rolle nachhaltig bewußt zu machen und der politischen Phantasie ein Ziel für Veränderungen zu weisen.

Solche Intentionen leiteten erkennbar auch die Produzenten einer Reihe satirischer Darstellungen zum Thema Volk und Herrschaft, die um die Jahrhundertwende in Deutschland veröffentlicht wurden, z. B. im süddeutsch-liberalen *Simplicissimus*. Der zweite Jahrgang, 1897, enthält eine ganzseitige, *Der – Die – Das* überschriebene Zeichnung von Bruno Paul[9], deren drei Einzelbilder konservative Vorstellungen von Menschenmassen in unterschiedlichen Situationen karikieren (Abb. 4). „Der Pöbel" ist eine Ansammlung mit Stöcken, Steinen und Revolvern bewaffneter Personen ausschließlich männlichen Geschlechts. Diese haben sich im Schatten eines Fabrikgebäudes zusammengerottet und sind im Begriff, die zum Schutz der öffentlichen Ordnung aufgezogene Polizei anzugreifen. Es handelt sich augenscheinlich um Arbeiter, vielleicht um Streikende, sicher aber um Sozialdemokraten und / oder Anarchisten. Diese Masse ist Gestalt gewordener Alptraum aller Anhänger von Ruhe und Ordnung. „Der Pöbel" ist jedenfalls nicht das Volk. Das mittlere Bild, „Die Menge", ist weniger karikaturistisch; etwas überzeichnet ins Bieder-Beschränkte sind nur einige der Zuschauer der Militärparade. Die Schaulustigen sind bei derartigen Anlässen immer zur Stelle und werden, wie üblich, von der Polizei auf Distanz gehalten. „Die Menge" bildet nur die Kulisse zum Schauspiel obrigkeitlicher Inszenierungen, und deshalb ist auch sie nicht das Volk. Die dritte Zeichnung schließlich veranschaulicht „Das Volk". Das Bild zeigt im Vordergrund eine Gruppe Kriegsveteranen, die an einem öffentlichen Umzug im Zeichen von Schwarz-Weiß-Rot teilnehmen, und im Hintergrund die Zuschauer der Veranstaltung. Waren die beiden anderen Bilder dieser Folge in der Zuordnung von Inhalten und Unterschriften unmittelbar eindeutig, wird man das in diesem Fall nicht ohne weiteres sagen können. Wer ist hier das Volk, das der Zeichner aus konservativer Sicht darzustellen vorgibt? Sind es die Personen im Vordergrund, oder ist es das Publikum dahinter, oder sind es alle? Die Antwort ergibt sich aus der Perspektive der Satire. „Das Volk" sind die Veteranen: schwarzgekleidete alte Männer, deren beste Zeiten schon lange zurückliegen, sich wichtig nehmend und dadurch eher lächerlich wirkend, in Übereinstimmung mit dem herrschenden System und wohl auch selbst ein Teil davon, der Vergangenheit zugewandt und ohne Zukunft. Damit führt der Satiriker den Volksbegriff ins Absurde, verkehrt ihn in sein Gegenteil und demonstriert so, was seinem Verständnis nach das „Volk" gerade nicht ist; und er karikiert gleichzeitig die Befürchtungen derer, die durch ein anderes „Volk", ein vorwärtsdrängendes, selbstbewußtes, gar oppositionelles, das Herrschaftsgefüge des konservativ-monarchischen Staates bedroht sehen.

---

9 Zu Bruno Paul s. Ahlers-Hestermann (1960) und Lang (1974).

Der — Die — Das

Der Pöbel

Die Menge

Das Volk

Abb. 4: *Der – Die – Das* (Zeichnungen von Bruno Paul). *Simplicissimus* (München), 6
(8. 5. 1897), S. 45 (32,2 x 22,5 cm, im Original mehrfarbig).

Abb. 5: *Das nächste Ziel* (Zeichnung von Wilhelm Schulz). *Simplicissimus* (München), 51 (14. 3. 1905),
S. 510 (22,1 x 21,8 cm).

Wie die aus liberaler Sicht überfällige Beseitigung der Trennung von Kaiser und Volk im
bildlich übertragenen Sinn vor sich gehen sollte, demonstrierte der *Simplicissimus* im März
1905 mit einer *Das nächste Ziel* (Abb. 5) überschriebenen Zeichnung von Wilhelm Schulz.[10]
Beherrscht wird das Bild von einem hohen und breiten Mauerring, hinter dem ein Monarch
mit Krone, Zepter und Reichsapfel einsam und verloren auf einem Thron sitzt. Vor der

---

10 Zu Wilhelm Schulz s. Hollweck (1973), S. 182ff.

Mauer steht eine helle, überlebensgroße Germania, die auf zwei Arbeiter niederblickt, die im Begriff sind, mit einer Bohrmaschine ein Loch durch die Mauer zu brechen. Hinter der Germania ist eine dunkle Masse sichtbar, bei der es sich um das deutsche Volk handelt, wie aus der Bildunterschrift hervorgeht, die weitere Hinweise auf Inhalt und Intention der Darstellung enthält: „Nach Vollendung des Simplon-Tunnels werden die Bohrmaschinen nach Deutschland geschafft, um die Mauer zwischen Herrscher und Volk zu durchbrechen." Für Bild und Text ist ein aktueller politischer Anlaß nicht zu erkennen (der einzige zeitliche Hinweis bezieht sich auf die damals gerade beendeten Arbeiten am Simplontunnel an der schweizerisch-italienischen Grenze; ein Jahr später, 1906, wurde das Bauwerk dem Verkehr übergeben).

Der Zeichner behandelt das Verhältnis zwischen Volk und Herrschaft weniger auf satirische als eher auf symbolisch-allegorische Weise. Dieses Verhältnis veranschaulicht und beschreibt er als veränderungsbedürftig. Die Veränderung geht vom Volk aus, das von der Germania geführt wird, in der sich, versehen mit den Merkmalen für Größe und Reinheit, zugleich das Volk verkörpert. Der Monarch, den die Insignien zum Kaiser machen, ist hingegen klein und vor allem passiv. Er ist, schemenhaft und ohne Gesicht, keine wirkliche Person. Zur bewegungslosen Figur erstarrt, ist er Symbol der Idee des Reiches. Seine Situation legt Assoziationen mit Isoliertheit, wenn nicht gar Gefangenschaft nahe. Im Hinblick auf die Wuchtigkeit der Mauer (die nur im oberen Teil aus Ziegeln, unten aber aus Fels besteht) sowie auf das eigentlich für Arbeiten im Berg bestimmte Bohrgerät ist es nur ein kleiner Schritt zum Kyffhäuser-Mythos, zur Überlieferung des im Berg eingeschlossenen und von seinem Volk getrennten Kaisers. Es ist das Volk, das seinen Kaiser aus der Abgeschlossenheit zu befreien sich anschickt. In Abwandlung des stereotypen Titels der anfangs gezeigten Bilder könnte dieses „Das Volk kommt!" heißen. Und weil das Volk aktiv ist und die Initiative zu einer aus Sicht des Zeichners begrüßenswerten und notwendigen politischen Veränderung übernimmt, ist es eben „Volk" (und nicht nur „Menge" und schon gar nicht „Pöbel"). Die Mauer wird man übrigens als Versinnbildlichung konservativer und bürokratischer Kreise in Deutschland, die den Monarchen von seinem Volk isolieren, zu deuten haben. Nur wenige Jahrzehnte nach der Wiederaufrichtung des Reiches ist der Kaiser bereits wieder vom Volk getrennt. Aber anders als 1870/71, als die alten Eliten zusammen mit dem Volk den Traum von einem starken Reich verwirklichten, wird es nun allein das Volk sein, das den Kaiser gegen den Widerstand eben dieser Eliten aus seiner Lage erlöst. Damit wird das Volk zum eigentlichen Vollender der Reichsgründung. „Das nächste Ziel" ist zugleich das letzte und höchste Ziel deutscher Politik. Es ist, so die Botschaft und auch die Aufforderung des *Simplicissimus* an seine Leser, die Herstellung der volksnahen Monarchie.

3. Die sozialistische Botschaft: das Volk, wie es sein soll

Die politische Ikonographie der organisierten Arbeiterbewegung antwortete auf die liberale Vorstellung vom Kaiser-Volk-Verhältnis mit einem Gegenentwurf. Nicht die Nähe zur Herrschaft im bestehenden Gesellschaftssystem war das Ziel, sondern die Herrschaft selbst und die Beseitigung dieses Systems einschließlich der Monarchie. Das Ziel war eine andere Gesellschaft, die sozialistische. Eine Station im Kampf mit den alten Gewalten veranschaulichte das sozialdemokratische Satireblatt *Der Wahre Jacob*, als es im August 1901 die Zeichnung *Das rasende Volk* (Abb. 6) von Hans Gabriel Jentzsch, einem der meistbeschäftigten Mitarbeiter der Zeitschrift, abdruckte.[11] Der Zusatz in der Bildunterschrift, „Frei nach dem ‚rasenden Roland‘ von Böcklin", gibt einen Hinweis auf die von Jentzsch benutzte Vorlage. Es handelt sich dabei um das Gemälde *Orlando Furioso*, zu dem sich der Maler von einer Textpassage im gleichnamigen Versepos von Ariost hatte inspirieren lassen, in welcher der Ritter Roland in einem Anfall von Wut und Raserei Dutzende von Hirten und Bauern erschlägt.[12] Als Böcklin im Januar 1901 starb, war das Gemälde unvollendet. Einem breiteren Publikum war es daher nicht bekannt. Dennoch muß Jentzsch das Original oder – wahrscheinlicher – eine Reproduktion des Gemäldes schon zu jener Zeit gekannt[13] und als Vorlage für eine politische Satirezeichnung verwertbar gefunden haben.[14]

Hauptperson seiner Darstellung ist ein junger, nackter Mann, ein Riese, der sich im Kampf mit einer ganzen Schar von Gegnern befindet. Mit einem Baumstamm hat er einen (Hof-?) Narren und einen Uniformträger zu Boden gestreckt, die angeschlagene Justitia, hier wohl als Sinnbild der Klassenjustiz zu verstehen, wird von einer hexenähnlichen Marketenderin (?), die das Gesetz („Lex") wie eine käufliche Ware im Korb mit sich führt, vom Kampfplatz geleitet, das Philistertum flüchtet im Schlafrock auf einem Esel vom Ort des Geschehens. Jüngstes Opfer des „rasenden Volkes" ist ein durch die Luft fliegender Wucherer, dessen Bauch durch den erhaltenen Schlag geplatzt ist und gehortetes Brotgetreide freigibt. Der nächste Schlag gilt einer Gruppe aus Vertretern von Kirche, Adel und Bürokratie, die dem jungen Riesen mit Weihwasserwedel, Mistforke und Gänsekiel zu Leibe gehen. Hatte bei Ariost ein Ritter Bauern erschlagen, dreht Jentzsch die soziale Beziehung in der Hand-

---

11 Zu Hans Gabriel Jentzsch s. Ege (1992), S. 69ff.

12 Gries (1845), S. 152–157. – Der *Orlando Furioso* ist wiedergegeben in Andree (1977), S. 532.

13 Auf welchem Wege Jentzsch das Böcklinsche Bild kennengelernt hat, konnte nicht ermittelt werden. Erstmals reproduziert wurde es in der Edition: *Arnold Böcklin. Eine Auswahl der hervorragendsten Werke des Künstlers in Photogravüre*, Vierte Folge, München [1901], die aber erst im Herbst 1901 erschienen sein soll (*Börsenblatt für den deutschen Buchhandel*, Nr. 34 [9. 2. 1901], S. 1202), also *nach* der Veröffentlichung der Zeichnung von Jentzsch im *Wahren Jacob*. Möglicherweise sind die vom Verlag angebotenen Einzelblätter mit Gemäldewiedergaben aus diesem Band schon vorher im Handel gewesen.

14 *Der Wahre Jacob* hat in jenen Jahren wiederholt Zeichnungen veröffentlicht, die nach Böcklinschen Vorlagen oder Motiven angefertigt waren. Soweit feststellbar, stammen die meisten dieser Darstellungen von H. G. Jentzsch. – Zur Rolle der Werke Böcklins in der damaligen Ikonographie der Arbeiterbewegung s. auch Hoffmann / Schmidt-Linsenhoff (1978), S. 369ff.

Abb. 6: *Das rasende Volk*. Frei nach dem „rasenden Roland" von Böcklin. *Der Wahre Jacob* (Stuttgart), 393 (13. 8. 1901), S. 3568f. (27,0 x 42,0 cm).

lung der Urfassung um: nunmehr schlägt das Volk die Vertreter der herrschenden Klassen nieder bzw. in die Flucht. Durch diese Umkehrung wird das von Ariost literarisch und von Böcklin ikonographisch vorgegebene Handlungsmuster für eine sozialdemokratische Satire verwendbar. Jentzsch übernimmt aus der Bildvorlage das geschehenbestimmende Element der rohen, naturwüchsigen Kraft, macht diese aber einem politischen Ziel dienstbar. Der Berserker des Böcklinschen Orlando, der in seiner tierhaften Wildheit den Eindruck eines besinnungslos dreinschlagenden Ungeheuers hervorruft, verwandelt sich im *Wahren Jacob* in einen lachenden, hellwachen Naturburschen, der weiß, was er tut. Die Zeichnung ist die ikonographische Realisierung einer auf Befreiung von politischem und ökonomischem Druck gerichteten Phantasie. Unübersehbar ist die Verwandtschaft der Hauptfigur mit der schon damals für die sozialdemokratische Bildersprache traditionellen Vorstellung vom ‚Riesen Proletariat', dessen unüberwindlicher Kraft die kapitalistische Klassengesellschaft über kurz oder lang wird weichen müssen. Mit seiner Adaption der Ariost-Böcklinschen Vorlage (deren Kenntnis man aber beim Publikum des *Wahren Jacob* kaum wird voraussetzen dürfen) erweiterte Jentzsch das Bildmuster zum ‚Riesen Volk', gab ihm also eine breitere Grundlage entsprechend der damals in der Sozialdemokratie geltenden Auffassung, daß das Volk neben der Arbeiterklasse auch die vom sich entfalteten Kapitalismus immer stärker bedrohten kleinbürgerlichen und kleinbäuerlichen Schichten umfaßt.

Sicher kein Zufall und für das Verständnis der zeitgenössischen Leser hilfreich war, daß der *Wahre Jacob* in derselben Ausgabe und unmittelbar vor der Zeichnung (wenn auch ohne hinweisenden Vermerk) ein Gedicht mit dem Titel „Philisterangst" abdruckte, das sich streckenweise wie eine Paraphrase auf die bildliche Darstellung liest. So finden sich darin folgende Zeilen: „Vor jenen großen Heldenkämpfen / Für ganzer Völker ew'ges Recht. / [...] / Und geht ein Eichenstamm in Splitter, / So jauchz' ich auf in wilder Lust. / [...] / Und jedes morschen Throns Zerschmettern / Hat mich entflammet und entzückt."[15] Wie das Bild ist auch das Gedicht ein emphatisches Bekenntnis zum Kampf. Ohne diesen – das ist die Botschaft der Zeitschrift an ihr Publikum – wird die Befreiung des Volkes nicht zu erreichen sein. Das Gedicht schließt übrigens mit der Bereitschaft zum Opfer, auch dem des eigenen Lebens. Dazu wird es allerdings bei dem Kampf auf dem Bild nicht kommen. Das Volk, das ist aus dem Stand der Auseinandersetzung abzusehen, wird den Kampfplatz als Sieger verlassen. Zurückbleiben als Geschlagene werden die Repräsentanten der spätfeudal-bürgerlichen Gesellschaft.

Die Zuversicht, ja Siegesgewißheit, die den Kampf des Volkes gegen seine Unterdrücker kennzeichnet, findet sich bestätigt in einer ebenfalls doppelseitigen Zeichnung, die Jentzsch zwei Jahre später, 1903, für den *Wahren Jacob* anfertigte (Abb. 7). Sie ist unverkennbar eine Fortsetzung der Darstellung von 1901, veranlaßt durch die Reichstagswahl vom Juni 1903, die für die Sozialdemokraten erfolgreich ausgegangen war. *Siegesfeier* nannte der Zeichner sein Bild. Die Hauptfigur ist wieder der junge Riese, der hier lachend-triumphierend auf eine Gruppe schaut, in der man die aus dem Bild des „rasenden Volkes" bekannten Vertreter des Adels, der Bürokratie, der Kirche und des Philistertums wiedererkennt. Die vom Volk geschlagenen Repräsentanten des alten Systems sind an den – rechten – Rand der Szenerie gedrängt, wo sie Funktionen und Eigenschaften der nunmehr überholten Klassengesellschaft verkörpern. Außer den schon bekannten Figuren ist ein König zu sehen, der statt mit einem Ornat mit Lumpen bekleidet ist, eine undefinierbare, aber jedenfalls unechte Krone trägt und statt eines Zepters einen Besen hält; der ganze Aufzug grenzt an eine Blasphemie der monarchischen Idee. In der unteren rechten Bildecke sieht man den personifizierten „Geiz", der mit raubvogelartiger Gebärde im Geld wühlt und vom „Neid" mit gierigem Blick beobachtet wird. Veranschaulicht wird die Verkommenheit der alten Gesellschaft außerdem durch einen Mann, der sich alkoholtrinkend mit einem Schwein auf dem Boden wälzt, und eine beleibte nackte Frau, die von einer sich aus der dunklen Tiefe heraufwindenden Riesenschlange gebissen wird. Die Gruppe macht mit der überdeutlichen Symbolik Schlange-Frau-Sünde die Pervertierung des Traums vom Paradies durch den Kapitalismus bewußt.

Nach dem Sieg über das alte Gesellschaftssystem ist der junge Riese zum Beschützer des Volkes geworden, das den Sieg feiert. Es sind Männer und Frauen jeden Alters sowie Kin-

---

15 *Der Wahre Jacob* (Stuttgart), Nr. 393 (13. 8. 1901), S. 3567. Verfasser des „R. L." gezeichneten Gedichts war Rudolf Lavant; s. Völkerling (1969), Bd. 2, S. 63, und *Lexikon sozialistischer deutscher Literatur* (1973), S. 317–319.

Abb. 7: *Siegesfeier. Der Wahre Jacob* (Stuttgart), 443 (14. 7. 1903), S. 4092f. (26,0 x 40,0 cm).

der, die sich bei Musik und Tanz zusammengefunden haben. Zur Kennzeichnung des Volkes und seiner Eigenschaften bedient sich der Zeichner einer bewährten didaktischen Methode: er stellt die beiden Seiten des Bildes einander gegenüber, so daß es, politisch gesehen, keine Mitte hat. Die Polarisierung kommt in zahlreichen Bildelementen zum Ausdruck.
So läßt das Dunkel, das die politische und moralische Reaktion umgibt, das Licht auf der
Linken als Metapher für den dem Volk anbrechenden Morgen viel heller erscheinen. Sind
die Figuren rechts habgierig und neidisch, dünkelhaft und borniert, verworfen und volltrun-
ken, so ist das Volk einig und solidarisch, natürlich und fröhlich, anständig und ausgelass-
en. Während sich die Rechten auf einem Felsen drängen, auf dem kein Grashalm wächst,
tanzt das Volk auf einer Blumenwiese unter einem Maibaum, der hier aber ein sog. Johannisbaum[16] ist, worauf auch die Inschrift auf dem Weinfaß – „Johannisberger" – hinweist.[17]
Das Volk trinkt also echten Wein, während sich der Berauschte auf dem Felsen mit „Künstl.

16 Zum Johannisbaum als Variante des Maibaums s. Mannhardt (1904), S. 173ff., und *Wörterbuch der
    deutschen Volkskunde* (1974), S. 410ff. – Der Johannistag ist der 24. Juni, die Reichstagswahl hatte am
    16. Juni 1903 stattgefunden.
17 Die Jahreszahl „1893" auf dem Weinfaß bezeichnet nicht das Jahr der Entstehung der Zeichnung, son-
    dern soll wohl an die erste Reichstagswahl nach dem Sozialistengesetz am 15. 6. 1893 erinnern, die auch
    schon einen großen Erfolg für die Sozialdemokraten gebracht hatte.

Wein" (so die Aufschrift auf einer der Flaschen) vollaufen läßt. Überhaupt setzt der Zeichner der Unnatur auf der Rechten eine ganze Palette von Naturmetaphern auf der Linken gegenüber. Zu diesen gehören auch die Vögel und Falter und nicht zuletzt die beiden Panfiguren (deren vordere Jentzsch bei Böcklin ,ausgeliehen' hat[18]). Sie spielen dem Volk zum Tanz auf und verleihen dem Ort des Geschehens etwas Arkadisches.

Wurde das Volk in der Darstellung Jentzschs von 1901 durch die Figur des jungen Riesen (*Das rasende Volk*) verkörpert, tritt es hier selbst auf, obwohl der Riese auch dieses Mal dabei ist. Es liegt also offenkundig eine Bedeutungsveränderung bzw. -differenzierung vor, die jedoch aus der bildlichen Darstellung nicht eindeutig hervorgeht. Aufklärung gibt ein Gedicht, das die Redaktion des *Wahren Jacob*, wie schon zwei Jahre zuvor, auch diesem Bild zugeordnet hat. Es ist auf der der Zeichnung folgenden Seite abgedruckt, heißt „Nach der Schlacht" (gemeint ist die Reichstagswahl vom Juni 1903) und zählt vier Strophen.[19] Die beiden letzten lauten: „Es hat im Kampf mit herrschenden Gewalten, / Die wider uns sich tückisch aufgebäumt, / Das treue Volk, was es versprach, gehalten / Und mehr sogar erreicht, als wir geträumt. / In scheues Graun vor unsrer Stärke wandelt, / Vor unsrer Massen stolzem Aufgebot / Die Frechheit sich, mit der man uns misshandelt, / Als wir verteidigt unsres Volkes Brot. / – Was hilft das Deuteln nun, was hilft das Lügen, / Mit dem man sonst das Gruseln sich vertrieb, / Seit eine Riesenhand in Flammenzügen / An ihre Wand das ,Mene Tekel!' schrieb? / Drum freue, Volk, dich deines schönen Sieges, / Der dich zum Herren deines Schicksals macht; / Im Sturm und Drange des Befreiungskrieges / War dieser Wahltag die Entscheidungsschlacht!" Mit der Unterscheidung von „wir" und „Volk" kann nur gemeint sein, daß der Riese nunmehr die Partei, die Sozialdemokratie, verkörpert, die auf seiten des Volkes steht, nicht aber mit ihm identisch ist. Es hat so etwas wie eine Abspaltung stattgefunden: Das Volk ergeht sich in Musik und Tanz, ist sanftmütig und friedfertig und macht die Vorstellung schwer, es könnte „rasen". Das Kraftvoll-Kämpferische ist auf den Riesen übergegangen bzw. bei ihm verblieben. Auch er erinnert an eine Figur der Mythologie, an den Wilden Mann oder an den Eisenhans oder – und im Hinblick auf die Panfiguren am ehesten – an den keulenbewaffneten Herakles, der von alters her als Held gilt, „der die Erde von zahllosen menschlichen und tierischen Ungeheuern befreit" hat.[20]

In Bild und Text ist der Kampf zwischen der alten und der neuen Gesellschaft entschieden. Das Volk feiert den Sieg, und das geschlagene Herrschaftssystem ist, mythologisch gesprochen, dem Orkus der Geschichte anheimgefallen; oder, um in der Diktion des Themas zu bleiben: der Kaiser ist gegangen (worden). Die tatsächlichen Verhältnisse im Deutschen Reich um die Jahrhundertwende aber machten diese Darstellung zu einer Utopie, in der sich der alte Traum von einer von Unterdrückung und Ausbeutung befreiten Gesellschaft und der noch ältere von einem unbeschwerten und lustvollen Leben in Arkadien (oder

---

18 Vgl. „Pan im Schilf", Abb. bei Andree (1977), S. 136.
19 *Der Wahre Jacob* (Stuttgart), Nr. 443 (14. 7. 1903), S. 4094. Auch dieses wiederum mit „R. L." gezeichnete Gedicht stammt von Rudolf Lavant; s. Völkerling (1969), S. 65.
20 Hunger (1975), S. 167.

im wiedergewonnenen Paradies) mischten. Für den Zeichner stellte sich die Aufgabe, der Geschichte vorzugreifen und eine Vision zu veranschaulichen. Das Ergebnis ist ein Volk auf dem Lande, ohne Industriearbeit und ohne Politik. Das Bild nähert sich der Folklore, die Vision der klassenlosen Gesellschaft wird zur romantischen Ikonographie ländlich-bäuerlichen Brauchtums. Man mag einen Widerspruch zwischen der Zukunftsorientierung sozialdemokratischer Programmatik und den nostalgischen Elementen in dieser Darstellung des Volkes oder sogar einen Mangel an politischer Imaginationskraft konstatieren. Vom agitatorischen, also wirkungsbezogenen Gesichtspunkt aus besaß dieses Bild des Volkes aber den Vorzug, an weitverbreitete kollektive Phantasien gerade in den Teilen der Bevölkerung anzuknüpfen, deren Lebenschancen von den ökonomischen und ökologischen Folgen der Industrialisierung besonders nachhaltig beeinträchtigt wurden. Gleichsam als Belohnung, die Zeichner und Redaktion des *Wahren Jacob* ihrer überwiegend proletarischen Leserschaft in Aussicht stellen, folgt auf das ‚letzte Gefecht‘ des „rasenden Volkes" ein arkadisches Dasein: Volk und Natur werden (wieder) eins.

4. Dreimal Volk

In den konservativen Darstellungen ist für den Volksbegriff kein Platz, wenn der Kaiser kommt, d. h. wenn sich Herrscher und Beherrschte in der Öffentlichkeit begegnen. Das ist im Hinblick auf die eingangs zitierten zeitgenössischen Beschreibungen auch nur konsequent: Da es aus konservativer Sicht kein Gegenüber und schon gar keinen Gegensatz zwischen Bevölkerung und monarchischem System gibt, der Volksbegriff aber ein solches, unterschiedliche Interessen assoziierendes Gegenüber zur Bedingung hat, kann es sich aus dieser Perspektive bei einem dem Kaiser huldigenden Publikum auch nicht um das „Volk" handeln.[21] Die konservative Journalistik zieht in diesem Fall den politisch amorphen Begriff „Menge" vor. Der Menge fehlt das Attribut des Eigenständigen gegenüber der Herrschaft. Sie ist vielmehr deren ikonographische Staffage und zugleich die im Bild personifizierte Akzeptanz dieser Konstellation. Wenn die Menge sich dem Kaiser über die ihr gezogenen Grenzen hinaus zu nähern versucht, erfährt sie Zurückweisungen und nimmt diese hin, denn – das ist die politische, d. h. verhaltensnormierende Botschaft der konservativen Bilderblätter an ihr Publikum – die Menge respektiert, daß zur Herrschaft notwendigerweise Distanz zwischen dem Herrscher und den Beherrschten gehört. Daher sind konservative Bilder vom Volk nicht nur politisch statische Bilder, sie sind auch immer Bilder von Grenzen.

Der konservativen Befürchtung, der Herrscher könnte in einer entgrenzten Menge wie in einer Flut untergehen, setzen die liberalen Pressebilder jener Zeit die Botschaft des Durch-

---

21 Daß die Konservativen sich dieses Zusammenhangs von Sprache und Herrschaft bewußt waren, belegt nicht zuletzt der Kaiser selbst. Als es ihm darum ging, in der Frage des Ausbaus der Kriegsmarine einen Gegensatz zwischen dem die Mittel verweigernden Reichstag und der Bevölkerung herbeizuführen, notierte Wilhelm II. 1897 an den Rand eines einschlägigen Aktenvorgangs, das „Volk" müsse „gleichsam gegen den Reichstag orientiert und insurgiert werden"; zit. n. Deist (1976), S. 100 u. 330f.

dringens von Grenzen entgegen. Nicht die Eindämmung einer Menge ist das Thema des liberalen Bildjournalismus, sondern die Annäherung von Volk und Herrschaft. In der Beseitigung von Hindernissen, die den Herrscher von seinem Volk trennen, verwirklicht sich eine politische Autonomie des Volkes, die diese erst zum „Volk" macht. Liberale Bilder vom Volk in seinem Verhältnis zur Herrschaft sind daher Botschaften der Veränderung, ohne jedoch das Herrschaftsverhältnis grundsätzlich in Frage zu stellen.

Das Thema der sozialdemokratischen Ikonographie hingegen ist nicht die Überwindung der Grenze, die Volk und Herrschaft trennt, sondern die Beseitigung der bestehenden und schließlich aller Herrschaft. Das Volk macht sich in der Auseinandersetzung mit den alten Gewalten selbst zum Subjekt der Geschichte. Sozialdemokratische Volksbilder sind daher vor allem Kampfes- und Siegesbilder. Anders als die konservative und liberale Ikonographie, die das Bestehende zur Grund- und Vorlage ihrer affirmativen bzw. partiell kritischen Vorstellungen macht, handeln linke Volksbilder bevorzugt von der Zukunft. Am weitesten vom bestehenden Herrschaftssystem entfernt, ist der zu ihrer Produktion notwendige Aufwand an politischer Phantasie zweifellos am höchsten, denn sie haben es sich zur Aufgabe gemacht, ihrem Publikum den langen Weg zu einem fernen Ziel zu veranschaulichen und vertraut zu machen. Sozialdemokratische Volksbilder um die Jahrhundertwende sind bildliche Vorgriffe auf noch nicht Erreichtes, auf Verheißenes. Das Endziel ist ein neues Arkadien, in dem das Volk frei und alle Herrschaft aufgehoben ist.

Die Darstellungen des Volkes in seinem Verhältnis zur Herrschaft in der massenmedialen Ikonographie um 1900 sind Ausdruck der politischen Perspektive und Zielsetzung ihrer Urheber und ihrer Stellung im und zum bestehenden Gesellschaftssystem. Alle hier gezeigten Bilder sind daher politisch-funktional definiert. Insofern sind sie ausnahmslos nicht bloße Abbilder von Realität, auch wenn sie sich so geben. Sie sind durchweg Konstruktionen politischer Vorstellungen und Ziele, ob sie nun statischer, dynamischer oder revolutionärer Art sind. Der Kennzeichnung als Phantasmen kommen am ehesten die sozialdemokratischen Bilder vom Volk nahe, wobei es Sache des Betrachters ist, ob er diesen Begriff mit der Vorstellung der Utopie und mit der des Trugbildes assoziiert.

Literatur

AHLERS-HESTERMANN, FRIEDRICH: *Bruno Paul oder die Wucht des Komischen*, Berlin 1960.

ANDREE, ROLF: *Arnold Böcklin. Die Gemälde,* Basel / München 1977.

BARTH, DIETER: *Zeitschrift für alle*, Phil. Diss. Münster 1974.

Brockhaus' Conversations-Lexikon, Bd. 16, 13. Aufl. Leipzig 1887.

DEIST, WILHELM: *Flottenpolitik und Flottenpropaganda*, Stuttgart 1976.

EGE, KONRAD: *Der Wahre Jacob*, Münster / Hamburg 1992.

GEBHARDT, HARTWIG: „Illustrierte Zeitschriften in Deutschland am Ende des 19. Jahrhunderts", in: *Buchhandelsgeschichte*, H. 2 (1983), S. 41–65.

GRIES, J. D. (ÜBERS.): *Ludovico Ariosto's Rasender Roland*, 3. Aufl., Teil 3, Leipzig 1845.

Hoffmann, Detlef / Schmidt-Linsenhoff, Viktoria: „Unser die Welt trotz alledem", in: *Trophäe oder Leichenstein?*, Frankfurt/M. 1978, S. 349–384.

Hollweck, Ludwig: *Karikaturen*, München 1973.

Hunger, Herbert: *Lexikon der griechischen und römischen Mythologie*, 7. Aufl. Wien 1975.

Kürschner, Joseph: *Handbuch der Presse*, Berlin u. a. 1902.

Lang, Lothar (Hg.): *Bruno Paul*, München 1974.

Lexikon sozialistischer deutscher Literatur, s'Gravenhage 1973.

Mannhardt, Wilhelm: *Wald- und Feldkulte*, Bd. 1, 2. Aufl. Berlin 1904.

Neumann, Friedrich Julius: *Volk und Nation*, Leipzig 1888.

Thieme / Becker: *Allgemeines Lexikon der bildenden Künstler*, Bd. XX, Leipzig 1927.

Vierkandt, Alfred (Hg.): *Handwörterbuch der Soziologie*, Stuttgart 1959.

Völkerling, Klaus: *Die politisch-satirischen Zeitschriften „Süddeutscher Postillon" (München) und „Der wahre Jacob" (Stuttgart)*, Phil. Diss. Potsdam 1969.

Wörterbuch der deutschen Volkskunde, 3. Aufl. Stuttgart 1974.

DETLEF HOFFMANN

Das Volk in Waffen

Die Kreation des deutschen Soldaten im Ersten Weltkrieg[1]

Im vierten Jahr des Ersten Weltkrieges, im März 1917, erschien ein Plakat von Fritz Erler[2], mit dem für die 6. Kriegsanleihe geworben wurde (Abb. 1). Auf diesem Plakat sehen wir das Brustbild eines Soldaten. Mit seiner linken Hand hält er sich an einem Pfosten, während er den Körper vorschiebt, um nach etwas zu spähen. Der Stacheldraht links und rechts von dem Soldaten bezeichnet den Ort, an dem er sich befindet: im Schützengraben. Seine Uniform ist zerknittert wie ein Arbeitsanzug; um seinen Hals hängt die Gasmaske. Unten rechts werden die Griffe der Handgranaten sichtbar. Die besondere Wirkung des Plakates geht von dem spähenden Gesicht aus, das sowohl farblich wie kompositorisch hervorgehoben ist. Aus der vom Stahlhelm beschatteten oberen Hälfte leuchten die Augen.

Der Text interpretiert den spähenden Blick des Soldaten in besonderer Weise: „Helft uns siegen" und „zeichnet die Kriegsanleihe". Der Soldat schaut aus nach Hilfe, nach Helfern, nach Zivilisten, die die Kriegsanleihe zeichnen.

---

1 Dieser Aufsatz ist eine Überarbeitung meines Beitrags: „Der Mann mit dem Stahlhelm vor Verdun. Fritz Erlers Plakat zur sechsten Kriegsanleihe 1917", in: Hinz / Mittig / Schäche / Schönberger (Hg.): *Die Dekoration der Gewalt. Kunst und Medien im Faschismus*, Gießen 1979, S. 100–114. Dieser Beitrag ist mit 20 Abbildungen reicher als der vorliegende bebildert. Auch für die Anmerkungen, die ich hier auf das Notwendige und auf Neues beschränke, sei auf den älteren Text verwiesen. In der von Martin Warnke geleiteten Studiengruppe am Kulturwissenschaftlichen Institut in Essen „Politische Bildpropaganda im 20. Jahrhundert" spielte dieses Plakat wie der Erste Weltkrieg eine wichtige Rolle, Publikationen liegen nicht vor. Ich selbst habe im Vorfeld zur Tagung, die in diesem Band dokumentiert wird, mein Material ausgebreitet, eine intensive Bearbeitung war mir jedoch bisher nicht möglich. Zudem verschieben sich aus meiner gegenwärtigen Arbeit heraus die Koordinaten: immer deutlicher wird mir der strukturelle Zusammenhang des Ersten mit dem Zweiten Weltkrieg. Insofern ist die einzige spätere Bearbeitung des Plakates zu vernachlässigen: Vorsteher (1994): „Bilder für den Sieg. Das Plakat im Ersten Weltkrieg", bes. S. 158f. Dieser Text, dem alle wissenschaftlich-analytischen Ambitionen fehlen, ist eine Nacherzählung der Beiträge aus der Zeitschrift *Das Plakat*, 1915–1919. Sehr viel anspruchsvoller und von intellektueller Originalität ist die Magisterarbeit von Katja Protte (1994): *Krieg und Fotografie*. Die Entwicklung des Bildes vom Frontsoldaten ist ein Thema dieses Textes.

2 Vgl. den Katalog (1976): *Ein Krieg wird ausgestellt*, S. 115–121 sowie Kat. Nr. 7.2/7.

Abb. 1: Fritz Erler: Plakat für die 6. Kriegsanleihe, 1917; Historisches Museum Frankfurt.

In der deutschen Propaganda des Ersten Weltkrieges bezeichnet dieses Plakat einen Wendepunkt. Zu Beginn des Krieges gab es – im Gegensatz zu England etwa – keine offiziellen Propaganda-Plakate, lediglich Anschläge zur Mobilmachung oder zur Requirierung von Pferden.[3] Die Bildproduktion konzentrierte sich auf Postkarten, Bilderbogen, Schmuckblätter und ähnliches zur privaten Verwendung. In der Bildproduktion wurden vor allem die Haudegen der Nation gefeiert. Das konnten entweder der Ulan Knipke, dessen Bildgeschichte Walter Trier im September 1914 für die *Bunten Kriegsbilderbogen* zeichnete,[4] oder die Männer vom kleinen Kreuzer Emden, die mit „echtem deutschen Geist"[5] der ganzen Welt das Fürchten lehren, sein. Wenn auch die Geschichte des Ulan Knipke mit einer gewöhnlichen Szene aus der Schule beginnt – Knipke piekt seinen Banknachbarn –, so steht doch am Ende das Bild eines gewichsten, sympathisch-frechen Männerbündlers, der Typus der preußischen Offizierselite, die, wenn sie schon nicht von Adel war, sich doch wenigsten so benahm.

Neben diesen kecken, schlauen und tapferen Einzelkämpfer tritt der „Furor teutonicus", gemäß dem Kaiserwort, daß man dreinschlagen wolle wie die Hunnen.[6] Zur Veranschaulichung dieser tumben Kampfeslust dienen nicht die Idealfiguren der preußischen Militärkaste, hierfür muß der Bauer herhalten, wenn möglich ein Bayer (Abb. 2). Nicht nur in der Serie der *Bunten Kriegsbilderbogen*, sondern in der gesamten Propaganda des Kriegsbeginns spielt Deutschland „einig in seinen Stämmen" eine wichtige Rolle. Die militärischen Einheiten waren ja auch auf regionaler Ebene zusammengestellt worden. Zu Anfang des Krieges waren Bayern, Sachsen und Preußen noch fein säuberlich getrennt. Die einende Figur war der deutsche Kaiser, der dem „boarischen Hiasl"[7] schließlich den Tapferkeitsorden verabreicht (Abb. 2).

Eine dritte Gruppe der Soldatenikonographie des ersten Kriegsjahres bilden die Landwehrmänner. Sie sind nicht gerade eitel, das Alter des Löwenmuts liegt hinter ihnen: ihre Eigenschaften sind Zuverlässigkeit und Gutmütigkeit; sie sind im Hinterland eingesetzt. Mit ihrem Bild auf Plakaten oder Postkarten wurde von Vereinen für Liebesgabensammlungen und andere Aktionen geworben, seitdem im Oktober 1914 die ersten Versorgungsschwierigkeiten auftauchten.

Bilder aller drei Typen füllten seit dem ersten Kriegstag die Schaufenster, sie wurden viel gekauft, waren schnell vergriffen.[8] Sie schmückten die Unterstände und die Etappenheime. Privatleute ließen sie drucken und verkauften sie. Auch die Plakate wurden von privater Seite, vor allem von Vereinen, in Auftrag gegeben.

Wie kommt es nun zu der einschneidenden Veränderung, von den Bildern der ersten Kriegsmonate hin zu Erlers Plakat?

---

3 Vgl. die ausführliche Beschreibung der Situation in: Katalog (1975): *Plakat in München*, S. 107–113.4
   Katalog (1976): *Ein Krieg wird ausgestellt*, Kat. Nr. 6/17.
5 Ebd., Kat. Nr. 6/36 u. 6/52.
6 Vgl. zu diesem Bereich ebd., S. 93–96.
7 Ebd., Kat. Nr. 6/35.
8 Es entstanden viele Sammlungen, vgl. ausführlich Brandt (1989): *Die Kriegsmuseen*, s. a. dies. (1994): „The Memory Makers".

Abb. 2: Ludwig Kainer: *Der boarische Hiasl*, Ende 1914; Historisches Museum Frankfurt.

Von deutscher Seite – ähnliche Einschätzungen lassen sich auch bei der Entente belegen – wurde mit einem kurzen Krieg gerechnet. In zwei Monaten – bis Ende September – sollte die Entscheidung im Westen, anschließend die Entscheidung im Osten herbeigeführt werden. Die Daheimgebliebenen verfolgten mit Freuden oder Bangen das Geschehen an den Fronten, sie begleiteten das Kriegstheater mit ihren Gefühlen.

Der deutsche Obrigkeitsstaat kannte nur Patrioten oder „vaterlandslose Gesellen“, die einen waren gute Bürger, die anderen waren knapp geduldet. Eine Notwendigkeit, mit propagandistischen Mitteln um die Unterstützung der Bürger zu werben, sah man im Kaiserreich nicht. Anders England oder Frankreich: In England, wo es keine allgemeine Wehrpflicht gab, begann mit dem Krieg ein riesiger Propagandafeldzug, in dem nicht nur Freiwillige angeworben wurden. Er hatte vielmehr eine breite Mobilisierung der Bevölkerung zum Ziel. Goebbels studierte das Know-how dieses Propagandafeldzuges sehr genau.[9]

Die Begeisterung, mit der man im August 1914 – nicht nur in Deutschland – in den Krieg gezogen war, verflog rasch. Der schnelle Schlag in Frankreich mißlang. Die Soldaten waren Weihnachten noch nicht wieder zu Hause. 1915 wurden für die Zivilbevölkerung die ersten Versorgungsschwierigkeiten spürbar. Das Vertrauen in die Obrigkeit, in die Leistungsfähigkeit der Militärkaste, sank. Deswegen steht die erste Phase der deutschen Weltkriegspropaganda im Zeichen des Führerkults: Hindenburg und Ludendorff werden zu absoluten Heilsbringern.[10]

Die politische Reaktion, sowohl auf das schwindende Vertrauen der Bevölkerung, als vor allem auf den industrialisierten Krieg, ist die Konzentration von immer mehr Entscheidungsgewalt in den Händen weniger Militärs. Diese Entwicklung erreicht ihren Höhepunkt in der Einsetzung der Dritten Obersten Heeresleitung unter Hindenburg am 29. August 1916. Hindenburgs engster Berater war Ludendorff. Ihr Programm stellt „eine vollständige Mobilisierung und Militarisierung von Wirtschaft und Gesellschaft, die die Erfüllung des Produktionsprogramms gewährleisten sollten“[11], dar. Die Dritte Oberste Heeresleitung zieht programmatische Folgerungen aus dem industrialisierten Krieg. Die Industrie soll die Effizienz der Armeen der Mittelmächte durch Maschinen, durch Waffen also und Munition, erhöhen. In seiner Wirtschaftsgeschichte des Ersten Weltkriegs weist Hardach darauf hin, daß das neue Programm „in allen Punkten den Forderungen der Rüstungsindustrie“ nachkam.[12] Um effizienter zu arbeiten, wurde der kriegswirtschaftliche Behördenapparat reorganisiert und dem direkten Einfluß der Obersten Heeresleitung zugänglich gemacht. Dieser Zentralisierung der Verwaltung entsprach eine Konzentration in der Rüstungswirtschaft.[13] Im Dezember wurde der „ständige Ausschuß für die Zusammenlegung von Betrieben gebildet

---

9   Vgl. in diesem Zusammenhang Thimme (1932): *Weltkrieg ohne Waffen.*
10   Vgl. Katalog (1976): *Ein Krieg wird ausgestellt*, S. 97–108.
11   Hardach (1973): *Der Erste Weltkrieg*, S. 74.
12   Ebd., S. 73.
13   In unserem Zusammenhang sei auf die zentrale Organisation der Medien verwiesen; das „Bild- und Filmamt“ (Bufa) wurde 1917 gegründet. Neben der Film- wurde hier auch die Fotoherstellung organisiert.

mit der Aufgabe, die nicht kriegswichtigen Betriebe und die weniger leistungsfähigen Klein-
betriebe stillzulegen, um mehr Arbeitskräfte, Rohstoffe und Maschinen für die Großbetrie-
be der Rüstungsindustrie zu gewinnen."[14]

Schon 1915 zeichnete sich die Militarisierung des gesamten öffentlichen Lebens ab.
„Der Krieg wird von den verbündeten Feinden nicht nur gegen unser Volk in Waffen ge-
führt, sondern auch gegen die waffenlose Bevölkerung, auch gegen Frauen und Kinder ...
Die deutsche Volksgesamtheit hat den uns aufgedrungenen Wirtschaftskrieg zu bestehen.
Und in diesem Krieg gibt es keine Nichtkombattanten."[15] Der Ideologie des „totalen Krieges"[16], die schon in dem Zitat aus einer Schrift des Innenministeriums von 1915 anklingt,
wird im Hindenburgprogramm und seinen flankierenden Maßnahmen voll entsprochen:
Konzentrationslager für deportierte belgische Arbeiter[17], Dienstverpflichtungen, Requirierung der Rohstoffe aus privaten Haushalten.

Die Antikriegsstimmung in der Arbeiterschaft wuchs jedoch unter diesem Druck. Die
jugendlichen Arbeiter reagierten auf den staatlich verordneten Sparzwang – de facto eine
Lohnverminderung – schon im Mai 1916 mit erfolgreichen Streiks.[18] Im Winter 1916/17
brach die Volksernährung völlig zusammen. In einer Streikbewegung seit Januar 1917, die
in den Massenstreiks von Berlin und Leipzig am 16. April ihren Höhepunkt erreichte, for-
derte die Arbeiterschaft höhere Löhne und bessere Ernährung.

Ihre Disziplinierungsmaßnahmen flankierte die OHL mit einem breiten Propagandafeldzug zur Zeichnung der 6. Kriegsanleihe. Bis dahin hatte man nur mit kleinen Anschlägen
und Zeitungsinseraten für die Anleihen geworben. Das Bildplakat Fritz Erlers hingegen
wurde in allen Formaten – angefangen mit der Postkarte – gedruckt. Sein Soldat erschien in
Inseraten, als Briefverschlußmarke und auf Lebensmittelkarten.

Mit dem Motiv des unbekannten Soldaten vor Verdun wird die Härte des Stellungskrie-
ges zum Thema der Propaganda gemacht. Bisher war diese neue Form des Kampfes eher
wie ein Pfadfinderdasein geschildert worden.[19] Doch 1916 – als dieses Plakat konzipiert
wurde – ließ sich die Härte des Kampfes, das Leben im Dreck, nicht mehr beschönigen.
Fritz Erlers Plakat propagiert die Tugend des heroischen Deutschen, der an den nicht mehr
zu verheimlichenden Schwierigkeiten wächst. Diese typenbildende Bildformel ist nicht
ohne Vorstufen. In einer Mappe, die Fritz Erler gemeinsam mit Ferdinand Spiegel schon

---

Beide Produktionen wurden zu Anfang des Krieges von privaten Unternehmern durchgeführt. Auch die
Gründung der „Universum-Film-AG" (UfA) im Dezember 1917 mit ihren weitreichenden Folgen für die
Weimarer Republik und das Dritte Reich gehört in diesen Zusammenhang. Zum Radiowesen vgl. Knilli
(1970): *Deutsche Lautsprecher*, S. 102–108.

14 Hardach (1973): *Der Erste Weltkrieg*, S. 76.

15 *Die Ernährung im Kriege*, hg. v. Ministerium des Inneren, Berlin (1915), S. 5.

16 Vgl. in diesem Zusammenhang meinen Beitrag (1978): „Die Frankfurter Zivilbevölkerung im Kriege",
     S. 5 u. 6.

17 Hardach (1973): *Der Erste Weltkrieg*, S. 77.

18 Vgl. Korn (1922): *Die Arbeiterjugendbewegung*, S. 301–308.

19 Vgl. etwa Katalog (1976): *Ein Krieg wird ausgestellt*, S. 131–134.

Ende 1914 in Lille verlegt hat,[20] zeichnet er einen Verwundeten ohne Verheimlichung seiner Verletzung eindeutig und bildwirksam: der blutende Ärmel hängt herab, der Arm ist in Gips, unbeweglich. Die pathetische Untersicht jedoch, die strenge Stilisierung der Gestalt, die Gloriole der Bahnhofsvorhalle, in der er steht – das alles gibt dem Soldaten eine heroische Größe.[21]

Die zerstörerische Realität des Krieges hat den jungen Mann auf dem Plakat, der aus dem Drahtverhau vor Verdun um Hilfe bittend in die Heimat schaut, zum vorbildlichen Helden gemacht. Dieser Held ist nicht mehr Bayer, Sachse oder Preuße, er ist *der* deutsche Soldat[22], der „Frontsoldat" der kommenden Zwischenkriegszeit. Natürlich nimmt diese neue Vor- und Darstellung des Soldaten die älteren Bilder in sich auf, akzentuiert sie unterschiedlich. Vom Ulan Knipke blieb der Mut; das Geleckte und Kecke ist der Ernsthaftigkeit der großen Aufgabe gewichen. Fast scheint es, wenn man vom Zweiten Weltkrieg zurückblickt, daß hier die historische Verpflichtung von Himmlers „Schwarzem Orden" vorformuliert ist. Die Vielfalt der Stämme ist der Normierung des männlichen „Volksgesichtes" gewichen.[23] Doch blickt man auf Bilder des Auszugs zurück, zu den die Feldgrauen beschenkenden und küssenden Frauen, dann ist hier schon die egalitäre Behandlung des männlichen Volkskörpers durch Frauen zu beobachten (Abb. 3); die Augustbegeisterung wird zur großen emotionalen Selbstaussage der Nation. Jeder Mann macht in gleicher Weise Geschichte, indem er kämpft und stirbt. Daß dieses Bild vom Volk in Waffen immer auch antifeudale Züge hat, mag mit einer Zeichnung von Karl Arnold veranschaulicht werden: *Ruhender Barbar in Flandern* aus dem Jahre 1915 (Abb. 4). In einem Zimmer gehobenen Wohnstils, das mit Rokoko-Formen den vorrevolutionären Luxus des Adels signalisiert, schnarcht aus riesigen Federbetten ein deutscher Soldat. Alle seine Attribute wie Pickelhaube, die dreckge Hose und die schmutzigen Schuhe, gar das Gewehr, sind brutale Einbrüche in das feudale Ambiente. Doch Arnolds Zeichnung gibt dem Barbaren recht, dem „Furor teutonicus". Sie verwandelt sich die Propaganda des Feindes in einem antizivilisatorischen Affekt an.

Der Prototyp des Frontsoldaten auf dem Erlerschen Plakat von 1917 gibt durch die Formsprache seine Herkunft stil- (und damit geistes-) geschichtlicher Art zu erkennen: es ver-

---

20 Erler / Spiegel (1915): *1914/1915*; ein Exemplar der Mappe befindet sich in der Grafischen Sammlung des Museums für Hamburgische Geschichte, Hamburg.

21 Das Aquarell von 1914, nach dem reproduziert wurde, trägt den poetisierenden Titel: „Wo kommst du her in deinem roten Kleid?"; vgl. Ostini (1921): *Fritz Erler*, S. 136 sowie Abb. 126 (S. 138).

22 Die Vereinheitlichung aller bisher regional unterschiedlichen Lebensformen im Ersten Weltkrieg im Deutschen Reich ist noch zu untersuchen. Selbst eine so ephemere Erscheinung wie das Skatspiel ist im Ersten Weltkrieg entscheidend vereinheitlicht worden; vgl. dazu Hoffmann / Dietrich (1982): *Das Skatspiel*, S. 106–113.

23 Ich paraphrasiere hier den Titel eines Buches mit Fotografien von Erna Lendvai-Dircksen (1932/34): *Das deutsche Volksgesicht*. Es erschienen bis 1944 Bände nach Regionen (etwa Schleswig-Holstein) unterteilt. In unserem Zusammenhang ist auf die bildliche Verknüpfung von Gesicht und Landschaft zu verweisen. Im Krieg erschienen Bände zum „Germanischen Volksgesicht" etwa aus Flandern, Norwegen oder Dänemark. Vgl. dazu Philipp (1983): „Erna Lendvai-Dircksen".

Abb. 3: B. Wennerberg: Kriegspostkarte Nr. 19, „Der Kuß", 1914.

wendet – wie auch Arnolds Karikatur – das Vokabular des Jugendstils, der Stilreform.[24] Ist der Blick für solche Zusammenhänge geschärft, dann ordnet sich auch das Plakat von 1917 in diese Tradition: die Stacheldrähte wirken wie Ranken eines Strauches.

Erler greift für sein Bild auf eine symbolisierende Darstellungsweise zurück, die er 1907 in seinem Gemälde *Natur* verwendet. Blick und Handhaltung konstituieren hier wie auf dem Plakat die gezielte Ansprache des Gegenübers. Statt des Soldaten blickt die nackte Natur den Betrachter an, verführerisch spielt sie mit der Blumengirlande, die ihr Haupt schmückt. Da sie die Blumen mit schöner Geste erhebt, werden die Brüste der Natur in aller Fülle sichtbar. Fast bin ich geneigt, die Brüste, die die Natur dem männlichen Blick präsentiert, in Gegensatz zu der Gasmaske zu setzen, mit der der Soldat im Schützengraben von Verdun vor die weiblichen Augen der Heimat tritt. Die Frauen sollen helfen, sie sollen opfern, wenn möglich Gold und Silber (für Eisen). Die Natur auf dem (verschollenen) Bild von 1907 triumphiert mit der Üppigkeit immer neuen Lebens über die verfallende Kultur, die durch Ruinen antiker Gebäude angedeutet wird. Natur und Volk sind eines. Der Frontsoldat lebt aus der Naturkraft des Volkes, der Heimat. So konstruiert es das Plakat. Der Soldat setzt die Bereitschaft, „Tod und Leiden ... für seine Volksgemeinschaft" hinzunehmen, dem Nichts, dem leeren Hintergrund, entgegen. In einem Aufsatz in den *Süddeutschen Monatsheften*[25] vom Januar 1917 redet Erler die Soldaten des Weltkriegs, „Helden an allen Kriegsschauplätzen", an: „Ihr seid mir gegenwärtig, ihr verfolgt mich, bis eure eigenste Gestalt deutlich wird und endlich sich verdichtet zu dem Mann mit dem Stahlhelm vor Verdun."

In dem Bild *Der Kompanieführer*[26] (1917) hat Erler diese Position anschaulich gemacht: Auf der rechten Hälfte eines Querformates steht der Kompanieführer. Soldaten, die in den Graben einrücken, schauen zu ihm auf, die verwundeten Feinde, die hinter ihm zu den rückwärtigen Stellungen gebracht werden, machen ihn nicht wankend. Der Führer ist die Summe seiner Leute, er ragt über den Horizont der verkohlten Landschaft hinaus, ihn zeigt das Bild vor.

Auf ein besonderes Charakteristikum legt Erler 1917 bei der Beschreibung seines „Mannes mit dem Stahlhelm vor Verdun" Wert, die Rasse: „Wer es einmal draußen wieder gesehen hat, das deutsche Gesicht, dem wird es gegenwärtig bleiben, wird innerlich dauern und wird Gestalt werden wollen."[27] Ostini, der 1921 Fritz Erler eine Monographie widmete, verweist in diesem Zusammenhang auf Züge, „die uns die Arbeiten des jungen Erler so sympathisch und merkwürdig machen, die Liebe zum Nordisch-Germanischen, zur Gotik, den Zug zu einem übersinnlichen Erfassen unseres Lebens".[28]

---

24 Diese Zusammenhänge sind in der Kunstgeschichte nur ungenügend untersucht. Betrachtet man die Arbeiten Erlers, so ist die ungebrochene Kontinuität bis in die vierziger Jahre festzustellen; vgl. Schindler (1940): „Stil und Symbolik im Mosaik".

25 Zit. in: Ostini (1921): *Fritz Erler*, S. 133f.

26 Abgebildet ebd., S. 134; vgl. auch die Variante abgebildet in: Rittich (1939): „Maler des Weltkrieges", S. 349.

27 Ostini (1921): *Fritz Erler*, S. 134.

28 Ebd.; vgl. auch die Zitate nach Alfred Rosenberg in dem Aufsatz von Rittich (1939): „Maler des Weltkrieges", bes. S. 356f.

Abb. 4: Karl Arnold: *Ruhender Barbar in Flandern*, Postkarte hg. v. der Liller
Kriegszeitung, Dezember 1914 / Anfang 1915; Historisches Museum Frankfurt.

Der Kulturpessimismus[29], wichtiger Bestandteil der bürgerlichen Reformbewegung zu Beginn unseres Jahrhunderts, war schon Thema in Erlers Allegorie der Natur. In dem Soldaten
vor Verdun wird die destruktive Seite dieser Ideologie noch deutlicher: nur noch die Ab-
solutheit, die aus der Kreatürlichkeit der Rasse und damit des Volkes und der Nation resul-
tiert, kann vor der zerstörten Kultur, vor der zerstörten Landschaft, bestehen (Abb. 1). Wie
in Erlers Soldat seine „Liebe zum Nordisch-Germanischen" ihren Höhepunkt findet, so ist
die Geschichte letztlich in der Rasse aufgehoben und gegenwärtig: „Der heutige Mythus" –

29 Vgl. in diesem Zusammenhang Stern (1963): *Kulturpessimismus als politische Gefahr*, sowie Kunert
    (1973): *Deutsche Reformpädagogik und Faschismus*, vgl. hier besonders die Auseinandersetzung mit
    dem Wissenschaftsbegriff des Kulturpessimismus, S. 129–136.

formuliert Alfred Rosenberg – „ist genauso heroisch wie die Gestalten des Geschlechts vor zweitausend Jahren. Die zwei Millionen Deutsche, die in aller Welt für die Idee ‚Deutschland‘ starben, offenbaren plötzlich, daß sie das ganze 19. Jahrhundert abwerfen konnten, daß in den Herzen des einfachsten Bauern und des schlichtesten Arbeiters die alte mythenschaffende Kraft der nordischen Rassenseele ebenso lebendig war wie in den Germanen, als sie einst über die Alpen zogen.“[30]

In dem Gesicht des Frontsoldaten ist – im dreifachen Sinne – das Gesicht des Volkes aufgehoben. Dem Junkertum und der Militärkaste des 19. Jahrhunderts tritt nun der gemeine Mann entgegen. Der neue Typus des Führers ist nicht durch Orden ausgezeichnet, seinen Adel erwirbt er im Schützengraben, er ist der *Wanderer zwischen beiden Welten*.[31] Dem Gesicht des Frontsoldaten, dem idealen Gemeinen, steht die „Landschaft des Krieges“ gegenüber: Hier wurde er, was er ist. Das Kampfgeschehen selbst war ein ästhetisches Erlebnis; so erscheint es auf Plakaten, Fotos und in Filmen. Mündungsfeuer der Geschütze und Rauchschwaden am Horizont vereinigen sich zu immer neuen hymnischen Feiern des Kampfes. Auch Fotografen argumentieren in diesem Sinne: die Folgen eines Granateneinschlags etwa werden wie eine seltsame Laune der Natur vorgeführt. Die Stilisierung, mit der sowohl Zeichnung wie Foto arbeiten, macht solche Bilder zu Symbolen. Ernst Jünger, dessen Texte für die Analyse der vorgelegten Bilddokumente von besonderer Wichtigkeit sind, beschreibt dies so:

> „Man darf überhaupt vom Lichtbild nicht mehr erwarten, als es zu geben vermag. Ein feiner Abdruck des äußeren Geschehens, gleicht es den Abdrücken, die uns das Dasein seltsamer Tiere im Gestein hinterlassen hat. Wohl bieten diese den Stoff der Anschauung dar – wie aber das Leben des großen Tieres in seinen geheimnisvollen Bewegungen sich abspielte: dies zu ahnen, dazu ist Phantasie erforderlich. Hinter den Abbildern einer versunkenen Welt, hinter den Ruinen den Atem großer Taten und Leiden zu spüren, das ist die Aufgabe, die wie jedes Dokument, so auch das Lichtbild aus den Zonen vergangener Kämpfe dem aufmerksamen Betrachter stellt.“[32]

Vergegenwärtigung und nicht Verarbeitung fordert Jünger von „dem aufmerksamen Betrachter“. Die Vergegenwärtigung ist jedoch kein Traum von vergangenen Heldentaten. Sie

---

30 Zit. bei Rittich (1939): „Maler des Weltkrieges“, S. 357.

31 So der Titel der Novelle von Walter Flex, die 1917 in erster Auflage erschien. Mein Exemplar stammt aus dem Jahr 1966, es ist die Auflage 995.000–1.000.000. Von dem Wanderer Ernst Wurche, der auf einen Offizierslehrgang beordert wurde, heißt es auf S. 13: „Nun schritt er von den Bergen herab, um Führer zu werden. Aber er warf die Vergangenheit nicht von sich wie einen abgetragenen Rock, sondern nahm sie mit sich wie einen heimlichen Schatz. Er hat sechs schwere Monate hindurch um die Seele seines Volkes gedient, von der so viele reden, ohne sie zu kennen. Nur wer beherzt und bescheiden die ganze Not und Armseligkeit der Vielen, ihre Freuden und Gefahren mitträgt, Hunger und Durst, Frost und Schlaflosigkeit, Schmutz und Ungeziefer, Gefahr und Krankheit leidet, nur dem erschließt das Volk seine heimlichen Kammern ... Wer mit hellen und gütigen Augen durch diese Kammern hindurch gegangen ist, der ist wohl berufen unter die Führer des Volkes zu treten.“

32 Jünger (1930): *Das Antlitz des Weltkrieges*, S. 11.

ist auf Handeln ausgerichtet. Folgerichtig formuliert Ostini 1921 vor Erlers Soldatenbildern: „Ein namloses Unglück, wie es seit Karthagos Fall kein anderes Volk traf, hat das deutsche Gesicht verzerrt, verzerrt in Not, Grimm, Haß und Verwirrung. Aber auch die Zeit wird kommen, wo es seine wahre Miene, seine unverstellten Züge wieder zeigt. Und dann werden uns jene Bilder wieder aufs neue und mit doppelter Gewalt ergreifen." Ostini gibt der Hoffnung Ausdruck, daß – „wenn die gegenwärtige Wirrnis gelöst ist" – „uns das Werk der wenigen Künstler, die den Krieg in seinem wahren Wesen erfaßt haben, ... aufrichten und mit Zuversicht erfüllen" wird.[33]

Ernst Jünger formuliert deutlicher. Er beschreibt den Kämpfer, wie ihn Fritz Erler dargestellt hat, und folgert, daß diese Männer „die Folgen ihrer Taten verwalten müssen". Symptomatisch an dem Zitat ist, daß das Kriegserlebnis selbst dazu legitimiert, die „Folgen der Taten zu verwalten":

„Die Trichter und Gräben haben einen engen Horizont. Der Gesichtskreis reicht nicht weiter als ein Handgranatenwurf, aber was man dort sieht, tritt sehr klar hervor. Vor der furchtbaren Eintönigkeit des Hintergrundes steht der Kämpfer als eine Erscheinung von tragischer Wucht, und in den Augenblicken, in denen der Tod sich funkelnd erhebt, sieht man den Menschen so, wie er ist. Hier hat man wieder sehen und fühlen können, daß der deutsche Mensch jedem Schicksal gewachsen ist ... Dieses Geschlecht darf nicht vergehen wie ein Meteor, das nach nie gesehenem Glanze in der Nacht erlischt. Seine Männer haben in diesem Kriege gezeigt, daß es nichts gibt, das nicht für eine Idee getan werden könnte, und sie sind es, *die das Gedächtnis und die Folgen ihrer Taten verwalten müssen*. Sie sind innerlich andere geworden, das wird sich in allen Äußerungen offenbaren. Auf allen Gebieten stehen ihnen noch die größten Aufgaben bevor."[34]

Mit dem Erlerschen Plakat thematisiert die Propaganda der 3. OHL den neuen Typus des Soldaten, der selbstverantwortlich in kleineren Einheiten operiert. Nicht daß die Propaganda diesen Typus erfunden hätte, sie formuliert und bestärkt damit eine Entwicklung, die in der Logik des industrialisierten Krieges liegt.

Konsequenterweise wird das Erlersche Soldatenbild sowohl von der Werbung für die konterrevolutionären Freikorps 1919[35] (Abb. 5) wie auch von Ludwig Hohlwein auf einem Plakat für die bayerische Reichswehr weiterentwickelt.[36] Die 3. OHL hatte den gesamten Propagandaapparat zentralisiert, die Werbung für die 6. Kriegsanleihe war der erste große Propagandafeldzug, die Reichswehr bzw. die „Schwarze Reichswehr" benutzte die Methoden, teilweise auch den Apparat, der im Krieg entwickelt wurde. „Die größten Aufgaben" waren erst einmal der Kampf gegen die Novemberrevolution, der Kampf gegen die sozialistische Republik.

33 Ostini (1921): *Fritz Erler*, S. 136.
34 Aus: *Wäldchen 125*, zit. n. Jünger (o. J.): *Der Krieg als inneres Erlebnis*, S. 39.
35 Vgl. zu dem Plakat von Leo Impekoven die Zeichnungen von Lothar Günther Buchheim: „Fertigmachen", abgebildet in: *Die Kunst im Dritten Reich*, Oktober 1941, S. 279.
36 Katalog (1975): *Plakat in München*, Kat. Nr. 441, zur Werbung für die Reichswehr vgl. auch S. 119–121.

Abb. 5: Leo Impekoven: *Sturmbataillon Schmidt*, 1919; Museum für Hamburgische Geschichte, Hamburg.

In dem erwähnten Plakat Ludwig Hohlweins wird die militärische Härte zur zentralen Aussage. Während das Erlersche Plakat sein Pathos noch aus dem Umfeld, Schützengraben und Stacheldraht, bezogen hatte, wird in Hohlweins Plakat ein Rassenideal formuliert, in dem sich Härte und Unheimlichkeit verbinden. Im *Mythus des 20. Jahrhunderts* hat Alfred Rosenberg dieses Ideal sprachlich formuliert. Er beschreibt den Soldaten des Weltkriegs 1930 folgendermaßen:

> „Sie haben fast überall eine mystisch zu nennende Ähnlichkeit: eine steile, durchfurchte Stirn, eine starke, gerade Nase mit kantigem Gerüst, einen festgeschlossenen schmalen Mund mit der tiefen Spalte des angespannten Willens. Die weit geöffneten Augen blikken geradeaus vor sich hin. Bewußt in die Ferne, in die Ewigkeit. Diese willenhafte Männlichkeit des Frontsoldaten unterscheidet sich merklich vom Schönheitsideal früherer Zeiten ..., aus den Todesschauern der Schlachten, aus Kampf, Not und Elend ringt sich ein neues Geschlecht empor."[37]

---

37 Rosenberg (1941): *Der Mythus des 20. Jahrhunderts*, S. 448 („Das Schönheitsideal von 1914"); es ist symptomatisch, daß Rosenberg dieses Ideal als Alternative zu dem der Arbeiterbewegung entwickelt.

Abb. 6: Vorder- und Rückseite des Filmprogramms *Stosstrupp 1917*, 1934; Deutsches Filmmuseum, Frankfurt/M. (S. 87)

Was Hohlwein im Profil zeigt, das erscheint bei Leo Impekoven 1919 en face (Abb. 5). Der Vergleich mit dem Erlerschen Plakat kommt zu den gleichen Resultaten wie mit dem Hohlweinschen. Es fällt auf, daß Erler noch zögerlich vorgeht. Zwei Jahre später ist strenge Axialität und Eindeutigkeit bildprägend. Auch die sanfte Bewegung, die den Soldaten vor Verdun wie in einer Narration auftreten läßt, ist repräsentativer Symbolisierung gewichen. Das Bild des Frontkämpfers ist durchformuliert und abrufbereit. Und es ist bis zur Redundanz abgerufen worden. Hier sei lediglich ein Beispiel zitiert. In seinem Roman *Im Westen nichts Neues* von 1927 bzw. 1929 unterläuft Erich Maria Remarque den Heroismus, der die Bilder des Frontsoldaten konstituiert. Landsmannschaftliche Vielfalt und jugendlicher Zweifel werden der „willenhaften Männlichkeit" entgegengesetzt. Lewis Milestones Verfilmung des Erfolgsromans macht diese Tendenz der Remarqueschen Geschichte stark: die kämpfenden Männer gehen nicht in einem „Volksgesicht" auf, die Vielfalt von Gefühlen und Haltungen wird vorgeführt. Darauf reagiert die deutsche Propaganda 1934 mit dem Film *Stosstrupp 1917*, der sich an den Roman *Der Glaube an Deutschland* von Hans Zöberlein aus dem Jahre 1931 anlehnt. Auf der Vorderseite des Programmheftes (Abb. 6) wird die Härte des Kampfes Mann gegen Mann gezeigt, auf der Rückseite das aus diesen Kämpfen geborene Gesicht des Frontkämpfers – ein Mythos wie die Geburt der Venus aus dem Schaum, den das Genitale des Chronos erzeugte, als es im Meer versank. Den zerstörten Landschaften, ziehenden Soldaten und den romantisierend gefeierten Nachtkämpfen ist die

Abb. 7: Einband, München 1940.

veredelnde Kraft der „Stahlgewitter" als ästhetisches Erlebnis unterlegt. Wie eine Man-
dorla, wie eine säkulare Heiligenversammlung, umgeben die Köpfe der Stoßtruppler, der
einfachen Soldaten, die Gesichter ihrer Führer. Nicht durch Orden und Casinoputz unterscheiden sie sich, sondern durch Entschlossenheit. Die Basis dieser Versammlung ist eine
männliche Pietà, eine Vorahnung der Neuen Wache. Ohne das heroische Opfer ist der
Frontsoldat undenkbar. Die Gleichheit des Todesrisikos ist konstituierend.

1919 hatten Pazifisten noch geglaubt, allein durch das Vorzeigen von Bildern aus dem
Krieg die Menschen zum Widerstand gegen den Krieg bewegen zu können.[38] Ende der 20er
Jahre kommt jene Propaganda zum Durchbruch, die – wie schon das Erlersche Plakat –
argumentiert, daß all das nur die Besten bestehen konnten. Diese sozialdarwinistische Argu-
mentationsweise,[39] anknüpfend an Theoretiker des späten 19. Jahrhunderts, beherrscht Ende

38 Das Antikriegsmuseum von Ernst Friedrich ist dafür ein Beispiel. Vgl. Friedrich (1926): *Krieg dem Krie-
    ge!* Von dieser Annahme gehen immer wieder pazifistische Texte aus, zuletzt Jürgens-Kirchhoff (1993):
    Schreckensbilder. Auf S. 119f. geht sie auf den Erlerschen Typus des Frontsoldaten ein und versucht, dem
    Problem mit der Unterscheidung von „Krieg als Erlebnis" und „Krieg als Erfahrung" beizukommen.
39 Rudolf Steinmetz bringt 1929 (Leipzig) eine völlig überarbeitete 2. Auflage seiner *Philosophie des Krie-
    ges* (1907) heraus: *Soziologie des Krieges.* Hieraus zwei Zitate, S. 48: „Ohne Aggressivität und Krieg keine
    Isolierung, ohne diese keine Durchbildung der Eigenart, denn nur in der Trennung von anderen, nicht im
    ewigen Hinüberfließen kann ein Charakter sich entwickeln; keine kräftigere Stütze gibt es aber hierbei als
    den Kampf mit den anderen, die Anstrengung, um sich selbst aufrecht zu erhalten. Genau wie in der Aus-
    bildung des Individuums der Kampf um die Selbsterhaltung, der mit anderen kräftigen und aggressiven
    Individuen geführt wird, unendlich nützlicher ist als das friedliche Zerschmelzen in befreundete Weich-
    linge, genauso verhält es sich um Völkerleben." S. 56: „Noch ganz andere psychische Werte hat der Krieg
    zu Tage gefördert, z. B. den Mut. Der Mensch unserer individualistischen, intellektualistischen, merkan-
    tilistischen Gesellschaft hat ohne Zweifel die Neigung, den Wert des Mutes zu unterschätzen ... Dem kom-
    merziellen Philister fehlt der Maßstab dafür." – Vgl. auch Jerusalem (1905): *Der Krieg im Lichte der*

der 20er Jahre alle Bildbände, Filme etc. Noch einmal Jünger: „Freilich, aus einer solchen Schule geht unzerbrochen nur der hervor, der aus härtestem Holz geschnitten ist, und erst in der Zeit der Not stellt es sich heraus, ob ein Volk wirklich Männer besitzt." Jünger wendet sich gegen die Kriegsgegner mit den Worten: „Sie führen verwüstete Städte und furchtbare Leiden als ihre Gründe an, als ob es unsere höchste Aufgabe wäre, dem Schmerz aus dem Weg zu gehen, und ihnen ist der Wille fremd, der die Verantwortung nicht scheut, so vergängliche Werte wie Leben und Eigentum zu opfern, wenn es gilt, die Größe des Volkes und seiner Idee zu verwirklichen."[40]

1940 erschien im Zentralverlag der NSDAP das Buch *Ewiges deutsches Soldatentum*.[41] Auf dem Einband (Abb. 7) ist der Unteroffizier aus *Stosstrupp 1917* abgebildet. So läßt sich die bruchlose Kontinuität von der faktischen Militärdiktatur der 3. OHL bis in den Zweiten Weltkrieg an dieser Bildfolge ablesen. Folgerichtig beginnt ein Bericht über „Maler des Weltkrieges 1914–1918" in der Zeitschrift *Die Kunst im Dritten Reich* vom November 1939 mit dem Satz: „Die gegenwärtige Auseinandersetzung mit den Waffen, zu der Deutschland gezwungen wurde, ist von einem deutschen Politiker vor kurzem als letztes Glied des Weltkrieges 1914–1918 bezeichnet worden ... Durch den Kampf der nationalsozialistischen Bewegung ist in den Jahren von 1918 bis heute die Gesinnung des Frontsoldaten das Charakter- und Erziehungsideal jedes einzelnen Deutschen schlechthin geworden."[42]

Die Vorgeschichte des Frontsoldaten geht bis in die Französische Revolution zurück. Die Forderung nach allgemeiner Volksbewaffnung stand auch in Deutschland in allen revolutionären Texten des 19. Jahrhunderts. Während die Bildwelt des Kriegsjahres 1914 und 1915 noch weitgehend im späten 19. Jahrhundert entstanden ist – teilweise gibt es deutliche Bezüge zum deutsch-französischen Krieg von 1870/71 –, ist das Jahr 1916 mit der Berufung der 3. OHL auch das Jahr der Modernisierung, sowohl der Militärtechnik als auch der Technik des Kampfes als auch der Propaganda. Das Tempo der Modernisierung wird in der Weimarer Republik vor allem nach der Machterteilung an die NSDAP stark beschleunigt, bis es dann im System Auschwitz endet, einer Industrie, die zur Vernichtung von Menschen des Krieges nicht mehr bedarf. Betreiber der Mordfabrik ist die SS, nicht nur ikonographisch die Erbin des Frontsoldaten,[43] wie ihn beispielsweise Leo Impekoven (Abb. 5) darstellt. Der „Schwarze Orden" begriff sich als eine Elite, jedoch war das Geburtsrecht nicht mehr durch die adelige Familie gegeben. Die SS betrachtete sich als das idealtypische Volk.

Gesellschaftslehre; Steffen (1915): *Krieg und Kultur*, versucht den Sozialdarwinismus als Charakteristikum der Angelsachsen darzustellen (S. 5): „Und wie Kiplings Gedankenwelt, so ist auch die Leas in entsetzlich einseitiger Weise auf einer eingestandenermaßen brutalen Kampf-ums-Dasein-Theorie aufgebaut". Zum Sozialdarwinismus im 19. Jahrhundert vgl. Wehler (1973): „Sozialdarwinismus im expandierenden Industriestaat"; den Zusammenhang von Kulturpessimismus und Sozialdarwinismus entwickelt Reif (1975): *Zivilisationsflucht und literarische Wunschträume*.

40 Jünger (o. J.): *Der Krieg als inneres Erlebnis*, S. 39.
41 Vogt / Dümlein (1940): *Ewiges deutsches Soldatentum*.
42 Vgl. Anm. 28.
43 Vgl. den (Ausstellungs-)Katalog (1980): *Politische Plakate der Weimarer Republik*, bes. S. 65–70. Kat. Nr. 54 wirbt mit einem axial gegebenen Frontsoldaten für die NSDAP.

Literatur

BRANDT, SUSANNE: *Die Kriegsmuseen in Deutschland, Frankreich und Großbritannien im Ersten Weltkrieg und in der Nachkriegszeit*, Düsseldorf 1989 (unveröffentlichte Magisterarbeit).

BRANDT, SUSANNE: „The Memory Makers: Museums and Exhibitions of the First World War", in: *History & Memory*, Bd. 6 / Nr. 1 (1994), S. 95–122.

Die Ernährung im Kriege, hg. v. Ministerium des Inneren, Berlin (1915).

ERLER, FRITZ / SPIEGEL, FERDINAND: *1914/1915*, Lille 1915.

FRIEDRICH, ERNST: *Krieg dem Kriege!*, Bd. 1 u. 2, Berlin 1926.

HARDACH, GERD: *Der Erste Weltkrieg* (= *Geschichte der Weltwirtschaft im 20. Jahrhundert*, Bd. 2), München 1973.

HOFFMANN, DETLEF: „Die Frankfurter Zivilbevölkerung im Kriege – Jeder gegen jeden", in: Ausstellungskatalog: *„Es ist so schön, Soldat zu sein"*, Frankfurt 1978 (Arbeitskreis Friedenspädagogische Ausstellung Frankfurt).

HOFFMANN, DETLEF: „Der Mann mit dem Stahlhelm vor Verdun. Fritz Erlers Plakat zur sechsten Kriegsanleihe 1917", in: Hinz / Mittig / Schäche / Schönberger (Hg.): *Die Dekoration der Gewalt. Kunst und Medien im Faschismus*, Gießen 1979, S. 100–114.

HOFFMANN, DETLEF / DIETRICH, MARGOT: *Das Skatspiel. Geschichte – Bilder – Regeln*, München / Luzern 1982.

JERUSALEM, WILHELM: *Der Krieg im Lichte der Gesellschaftslehre*, Stuttgart 1905.

JÜNGER, ERNST: *Das Antlitz des Weltkrieges*, Berlin 1930.

JÜNGER, ERNST: *Der Krieg als inneres Erlebnis*, Bielefeld / Leipzig o. J.

JÜRGENS-KIRCHHOFF, ANNEGRET: *Schreckensbilder. Krieg und Kunst im 20. Jahrhundert*, Berlin 1993.

Katalog: *Ein Krieg wird ausgestellt*, Frankfurt/M. 1976.

Katalog: *Plakat in München, 1840–1940. Eine Dokumentation zu Geschichte und Wesen des Plakats in München, aus den Beständen der Plakatsammlung des Münchener Stadtmuseums*, München 1975.

Katalog: *Politische Plakate der Weimarer Republik 1918–1933*, Darmstadt 1980.

KNILLI, FRIEDRICH: *Deutsche Lautsprecher – Versuche zu einer Semiotik des Radios*, Stuttgart 1970.

Korn, Karl: *Die Arbeiterjugendbewegung*, Berlin 1922.

KUNERT, HUBERT: *Deutsche Reformpädagogik und Faschismus*, Hannover / Darmstadt / Dortmund / Berlin 1973.

LENDVAI-DIRCKSEN, ERNA: *Das deutsche Volksgesicht*, Berlin 1932/34.

OSTINI, FRITZ VON: *Fritz Erler*, Bielefeld / Leipzig 1921.

PHILIPP, CLAUDIA GABRIELE: „Erna Lendvai-Dircksen (1883–1962). Verschiedene Möglichkeiten eine Fotografin zu rezipieren", in: *Fotogeschichte*, H. 7 (1983), S. 39–56.

PROTTE, KATJA: *Krieg und Fotografie. Zur Repräsentation des Ersten Weltkriegs in Bildmedien des nationalsozialistischen Deutschlands*, Magisterarbeit, Göttingen 1994.

REIF, WOLFGANG: *Zivilisationsflucht und literarische Wunschträume*, Stuttgart 1975.

RITTICH, WERNER: „Maler des Weltkrieges 1914–1918", in: *Die Kunst im Dritten Reich*, November 1939, S. 348–357.

ROSENBERG, ALFRED: *Der Mythus des 20. Jahrhunderts*, 2. Aufl. München 1941.

SCHINDLER, EDGAR: „Stil und Symbolik im Mosaik. – Zu den Arbeiten von Fritz Erler in der Reichshauptbank in Berlin", in: *Die Kunst im Dritten Reich*, März 1940, S. 68–75.

STEFFEN, GUSTAV F.: *Krieg und Kultur – Sozialpsychologische Dokumente und Beobachtungen vom Weltkrieg 1914*, Jena 1915.

STEINMETZ, RUDOLF: *Soziologie des Krieges*, Leipzig 1929 (= 2., völlig überarbeitete Aufl. seiner *Philosophie des Krieges* [1907]).

STERN, FRITZ: *Kulturpessimismus als politische Gefahr. Eine Analyse nationaler Ideologie in Deutschland*, Berlin / Stuttgart / Wien 1963.

THIMME, HANS: *Weltkrieg ohne Waffen – Die Propaganda der Westmächte gegen Deutschland, ihre Wirkung und ihre Abwehr*, Stuttgart / Berlin 1932.

VOGT, LUDWIG / DÜMLEIN, KURT: *Ewiges deutsches Soldatentum – Ruhmesblätter aus zwei Jahrtausenden deutscher Geschichte*, München 1940.

VORSTEHER, DIETER: „Bilder für den Sieg. Das Plakat im Ersten Weltkrieg", in: Rainer Rother: *Die letzten Tage der Menschheit. Bilder des Ersten Weltkriegs*, Berlin 1994, S. 149–162.

WEHLER, HANS-ULRICH: „Sozialdarwinismus im expandierenden Industriestaat", in: Geiss, Immanuel / Wendt, Berndt Jürgen (Hg.): *Deutschland in der Weltpolitik des 19. und 20. Jahrhunderts – Festschrift Fritz Fischer*, Düsseldorf 1973, S. 133–142.

Margaret R. Higonnet

Teil des Volkes?

Frauen und Schwarze im Ersten Weltkrieg

Im Konzept des „Totalen Krieges" liegt ein Paradox: die widersprüchliche Repräsentation von „das Volk" im Ausdruck „total". Einerseits mobilisierte der Erste Weltkrieg den Einsatz ganzer Bevölkerungen für das *Vaterland* oder das „motherland". Diese Einberufung solcher „Massen" bezieht ihren „kulturellen Druck", so ein Ausdruck von Homi Bhabha, aus „der unmöglichen Einheit der Nation als symbolischer Kraft", einer Kraft, von der er annimmt, daß sie in einem ursprünglichen Konzept der Menschen oder des *Volkes* begründet liegt.[1]

Während des Ersten Weltkriegs erzeugt die symbolische Einheit des kampfbereiten Volkes an der „Kampffront" und an der „Heimatfront" in der Propaganda eine Parallele. So zeigen französische Postkarten zwischen 1914 und 1918 „nos poilus à l'arrière": Frauen in schicken Uniformen gekleidet wie Briefträger, Lokomotivführer und Verkäufer. Während die männlichen „Tommies" in den Gräben kämpfen, kämpfen die weiblichen „Tommies" den Kampf um ökonomische Produktivität und Kontinuität. Der Soldat und die Krankenschwester sind „zwei Helden".

Diese besondere Parallele trägt jedoch über die andere Seite des Paradoxes hinweg: nämlich daß der Krieg eine Kluft zwischen Soldaten und Zivilisten öffnet und besonders zwischen Männern und Frauen. Die politische Einheit 1914 hatte den unmittelbaren Zusammenbruch der Suffragettenbewegung zur Folge, ebenso die Unterdrückung der politischen Opposition, z. B. der nationalistischen Bewegungen in den Kolonien wie Indien oder der schwarzen Bürgerrechtsbewegung in Amerika. „Unterworfene Menschen wurden aufgefordert, eben jene Institutionen ihrer Unterjochung zu verteidigen: die europäischen Imperien."[2] In einer Zeit des *totalen Krieges* konnte den sogenannten Minderheiten keine Repräsentation gestattet werden.

Die paradoxe, sowohl ein- wie ausschließende Definition „des Volkes" war für Frauen und Minderheiten von besonderer Auswirkung und dadurch auch für Autorinnen von Min-

---

1 Bhabha (1990): „Introduction", S. 1.
2 Page (1987): *Africa*, S. 1.

derheiten. In den Worten des Kritikers Sam Hynes, der 1990 schrieb: „Eine Nation im Krieg *ist* eine männliche Nation."[3] In einer „männlichen" Nation, die für den Krieg mobil gemacht hat, welcher Raum bleibt da für die Selbstdarstellung der Frau – insbesondere für die farbige Frau?

1. Propaganda vereint ein geteiltes Volk

Im ersten Teil dieses Essays diskutiere ich Plakate und Propaganda-Bilder, um zu zeigen, wie die Spannungen zwischen nationaler Einheit einerseits und Geschlechter- und Rassentrennung andererseits die visuelle und verbale Kultur der Kriegsperiode kennzeichnen. Dann skizziere ich die Reaktion einer Afro-Amerikanerin, Alice Dunbar-Nelson, um darzustellen, wie diese Brüche einerseits ihr Schreiben kennzeichnen und andererseits Werkzeug politischer Subversion geworden sind.

Diese Spannungen können wir an einem sehr bekannten britischen Plakat beobachten: *Daddy, what did YOU do in the Great War?* (Abb. 1). Bilder wie dieses Plakat kann man immer und immer wieder lesen, mit und gegen den Strich. Als Genre sind sie zugleich unmittelbar und universalisierend. Sie neigen dazu, den Singular „Du" zu benutzen, um *jeden* Vorübergehenden anzusprechen und zu erfassen. Gewöhnlich ruft ein Kriegsplakat direkt im Präsens zu einer selbstverständlichen Handlung auf: Folge mir! Dein Land braucht dich. Nimm' Deinen Platz ein! Räche die Lusitania! Kaufe jetzt Kriegsanleihen. Zeichnet die Kriegsanleihe. Das „Daddy"-Plakat erwischt uns, indem es die gleichen universalisierenden Forderungen stellt wie das propagandistische Pamphlet, das fragt: „Was wird in ein paar Jahren die Stellung des jungen Mannes sein, der sich absichtlich dazu entschlossen hat, sich selbst dieser allumfassenden Brüderlichkeit zu entziehen?"

Der Sprecher dieses Plakats ist ein kleines Mädchen, das ein prophetisches Bilderbuch liest, in dem die Gegenwart als bereits vergangen erzählt wird. Das Mädchen ist es, das seinen Vater fragt, wie er in die Geschichte paßt, während ihr kleiner Bruder auf dem Fußboden Krieg spielt. Wie in dem berühmten Plakat, das zeigt, wie die Frauen Großbritanniens ihre Männer in den Kampf schicken, wird die Verantwortung dafür, die Männer unter Androhung der Schande in ihre Pflicht zu weisen, den Frauen zugewiesen. Sie werden zum Alibi einer Politik, die sie ausschließt.

Die rhetorischen Strategien (Roland Barthes nennt sie *adhomination*) sind hier komplex: Wer ist das Publikum? Der Vater im Bild oder der Betrachter des Plakats, auf den der Vater seinen sprachlosen Blick richtet? Ist der Betrachter ebenfalls ein Mann, der zu Hause geblieben ist? – Oder ist der Betrachter auch ein Mädchen, das implizit als patriotische Stütze der Einberufung dient? Oder eine Frau, die nun die Männer zum richtigen Handeln aufrufen muß? Eines stellt das Plakat klar: „diese allumfassende Brüderlichkeit", in die Männer in Kriegszeiten eintreten, umfaßt nicht die Frauen. Die Geschlechterrollen sind festgelegt: Frauen lesen, beobachten passiv und urteilen. Männer müssen handeln.

---

3 Hynes (1990): *A War Imagined*, S. 88.

Abb. 1: *Daddy, what did YOU do in the Great War?* Plakat, Imperial War Museum, London, IWM Q 33122.

Abb. 2: *Step Into Your Place* (1915). Plakat, Hoover Collection.

Darüber hinaus suggeriert das Plakat für Kriegszeiten nur eine einzige Aktivität: des kleinen Jungen Soldaten und Kanone. Bürgerliche Aufgaben, etwa Geschichte lehren oder als
Lokomotivführer zu arbeiten, scheinen nicht im Bereich des Möglichen zu liegen. Ein anderes Plakat, *Step Into Your Place*, zeigt Männern ebenfalls, daß sie nur eine Wahl haben
(Abb. 2). Wenn Männer die Uniform anziehen, werden sie uniform. Diese Reduktion der
Männer auf austauschbare Teile einer Kriegsmaschine ist in der Literatur vieler männlicher Schriftsteller dieser Periode eine Quelle der Sorge. Männer werden zu Objekten („Ka-
nonenfutter") oder Automaten („Robotermörder") gemacht. Die Trope des Sandsacks vermittelt den Verlust jeglicher Individualität und Willensfähigkeit zur Handlung: die Männer
sind undifferenziert wie Sandkörner und werden *en masse* in die Bresche geworfen; wichtig ist nur die Summe ihrer Körper, nicht aber die individuelle Heldentat.

Ironischerweise mußte das visuelle Muster umgekehrt werden, als die YWCA (Young
Women's Christian Association – Christlicher Verein Junger Frauen) ein Plakat für Frauen
entworfen hat – und zwar als sie diese zeitweise mobilisiert haben, Arbeiten zu verrichten,
die zuvor den Männern vorbehalten waren. So erhalten Frauen eine Vielzahl von Uniformen,
die ihre neue „Freiheit", verschiedene Arbeitsformen zu wählen, heraufbeschwört. Die Frau-
en wurden differenziert. Aus der Masse des nicht-individualisierten weiblichen „Volkes"
formt der Krieg neu individuierte Kriegsarbeiterinnen (Abb. 3). Die „zweite Verteidigungs-
linie", die sich aus Frauen zusammensetzte, ruft das Bild eines marschierenden Bataillons

Abb. 3: *For Every Fighter A Woman Worker: YWCA. Back Our Second Line Of Defense* (1918). Plakat von Ernest Hamlin Baker, National Board YWCA Archives.

von Männern hervor („For Every Fighter A Woman Worker"). Wenn ihre Figuren im Vordergrund an uns vorüberziehen, erscheinen sie in der Spezifität ihrer freiwilligen Aufgaben.

Eine der Innovationen des Krieges ist das Ausmaß der Propaganda, die Frauen in ihren emblematischen Rollen in den Mittelpunkt stellte. Frauen können, wie wir gesehen haben, das Motiv sein, für das ein Krieg geführt werden muß. Offiziell heißt ihre Botschaft, die *Frauen Großbritanniens sagen – Geh!*, auch wenn sie das tatsächlich keineswegs sagen. Wenn der Dampfer „Lusitania" mit Hunderten an Bord versenkt wird, dann sind es die unschuldigen Opfer, Frauen und Kinder, deren Tod gerächt werden muß. Das Bild einer ertrunkenen Frau genügt, das Wort zu übermitteln: Melde Dich freiwillig! Mit ihrem Säugling steht sie sowohl für feindliche Barbarei als auch für die Zukunft, die gerettet werden muß. In der aktiveren Rolle der Krankenschwester stehen die Frauen hinter dem Mann, wie die deutsche Krankenschwester, die den verwundeten deutschen Soldaten stützt. Sie werden Heilende, Garanten für Frieden und Wiedergutmachung. Ihre neuen Rollen bedrohen die soziale Ordnung nicht, weil sie in den Rollen des Dienens verankert bleiben. Die Frauen, die „Geh!" sagen, sind von den Männern durch einen Fensterrahmen getrennt.

Aber nicht alle Frauen bleiben hinter den Linien. Einige bewegen sich in weniger traditionellen Rollen, näher an der Front. – Wenn militaristische Propaganda versucht, Frauen in Kriegsleistungen zu integrieren, dann werden sie Individuen, die sich von ihren konventionellen Rollen abheben. YWCA-Plakate zeigen Frauen, die die unterschiedlichen Abzeichen ihrer neuen Jobs erhalten. Die Telephonistin, die die Kommunikationsleitungen „nach drüben" offen hält, trägt eine Uniform, und ihr Blick zeigt, daß sie in ihrer Aufgabe aufgeht. Sie lädt zur Unterstützung ein. Doch gleichzeitig wird sie dargestellt abseits der Männer im Hintergrund, durch deren Opfer ihre Arbeit erst Bedeutung erhält. Als einzelne Frau muß sie ihren Blick vor den Männern senken; sie muß von ihnen abgeriegelt werden.

Die gute Arbeiterin muß abgeriegelt werden, weil es ein anderes, vertrauteres Bild der Frau an der Front gibt: die Marketenderin, die Prostituierte oder die Mata-Harieske Spionin, die droht, den Soldaten und das politische Gemeinwesen zu infizieren. Diese gefährliche Frau arbeitet in einem vom Staat betriebenen Bordell als Teil der erneuerbaren Versorgung, die für das reibungslose Funktionieren der Soldaten an den Frontlinien nötig ist. Militärische Disziplin versammelt die Soldaten (nach Rang) an ihrer Tür für strikt zeitlich begrenzte Besuche. Ihre nackte Gestalt wird beschmutzt in der Aura der verdrängten Schuld an der Ausbeutung dieser Männer.

Eine der dunkelsten Seiten in der Geschichte der Kriegsführung betrifft die Einbeziehung von Minderheiten und Kolonisierten in die Kriegsarbeit. Bildnachrichtenmedien dieser Periode enthalten großzügig Seiten der Kolonisierten, die in den Krieg eingezogen werden (Abb. 4). Postkarten eines französischen Soldaten neben einem senegalesischen *tirailleur* oder eines britischen Soldaten neben einem *sepoy* stehen für symbolische Harmonie und Gleichheit in der imperialen Ordnung, ein gemeinsamer Dienst gegen „nos ennemis". Wie Roland Barthes gezeigt hat, ist der „Neger" nicht das Symbol des Imperialismus, sondern sein Alibi.[4]

---

4 Barthes (1972): „Myth", S. 123.

Abb. 4: „L'escorte du lamido Rey Bouba, le plus grand roi noir du Cameroun et l'un des meilleurs collabora-
teurs de la France: porteurs de boucliers et hommes d'armes revêtus d'authentiques armures moyenâgeuses".
Zeitungsphotographie, *L'Illustration* 1916.

Man schätzt, daß 2.500.000 Afrikaner am Krieg als Soldaten und Lastenträger teilgenom-
men haben. Einer von zehn hat sein Leben verloren. Auch Frauen haben als Lastenträger
gedient: über ihren Beitrag gibt es keine Angaben. Ganz sicher erzählen uns die Bilder afri-
kanischer Häuptlinge, gekleidet in Baströckchen, mit kleinen Schilden zu ihrer Selbstver-
teidigung, wenig über das Opfer der Sturmtruppen entlang der Front, die Einberufung der
Kolonisierten durch Sklavenjagden oder die Zerstörung der afrikanischen Wirtschaft durch
Kriege, die auf dem Rücken von Trägern und Kriegern der Stämme geführt wurden. Diese
Bilder werfen eher ein exotisches Licht auf die zensierten Bilder des Todes.

Diese Bilder verdunkeln auch die tief verwurzelten Systeme der Rassentrennung. Photographien amerikanischer Schwarzer mit weißen französischen Frauen wurden zensiert. Afro-
amerikanische Frauen schob man für getrennte Hilfsleistungen des Roten Kreuzes ab, und
das Recht, mit anderen amerikanischen Krankenschwestern im Ausland zu dienen, wurde
ihnen verweigert. Bis zum Ende des Krieges war es ihnen nicht gestattet, militärische Pfle-
ge zu leisten und auch dann nur in Lagern für schwarze Soldaten.

Als Antwort darauf mußte eine symmetrische, doppelte Geschichtsschreibung geführt
werden – Emmett Scotts *Official History of the Negro in the Great War* oder Kelly Millers

Abb. 5: „*Two First Class Americans*": *Henry Johnson and Needham Roberts*. Zeitungsillustration von W. A. Rogers, *New York Herald* 1918.

History of the World War for Human Rights. Als Parallele zu den Illustrierten und anderen Gedenkpublikationen aus der Nachkriegszeit bewahrten diese an Schwarze im ganzen amerikanischen Land adressierten Ausgaben als ein Sammelalbum die Porträts schwarzer Führer und Photos schwarzer Kriegsarbeiter. Diese beweisen sichtbar, daß schwarze Frauen als Ambulanzfahrerinnen gearbeitet oder Krankenschwesternuniformen getragen haben. Eine Collage von Porträts zeigt ein Photo von Alice Dunbar-Nelson oben rechts, ein Tribut an ihre Organisationsarbeit. Das Photo *authentisiert* Arbeit, die wegen der Rassenschranke niemals offizielle *Autorität* erhalten hat.

Ein Bild vom Ende der Kriegszeit ist meiner Meinung nach besonders charakteristisch für die visuelle Kultur, in der schwarze Amerikaner eine Grammatik ihrer Selbstdarstellung gesucht haben. Ein Zeitungscartoon von W. A. Rogers für den *New York Herald* (notwendigerweise das Werk historischer Vorstellungskraft eines Journalisten) zeigt zwei schwarze Soldaten umgeben von den Körpern ihrer Feinde, einer stützt den anderen (Abb. 5). Diese beiden Männer, Henry Johnson und Needham Roberts, waren die ersten Amerikaner, die das französische *croix de guerre* erhalten haben.

Die Überschrift lautet *Two First Class Americans*. Ihre Ironie ist komplex. Im Amerika der Jim-Crow-Gesetze, verbreitet durch Woodrow Wilson, wären diese beiden sicher arbeitslos gewesen, das Stimmrecht wäre ihnen versagt und ein Sitzplatz am Ende des Zuges zugewiesen worden. Aber an der europäischen Kampffront sind sie mit jedem anderen Amerikaner gleich, vor allem dann, wenn es ums Sterben geht. Schwarze wurden von Franzosen

und Amerikanern als erste in die Feuerlinien geworfen. Es überrascht nicht, daß die Buffa-
los, ein schwarzes Regiment aus New York, als erste den Rhein erreichten.

Doch wir dürfen die zweite Ironie nicht vernachlässigen. Wie patriotisch die Zeitung und
ihre Leser auch immer gewesen sein mögen, wir müssen fragen, was die erwartete Wirkung
eines Bildes war, das einen schwarzen Mann zeigt, dem sichtbar Blut von der Spitze eines
Messers tropft – wohl seines Bajonetts? Es gibt eine unangenehme Ähnlichkeit zwischen
diesem Bild und den demagogischen Schmierereien des Ku Klux Klan oder des berüchtigten
deutschen „Jumbo Plakats" von 1918, auf dem ein Senegalese der Truppen, die das Rhein-
land besetzten, den Körper einer gefangenen deutschen Frau hält. Dieser Widerhall vertrauter
rassistischer Bilder gibt dem Bild eine beunruhigende Ambiguität. Was ist ein Amerikaner?
Wie können Bürgerrechte erworben werden? Wie nährt und zerstört Krieg unser Verständnis
von Bürgerrecht?

2. Die Rolle von Minderheiten-Frauen in einer „männlichen Nation"

Diese Frage ist für die weibliche Schriftstellerin von doppelter Bedeutung. Sam Hynes
schreibt nicht nur, daß „eine Nation im Krieg eine männliche Nation ist", sondern auch:
„Krieg – jeder Krieg – ist für Frauen eine unausweichlich herabsetzende Erfahrung. Es gibt
nichts, was den Frauen ihren inferioren Status mehr demonstriert als ein Krieg, nichts, was
Frauen ihren Ausschluß aus großen Abenteuern klarer vor Augen führt als die Kriegserfah-
rungen der Männer, nichts, was Frauen die Schuld, lebendig und gesund zu sein, mehr spüren läßt als Kriegsopfer."[5] Diese Hierarchie der Werte führt direkt zur Literaturkritik an
Texten von Frauen. So schreibt Cyril Falls, Autor einer umfassenden Bibliographie von
Kriegsliteratur, über Willa Cathers Roman *One of Ours*, der den Pulitzer-Preis gewonnen
hat: „Die Kriegserzählung einer Frau scheint ein Widerspruch in sich zu sein." Genauso weist
er Edith Whartons Roman *A Son at the Front* zurück: „Eine weise Erzählerin schreibt keine
Geschichte über Schützengräben und Angriffe und ,wie man über die Klinge springt'."[6]

Schriftstellerinnen, die sich mit dem Krieg beschäftigten, wurden aus zwei Richtungen
angegriffen: entweder waren sie Pazifistinnen und daher unpatriotisch, oder sie waren patriotisch und daher ebenso unkünstlerisch wie selbstsüchtige Militaristen. Der Patriotismus
selbst wurde zu einer suspekten poetischen Haltung gemäß den Kritikern, die einen Kanon
von Kriegstexten geschaffen hatten, die sich um desillusionierte Schriftsteller wie Henri
Barbusse, Siegfried Sassoon und Wilfred Owen oder Erich Maria Remarque gruppierten.
Paul Fussell z. B. beschuldigt Schriftstellerinnen, daß es ihnen nicht gelingt, die notwendige ironische Perspektive einzunehmen.[7] Selbst Feministinnen wie Jean Bethke Elshtain

---

5 Hynes (1990): *A War Imagined*, S. 379.
6 Falls (1989): *War Books*, S. 282, 302.
7 Fussell (1988): *Thank God*, S. 137.

stimmen zu, daß Ironie „eine Stimme ist, die Schriftstellerinnen weitgehend fremd ist".[8] Dichter wie Wilfred Owen, E. E. Cummings und Siegfried Sassoon behaupten sogar, daß weiblicher nationalistischer Chauvinismus für den Tod von Männern in Schützengräben verantwortlich gewesen sei. Kurz gesagt, nationalistische Gefühle konnten durch die Taten eines Soldaten „Rückendeckung", wie Sassoon es nennt, erfahren, wurden aber durch die Passivität der Frau entleert. „Der Dichter, der sein Leben im Kampf gibt, hat ganz sicher das Privileg, [nationalistische] Verse zu schreiben." Aber, fragt der Kritiker, hat die zivile Leserin „genau das gleiche Recht, [ihre] Gedanken über den Krieg auf solche Gefühle zu beschränken?"[9] Eine Frau, die über den Krieg schreibt, begibt sich also auf ein Minenfeld. Dieses so aufgeladene Feld der Rezeption, denke ich, erklärt einige der Ambiguitäten und Strategien in der Selbstdarstellung weiblicher Minderheiten. Diese Ambiguitäten und subversiven Strategien sind in einem Stück von Alice Dunbar-Nelson deutlich, einer schwarzen amerikanischen Dichterin, Lehrerin, politischen Aktivistin und späteren Pazifistin.

Es mag vielleicht überraschen, daß Patriotismus für eine politisch aktive Minderheiten-Schriftstellerin wie Alice Dunbar-Nelson entscheidende Bedeutung haben soll. Aber Patriotismus ist genau der Fehler, den Gloria Hull, Verlegerin von Dunbar-Nelsons Stück *Mine Eyes Have Seen*, entdeckt hat. Es gibt sicher Evidenz für Dunbar-Nelsons patriotische Unterstützung des amerikanischen Einsatzes im Ersten Weltkrieg: 1918 reiste sie für das Frauen-Komitee des schwarzen Council For National Defence und gründete eine Ortsgruppe des Circle For Negro War Relief. Nach dem Krieg veröffentlichte sie einen Artikel über „The Negro Woman in War Work" in Emmett Scotts Geschichte des Ersten Weltkriegs, der die Verteilung von schwarzen Krankenschwestern, YWCA-Arbeiterinnen, Kantinen-Helferinnen und Reservearbeiterinnen beschreibt. Sie beschreibt den Wunsch der Frauen, ihrem Heimatland zu dienen, und ihre gemeinsamen Sorgen. Aber sie bemerkt auch, daß „Frauen der Negerrasse ein eigentümliches Problem dargestellt haben".[10] „Die Geschichte der farbigen Frau und des Roten Kreuzes ist insgesamt keine erfreuliche" (S. 377). „Farbige Frauen fühlten seit Beginn des Krieges ... scharf ihren Ausschluß aus dem Überseedienst" (S. 378).

Ein Blick auf Dunbar-Nelsons Gedicht „I Sit and Sew" kann uns auf die Ironie ihres Stücks vorbereiten. Sandra Gilbert und Susan Gubar verteidigen dieses Gedicht als Ausdruck pazifistischen Feminismus. Sie finden eine „spezifisch weibliche Frustration in den ‚verwüsteten Feldern‘ einer Welt im Krieg".[11] Aber gründlichere Lektüre stellt klar, daß Dunbar-Nelson nicht nur die „Verwüstung" des Krieges verdammt. Noch mehr beklagt sie, auf die „geringere", wenn nicht sogar „nutzlose" Aufgabe des Nähens abgestellt zu werden, und sie verlangt statt dessen, für die höhere Arbeit des Pflegens nach Europa zu reisen. Sie verlangt, Teil des nationalen Kriegsdienstes zu werden, in dem, was sie „diesen Holocaust der Hölle"[12] nennt. Es ist nicht einfach ihr Geschlecht, das sie aussperrt. Es ist vielmehr die

---

8   Elshtain (1987): *Women and War*, S. 214.
9   Williams (1945): *War Poets*, S. 15.
10 Dunbar-Nelson (1919): „The Negro Woman", S. 376.
11 Gilbert / Gubar (1985): *Norton Anthology*, S. 1336.
12 Dunbar-Nelson (1985): „I Sit and Sew", S. 1337.

offizielle Politik des Roten Kreuzes und des Kriegsministeriums, die „farbigen Kranken-schwestern" diesen Dienst vorenthält.

Als eine Frau von so heller Farbe, daß sie leicht als Weiße angesehen werden konnte, und als Bisexuelle war Dunbar-Nelson besonders am Phänomen des „Angesehen-werden-als" interessiert. In ihrem Aufsatz über Kriegsarbeit erzählt sie, daß „über 300 farbige Kran-kenschwestern auf den Schlachtfeldern waren, da ihre Gesichtsfarbe ihre rassische Identität versteckte".[13] Nur indem sie ihre Identität verneinten, konnten sie dem Ruf nach Kranken-schwestern folgen. Darauf zu bestehen, diesem Ruf patriotisch Folge zu leisten, führte schließlich zur Unterminierung der Rassenschranke und des Systems der Segregation, das das tägliche Leben der schwarzen Frauen bestimmte und „erdrückte". Es bedeutete die Ras-senordnung, auf der die Nation aufgebaut war, herauszufordern.

Dunbar-Nelsons Stück *Mine Eyes Have Seen*, das 1918 in der NAACP-Zeitung *The Crisis* (herausgegeben von W. E. B. Dubois) veröffentlicht worden ist, verfolgt eine ähnli-che Strategie der offenen Verteidigung des Patriotismus und der versteckten Katalogisie-rung der Instanzen rassischer Ungerechtigkeit. Dieses sehr kurze Stück beschreibt zwei Brü-der und ihre Schwester, die in einem heruntergekommenen Mietshaus leben, nachdem ihr Heim abgebrannt und ihr Vater gelyncht worden ist. Den älteren Bruder hat die Fabrikarbeit verkrüppelt; der jüngere Bruder, Chris, ist gerade einberufen worden. Das Stück besteht aus einer Debatte darüber, ob Chris in den Krieg ziehen soll oder nicht.

Chris weigert sich zunächst: seine Pflicht gehört der Familie und nicht „der Nation, die meines Vaters Mörder unbestraft gelassen hat", die aus seinem Bruder „ein Wrack von ei-nem Mann" gemacht hat und die, indem sie den Schwarzen den Zugang zu einer Ausbil-dung verweigert, aus Chris selbst „nur einen halben Mann" gemacht hat.[14] Inspiriert von sozialistischer Kriegskritik stellt Chris korrekt die Dummheit der Generäle heraus, die Sol-daten wie Karten in einem Spiel opfern. Er argumentiert, daß er – anders als der irische Nachbar – nicht für seine eigenen Leute kämpfen würde. „Was machen sie für *meine Leu-te*? Sie wollen uns nicht, außer im Notfall" (S. 244). Seine Freundin Julia stimmt zu: „Es ist nicht unser Streit. Was haben wir mit ihren Angelegenheiten zu tun? Diese *Weißen* hassen uns. Gerade heute bin ich verspottet worden, als ich beim Arbeitsdienst mithelfen wollte." Diese Argumente bezeichnen eine frühe schwarz-nationalistische Position, die beobachtet, daß Schwarzen ihr Recht verweigert worden ist, als Offizier zu dienen, in den gleichen Truppen wie Weiße zu dienen oder als Krankenschwestern ins Ausland zu gehen. Man er-laubte ihnen nicht, „ein Teil des Volkes zu sein". Sie verweisen auf die rassistische Zumu-tung einer schwarzen Haltung der Passivität in der Kriegszeit.

Besonders vielsagend ist, daß der *gelähmte* Bruder Dan antwortet: „Unsere Männer sind immer gegangen" – in die Revolution von 1776, in den Krieg von 1812, von 1861, von 1898, nach Carrizal. Chris antwortet, daß sie „als Sklaven" gegangen sind, „denen man eine Freiheit versprochen hat, die sie nie bekommen haben" (S. 245), ein Erbe, das sie nie

---

13 Dunbar-Nelson (1919): „The Negro Woman", S. 379.
14 Dunbar-Nelson (1988): *Mine Eyes*, S. 242.

angetreten haben. Der Punkt wird dann in Worte von Teddy Roosevelt gefaßt, einen Diskurs über Rechte und Pflichten, der „Bindestrich-Amerikaner" zurückweist und auf Einheit und Einheitlichkeit der Nation besteht.

Universalismus ist eine Seite dieses Rufs, dem „Krieg für Menschenrechte" beizutreten. Dan erinnert Chris daran, daß „Liebe zur Humanität über kleinlichen Überlegungen von Zeit, Ort, Rasse oder Glaubenszugehörigkeit steht" (S. 248). Ein solcher Universalismus erklärt vielleicht den Namen des Protagonisten Chris, der an den Christ aus *The Pilgrim's Progress* gemahnt. Die Verkrüppelten Europas und die verkrüppelten Schwarzen Amerikas sind „vom gleichen Blut".

Die andere Seite dieses Rufs ist die Verteidigung der Rasse, der niemals endende Kampf, wie der irische Nachbar sagt, „ihr Erbe zu erhalten". Unfähig, sich von seinem Sofa zu bewegen, wünscht Dan, er „könnte einer zweifelnden Welt nur zeigen, aus welchem Stoff *meine Leute* gemacht sind!" (S. 247). Seine Erfahrung als Schwarzer in Amerika macht ihn zugleich zu einem Kritiker nationaler Politik und zu einem schwarzen Nationalisten, dessen Patriotismus internationalistisch ist. Und ihre Schwester Lucy räumt ein: „*deine Rasse* ruft dich, um ihren guten Namen hochzuhalten" (S. 248). Für Lucy verbinden sich nahtlos *Familie, Land* und noch „darüber" *Rasse* zur Stimme der *Humanität*. Das Motiv Rasse „über" Nation zu plazieren und „*unser* Volk" über „*das* Volk", ist in der Tat eine feine Ironie.

Das Drama endet mit der Musik einer Band, die Julia Ward Howes 1863 komponierte *Battle Hymn of the Republic* spielt. Die naheliegende Analogie zwischen Bürgerkrieg und Weltkrieg ist zweischneidig. Inspiriert von den Worten dieses Marsches, der die Abschaffung der Sklaverei feiert, wird Chris zu einem Anhänger der Kriegsziele. „So wie Er starb, um die Menschen heilig zu machen, laßt uns sterben, um sie zu befreien!" (S. 249) Diese Bekehrung hat etwas Ironisches, denn das Erbe des Bürgerkriegs war *keineswegs* Freiheit und Gleichheit für die Schwarzen, wie Chris' Familiengeschichte persönlicher Tragödien bezeugt. Die Reihe amerikanischer Kriege, zu denen Schwarze ihren patriotischen Beitrag geleistet haben, hat eine bestimmte subversive Resonanz, denn sie zeigt, daß Rechte *nicht* einfach aus der Übernahme nationaler Verantwortungen entstehen. Dunbar-Nelson hat vielleicht auch gewußt, daß Howe in den Jahrzehnten nach dem Bürgerkrieg Pazifistin geworden ist. Tatsächlich beweist die Geschichte genau den Gegensatz der offiziellen Botschaft des Stücks. Das Stück endet in Schweigen; die Personen versammeln sich an einem Fenster, um hinaus in die Zukunft zu sehen. Diese symbolische Geste fragt, ob die Zukunft die gebrochenen Versprechen der Vergangenheit erfüllen kann.

Der Nationalismus und der Patriotismus des Stückes haben also die ironische Schärfe, die typisch ist für die Politik von W. E. B. Dubois' Zeitschrift *The Crisis*, in der es erschienen ist. Schriftsteller wie Dubois, Emmett Scott, Kelly Miller und Dunbar-Nelson fühlen eine gesteigerte Notwendigkeit, durch den Dienst die volle Staatsbürgerschaft zu erringen und Aufzeichnungen ihrer Leistungen zu bewahren. Schriftsteller wie Scott und Dunbar-Nelson sagen uns: „Eine schwarze Haut war während des Krieges ein Abzeichen des Patriotismus."[15] Aber das Abzeichen offizieller Anerkennung war schwer zu erhalten. Nur mit

---

15 Scott (1919): *Official History*, S. 411.

Schwierigkeiten eignen sie sich die Sprache des Patriotismus an, denn dieser Diskurs schlug in seinem Versuch, echte soziale Widersprüche und Unterdrückungen zu verbergen, offensichtlich fehl. Patriotismus ist ein „Abzeichen", das zwar die Opfer von Schwarzen in Kriegszeiten anerkennt, aber auch den politischen Tribut kennzeichnet, der dieser Hautfarbe abverlangt worden ist im Tausch für das illusorische Versprechen der Staatsbürgerschaft. Texte dieser Generation von Schriftstellern exponieren dementsprechend die diskursiven Brüche in dem patriotischen Ruf, „dem Volk" oder „der Nation" oder „dem Vaterland" zu dienen. Wenn ein Kelly Miller über das „Volk" schreibt, verschiebt sich die Blende der Linse von der Nation auf eine globale Gemeinschaft von Schwarzen: „Jetzt müssen wir notwendigerweise an den Neger als an ein internationales Problem denken ... an die großartigen Körper dunklerer Menschen überall in der Welt."[16] Hinter den Linien in Alice Dunbar-Nelsons Arbeit über den Weltkrieg hören wir die Stimme des Weberschiffchen. Ihr eigen ist ein zweideutiger Nationalismus, eine Stimme, die die Rassenschranke, die „das Volk" trennt, sowohl bestärkt als auch überspringt, ein Nationalismus, der ihr Volk ebenso innerhalb wie außerhalb der „Nation" ansiedelt.

Deutsche Übersetzung von Iris Junker

Literatur

BARTHES, ROLAND: „Myth Today", in, ders., *Mythologies*, New York 1972.

BHABHA, HOMI K.: „Introduction: Narrating the Nation", in: ders. (Hg.), *Nation and Narration*, New York 1990.

BUITENHUIS, PETER: *The Great War of Words 1914–1933*, Vancouver 1987.

DUNBAR-NELSON, ALICE: „The Negro Woman in War Work", in: *Official History of the American Negro in World War I*, hg. v. Emmett Scott, o. O. 1919.

DUNBAR-NELSON, ALICE: „I Sit and Sew" (1921), in: *The Norton Anthology of Women's Literature*, hg. v. Sandra Gilbert u. Susan Gubar, New York 1985.

DUNBAR-NELSON, ALICE: „Mine Eyes Have Seen", in: dies., *Works*, Bd. 1, hg. v. Gloria T. Hull, Oxford 1988.

ELSHTAIN, JEAN BETHKE: *Women and War*, New York 1987.

FALLS, CYRIL: *War Books: An Annotated Bibliography of Books about the Great War*, London 1989.

FUSSELL, PAUL: *Thank God for the Atomic Bomb and Other Essays*, New York 1988.

GILBERT, SANDRA / GUBAR, SUSAN (Hg.): *The Norton Anthology of Women's Literature*, New York 1985.

HYNES, SAM: *A War Imagined: The First World War and English Culture*, London 1990.

16 Miller (1919): *History of the World War*, S. 549.

MILLER, KELLY: *History of the World War for Human Rights: An intensely human and brilliant account of the World War and Why and for What Purpose American and the Allies are fighting and the Important Parts taken by the Negro*, Washington D.C. 1919.

PAGE, MELVIN: *Africa and the First World War*, Houndmills 1987.

SCOTT, EMMETT: *Official History of the American Negro in World War I*, o. O. 1919.

WILLIAMS, OSCAR (Hg.): *The War Poets: An Anthology of the War Poetry of the Twentieth Century*, New York 1945.

Norbert Jegelka

„Volksgemeinschaft"

Begriffskonturen in „Führer"ideologie, Recht und Erziehung (1933–1945)

> „Aus Begeisterung und Glaube erwuchs das Erlebnis: wir sind ein Volk!
> Volksgemeinschaft erstand aus dem Schwung aufgerüttelter Seelen"
>
> H.W. Ziegler [1]

1. Zur politischen Signifikanz des Begriffs

„Wir sind ein Volk!" Diese Parole des Jahres 1990 steht zu den Fiktionen des Gemeinschaftsgefühls, die im Sommer 1914 und seit dem Frühjahr 1933 stürmisch und hoffnungsfroh beschworen wurden, in einer untergründigen Beziehung. Sie sollte freilich jene Teilung überwinden helfen, die ihrer früheren Beschönigung des deutschen Weges in Krieg und Diktatur gefolgt war, auch war sie jetzt nicht mehr Losung der Herrschenden und ihrer Helfershelfer, sondern Signal des Aufbegehrens gegen steuernde Formierung. 1990 ist es die verlorene staatliche Einheit Deutschlands, die wiederhergestellt werden soll. Die gesuchte staatliche Einheit aber ist nicht Identität, die politische, soziale, kulturelle und wirtschaftliche Einigung nicht Restitution der „Volksgemeinschaft", wie sie in den „Ideen von 1914" und der verbreiteten „Aufbruchsstimmung" von 1933 gedeutet wurde. [2]

Der Begriff der „Volksgemeinschaft" ist zu Zeiten seiner Konjunktur an keinen festen Standort im politischen Spektrum gebunden gewesen, stets blieb er schillernd und vielschichtig, mitunter unberechenbare Leerformel und magischer Assoziationsimpuls zugleich. Entgegen einer weitverbreiteten Meinung findet sich dieser Begriff vor 1933 nicht nur im Sprachrepertoire national-völkischer Positionen, sondern auch im Arsenal sozialistischer oder katholischer Schlagworte der Politik. Sein gehäuftes Auftreten in Zeiten gesellschaftlicher Umbrüche macht ihn zu einem Indikator der Irritation und der Krise. [3] Seit dem Ersten Weltkrieg zu einem seismographischen Symbolträger der öffentlichen Deutungskultur aufgestiegen, hatte sich in ihm für viele die Forderung artikuliert, unentfremdete und unzersplitterte Gemeinschaft in einem einigen, konkreten und aktiven Subjekt zu erleben.

---

1 Ziegler (1935), S. 331. Vgl. u. Anm. 40ff.
2 Vgl. Plenge (1916); Lübbe (1974); Jasper (1986).
3 Dem Bücherverzeichnis des Börsenvereins der Buchhändler zu Leipzig zufolge tritt der Begriff „Volksgemeinschaft" in zwei Phasen der politischen Entwicklung verstärkt in Buchtiteln auf – unmittelbar nach dem Ende des Ersten Weltkriegs und in den Jahren zwischen 1931 und 1935.

Hermann Heller und Max Adler visionierten in den zwanziger Jahren den sozialistischen Zukunftsstaat als wahre Volksgemeinschaft[4], im Umkreis des religiösen Sozialismus und der frühen Sozialarbeit wurde sie als Gemeinschaft in echter Brüderlichkeit antizipiert. [5] Auch im Görlitzer Programm der SPD von 1921 ist „Volksgemeinschaft" positiv besetzte Metapher für Solidarität und Partizipation. Im NSDAP-Programm von 1920 ist der Begriff der „Volksgemeinschaft" noch nicht erwähnt. Wenn das Zentrum in Preußen Mitte der zwanziger Jahre das Projekt einer Regierung der „Volksgemeinschaft" vorschlug, so war damit wohl weniger sozialistische Solidarität als pragmatische Regierungsfähigkeit auf der Basis einer breiten Koalition der staatstragenden Parteien intendiert. [6]

Stärker als in den zuletzt genannten Kreisen kam der Begriff der „Volksgemeinschaft" im Verlauf der Weimarer Republik bei den Ideologen, Parteien und Gruppen der nationalen Rechten in Gebrauch. Für den Kulturpessimismus und die Protagonisten einer konservativen Revolution gehörte die Wiederherstellung einer durch Überfremdung und Verwestlichung, Schwäche und Niederlage destruierten Volksidentität zu den obersten Zielen. [7] Der aus der nationalistischen Weimarer Rechten hervorwachsende Nationalsozialismus nahm den Begriff während seiner „Kampfzeit" in das diffuse Konglomerat seiner Ideologie hinein und machte ihn zu einem Leitbegriff, der nicht Solidarität und Partizipation signalisierte, sondern Ausgrenzung, Hierarchie und Gewalt. Indessen gehörte der Begriff der „Volksgemeinschaft" nicht zu den unabdingbaren Kernelementen der NS-Ideologie. In vielfältige Kombinationen und Varianten zersplittert, entfaltete sich diese als ein Gemenge von Weltanschauungen, welches vorrangig von Antisemitismus, Antidemokratismus und Nationalismus geprägt war. Mit all diesen Positionen ließ sich die Forderung nach der „Volksgemeinschaft" verbinden, nur war diese Bindung weder notwendig noch in allen Varianten präsent. Die folgende Untersuchung geht von der Hypothese aus, daß der Begriff der „Volksgemeinschaft" nicht „im Zentrum" [8] der NS-Ideologie stand, doch auch nicht allein ihrer „Propaganda" [9] als Tünche der „Fassadenkunst" [10] diente. „Volksgemeinschaft" soll hier in verschiedenen Verwendungskontexten als ein nachrangiges Ideologieelement des Nationalsozialismus analysiert werden, das neben propagandistischen und herrschaftssichernden auch Zwecke der ideologischen Explikation und Abgrenzung erfüllte. Die weitläufig verwickelte Vorgeschichte des Begriffs „Volksgemeinschaft" wird in der vorliegenden Darstellung nur peripher berührt. Schließlich wird hier weder untersucht, was „Volksgemeinschaft" in Betrieb und Wirtschaft bedeutete, noch, welche Rolle der Begriff der Volksgemeinschaft im Bewußtsein derer gespielt haben mag, an die er adressiert war. Immerhin umscheint den Begriff noch in den rückblickenden Erinnerungen von Zeitgenossen so manches Mal eine lichte

4 Vgl. Heller (1971) und Adler (1971); Walter (1986); Jegelka (1992), S. 197ff. u. 213f.
5 Vgl. Siegmund-Schultze (1923).
6 Vgl. Hömig (1979).
7 Siehe Sontheimer (1992); v. Klemperer (1962); Mohler (1972).
8 Kratzenberg (1987), S. 29.
9 Dies hebt Broszat hervor: Broszat / Möller (1983), S. 53.
10 Peukert (1982), S. 221.

Aura freudiger Sehnsucht und Hoffnung. Insofern war „Volksgemeinschaft" in Deutschland nach 1933 nicht nur Erfolgsslogan der gelenkten (Täuschungs-)Propaganda, verführende Pathosformel und Beschwörungsparole des Führers oder Definitionsobjekt willfähriger Intellektueller, sondern auch gefühlsbetonte Sinnhülse für die innere Bewegung vieler Menschen. Daß diese affektive Bewegung kanalisiert und formiert wurde, tat ihr wenig Abbruch, bestätigte sie hingegen und schien sie zu verwirklichen. Jedenfalls hat sich jene „Volksgemeinschaft", die 1934 zu rund 90% dafür stimmte, daß der amtierende Reichskanzler auch Reichspräsident werden sollte, in großer Zahl und bis ans bittere Ende in Jugendgruppe und Soldatentruppe militarisieren und nicht nur bei Aufmärschen und Reichsparteitagen in jene kulthafte Gemeinschaftsinszenierung zwängen lassen, in der sich die Volksgemeinschafts- auffassung der nationalsozialistischen Diktatoren offen und klar gespiegelt hat. [11]

2. Volksgemeinschaftsbegriffe Adolf Hitlers

In der Terminologie Adolf Hitlers spielt der Begriff der Volksgemeinschaft eine weitaus geringere Rolle als Begriffe wie Rasse, Schicksal, Führer oder Diktatur. In den Reden Hitlers bis 1923 wird der Begriff „Volksgemeinschaft" nur selten gebraucht. Beinahe die Hälfte der frühen Nennungen macht eine eher formelhafte Verwendung aus, die das tatsächliche Bestehen einer Volksgemeinschaft konstatiert. In einen anderen Kontext setzt Hitler den Begriff, wenn er versucht, den Begriff als positiven Leitstern der Zukunft mit dem Namen seiner Partei zu verknüpfen. So spricht er von Volksgemeinschaft hier auch dann, wenn er Ziel und Weg der nationalsozialistischen Bewegung definiert. National und sozial werden in diesem Zusammenhang als identische Begriffe bezeichnet, in denen die Betonung des Volkswerts und die Betonung des Gemeinschaftswerts verklammert sein sollen. [12] Die „Volksgemeinschaft" der Zukunft sollte nach einer Rede Hitlers vom April 1922 so aufgebaut werden, „daß jeder einzelne für die Volksgemeinschaft handelt und demgemäß auch überzeugt sein muß von der Güte und der ehrlichen Redlichkeit dieser Volksgemeinschaft, um dafür sterben zu können". [13] Bereits in dieser frühen Verwendung des Begriffs „Volksgemeinschaft" ist das Individuum der Gemeinschaft untergeordnet, ihr gar sein Leben schuldig, nur lebensfähig und lebensberechtigt als widerspruchsfreies, gliedhaftes, eingeordnetes, geführtes Element, als zur Funktion verpflichtetes Objekt, als Mittel zum Gemeinschaftszweck.

In *Mein Kampf* und den späteren Reden und Stellungnahmen Adolf Hitlers wird diese Tendenz erhärtet und erweitert. „Volksgemeinschaft" ist hier ebenso gereinigte, homogenisierte und hierarchisierte Gesellschaft wie gereinigte Rasse. In ihr sind Vielfalt und Vermischung, Diversität und Diffusion der Interessen, Eigenheit und Eigenrecht, Freiheit und In-

---

11 Vgl. Reichel (1991).
12 Vgl. Hitler (1980), S. 621. Zum Volksgemeinschaftsbegriff Hitlers vgl. auch Jäckel (1981), Grieswelle (1972) und Zitelmann (1987 u. 1990).
13 Hitler (1980), S. 621.

dividualität negiert. Gerade dies aber wird propagandistisch als ihr besonderer Wert vermarktet – „Volksgemeinschaft" ist Etikett und Verkaufsparole für eine (zwangs-)befriedete und arbeitsame Genossenschaft der Volksgenossen; in ihr, so die Verheißung, ist der Bürgerkrieg beendet, der innere Feind besiegt.

Hitler zählte zu den Feinden im Innern neben dem Judentum auch politische Parteien und wirtschaftliche Interessenvertretungen, denen er vorhielt, sie betrieben die Zerstörung des Staates, die Zersetzung der Volksgemeinschaft und die Eskalation des Klassenkampfes. Während Hitler seinen Kampf gegen das Judentum mit der Mobilisierung der Urkräfte von Volk und Rasse instrumentierte, richtete er gegen die Kontrahenten des Klassenkampfes vielfach die beschriebene Parole der „Volksgemeinschaft". Wenn Hitler vom Verhältnis Arbeiter–Unternehmer spricht, verwendet er den Begriff der „Volksgemeinschaft" als spezifische Chiffre für ein gereinigtes und geeinigtes Verhältnis beider Pole, für die Beendigung ihres Kampfes und die Integration beider Sonderinteressen als wirtschaftlichen Ständen in ein neues Ganzes. Als Makler und Anwalt über diesem Ganzen verstand Hitler sich selbst, als Führer zur Volksgemeinschaft, als Planer und Architekt ihrer geschichtlichen Verwirklichung.

Nach 1933 erwies sich, daß Hitler die Machtergreifung und die mit ihr einhergehende Repression nur als einen ersten Schritt zur endgültigen Realisierung der Volksgemeinschaft verstand. Neben zahlreichen propagandistischen Hymnen auf die erreichte Gemeinschaft und Einheit behauptet sich in seinen Reden nach der Machtergreifung zugleich die These, daß die „Volksgemeinschaft" nicht zu schaffen sei bloß „durch den Zwang der Gewalt", „sondern durch die zwingende Gewalt einer Idee und damit durch die Anstrengungen einer andauernden Erziehung". [14]

Erziehung zur Volksgemeinschaft hieß für Adolf Hitler innere Umstellung des Menschen, Ausrichtung „auf den sozialistischen Sinn der Verpflichtung der Gemeinschaft gegenüber", Erziehung des deutschen Volkes „zu wirklichen Nationalsozialisten" gemäß der Parole: „Du bist nur ein Diener an Deinem Volke! Du bist allein nichts, nur in der Gesamtheit bist Du alles, nur in einer Front bist Du die Macht!" [15] Die planmäßige Erziehung der Deutschen durch die nationalsozialistische Bewegung und die Gewalt ihrer Idee führe zu einer Gemeinschaft, in der Beruf, Herkunft und Stand ihre traditionelle Bedeutung verlieren sollten. Die Jugend sollte weniger den Intellekt als Willen und Kraft ausbilden, sie sollte die Überlegenheit des eigenen Volkes erkennen, Rassesinn und Rassegefühl entwickeln, Tüchtigkeit und Leistung zeigen sowie die Notwendigkeit „verzichtfreudiger Opferbereitschaft" [16] verinnerlichen. Hitlers Begriff der Volksgemeinschaft zielt demnach auf einen autoritären Gesellschaftstypus, in dem das Individuum zur Funktion degradiert ist, in dem die gesellschaftliche Auseinandersetzung durch eine monopolisierte Macht stillgestellt und in dem schließlich die Weltanschauung der siegreichen Konfliktpartei zum Erziehungsziel und Verhaltenskodex aller Glieder der Gemeinschaft wird.

14 Zit. n. Zitelmann (1987), S. 186.
15 Zit. n. Zitelmann (1987), S. 187f.
16 Hitler (1932), S. 470.

3. Volksgemeinschaft und Recht

Der emigrierte deutsche Politikwissenschaftler Otto Kirchheimer bezeichnete 1941 in einer Analyse der nationalsozialistischen Rechtsordnung Recht und Rechtspraxis im zeitgenössischen Deutschland als ein zu einem „System der technischen Rationalität" degeneriertes „Instrument erbarmungsloser Herrschaft und Unterdrückung". [17]

Auch der Begriff der „Volksgemeinschaft" zählte zu den Bestandteilen dieses Instruments. In Recht und Rechtspraxis spielte er nach 1933 eine zentrale Rolle als Bezeichnung für ein unhinterfragbares, vorgeblich von allen gewolltes Ganzes, welches dem Menschen Pflichten auferlegte und Ausgrenzungen legitimierte. Außerhalb der „Volksgemeinschaft" als der „völkischen" Gemeinschaft standen nach NS-Verständnis einzelne „Kriminelle" und „Asoziale" ebenso wie „Erbkranke" oder Angehörige ganzer Volksgruppen, die wegen ihrer sogenannten „völkischen Ungleichheit" aus der Monokultur der behaupteten „Volksgemeinschaft" ausgestoßen und vom Staat diskriminiert, verfolgt oder ermordet wurden. [18] Die Verwendung des Begriffs der „Volksgemeinschaft" im Recht orientiert sich in der Hauptsache an Reden und Stellungnahmen des „Führers"; Rechtswissenschaft und Staatslehre haben einen ähnlichen Definitionsstatus nach 1933 nie erreicht.

Rechtswissenschaft und Staatslehre waren indes schon während der Weimarer Republik zu einem erheblichen Teil antipluralistisch und antidemokratisch eingestellt gewesen. Von Beginn der Republik an wurde in ihnen für den autoritären Staat und gegen den „Formalismus" der individualistischen und relativistischen Staatslehre sowie gegen die Idee einer sozialen Demokratie gefochten, wie Heller, Radbruch oder Kelsen sie vertraten. Rechtswissenschaft und Staatslehre konnten demnach an konservativ-nationalistische und antiindividualistisch-autoritäre Vorarbeiten – etwa von Carl Schmitt oder Otto Koellreutter – anknüpfen, als sie nach 1933 Recht und Staat in Hinblick auf die neuen Machthaber definierten. Sie unternahmen dabei auch den Versuch, dem Begriff der Volksgemeinschaft eine rechtliche Qualität zu geben und ihn als festen Terminus der neuen Staatslehre zu verwurzeln. Dies sei an zwei Beispielen näher untersucht – an Franz Wilhelm Jerusalems Werk *Der Staat* und an Günther Küchenhoffs Theorie über die innere Verbindung von „Volksgemeinschaft und Reich".

Küchenhoff, Mitherausgeber des *Handwörterbuchs der Rechtswissenschaft*, gelangt in seiner Untersuchung des Gemeinschaftsgedankens über die (konstruierten) Stationen des germanischen Volksstaats (mit Gauen, Sippen, Dorfgemeinden), des fränkischen Gefolgschaftsstaats und des spätmittelalterlichen Lehnsstaats zum individualistischen Staat der Moderne, der als liberaler Staat seine Existenz zwar von den Individuen und ihrem Gesellschaftsvertrag ableite, doch statt gemeinsamer Grundwerte nur die Herrschaft der Zahl verfolge und daher die Gemeinschaft letztlich zerstöre.

---

17 Kirchheimer (1972), S. 142. Vgl. auch Stolleis (1972, 1974 u. 1984).
18 Vgl. Kogon (1974); Majer (1981); Blasius (1990).

Dieser Zerstörung bot nach Küchenhoff die nationalsozialistische Bewegung Einhalt, die aus dem Kriegs- und Kameradschaftserlebnis der Frontgeneration und aus dem Dienst im Staat ein neues Gemeinschaftserlebnis zur Wirkung bringe, gar ein neues Volk schaffe. Die „Grundtatsachen des Lebens" [19], nicht Theorien bilden den vorgeblichen Referenzgrund dieser Auffassung, nach der das Volk als Gemeinschaft aus „Blut und Boden, Rasse und Schicksal" [20] erwächst. Volksgemeinschaft, so heißt es hier, „ist der lebendige, auf blutmäßiger Verbundenheit seiner Glieder beruhende Organismus eines Volks". [21]

In diesem Sinne sei Volksgemeinschaft ebenso Rechtsgemeinschaft und Rechtswert wie in ihrer Verkörperung durch die NSDAP oder das Reich. „Volksgemeinschaft", postuliert Küchenhoff 1937, ist „mit dem ihr entsprechenden Führertum der Zentralbegriff unseres Lebens und daher auch des Rechts". [22] Der „oberste Rechtsgrundsatz" der über allen Partikularinteressen stehenden Institution „Volksgemeinschaft" laute: „Gemeinnutz geht vor Eigennutz". [23]

In der Staatslehre Franz Wilhelm Jerusalems werden die obersten Leit- und Rechtssätze des Staates der „Volksgemeinschaft" nicht material definiert. Zwar hatte Jerusalem 1930 prophezeit, daß das Zeitalter des Individualismus zu Ende gehe und das deutsche Volk seine Erneuerung nur im Prinzip der Gemeinschaft finden könne. [24] Gemeinschaft sei aber, so bekräftigte Jerusalem in seiner Staatslehre von 1935 in offenem Widerspruch gegen Adolf Hitler, keine biologisch begründete Tatsache, sondern nur Gemeinschaft des Geistes. [25] Den neuen Staat kennzeichnete er als Organisation frei versammelter Personen, als willentlich um einen Führer geeinte Gemeinschaft. Zudem sei die Funktion des Führers durch die Inhalte des Geistes eines Volkes und durch den konkreten Geist der Rechtsgemeinschaft begrenzt. Explizit weist Jerusalem das Konzept eines totalen Staates zurück. Mit seiner Parteinahme für die ständische Gesellschaft beschränkt er zugleich die Funktion des Staates auf Wehr-, Justiz- und Polizeifunktion. Während das Konzept von Küchenhoff die Identität von Volksgemeinschaft, Staat, NSDAP und Führer behauptete, behält Jerusalem eine Scheidung aufrecht, welche die „Volksgemeinschaft" vor dem Staat und seinen Machthabern zu schützen sucht.

19 Küchenhoff (1937), S. 783.
20 Ebd.
21 Ebd., S. 787.
22 Ebd., S. 784.
23 Ebd., S. 786.
24 Vgl. Jerusalem (1930), S. 5ff. u. 37ff. Langjähriger Mitarbeiter Jerusalems war R. Höhn, der ab 1933 zu den radikalsten Verfechtern einer wiss. „Volksgemeinschafts"-Konzeption zählte; vgl. Höhn (1934/35).
25 Vgl. Jerusalem (1935), S. 297ff.

4. „Erziehung zur Volksgemeinschaft"

Die führenden Repräsentanten der NS-Bewegung verheimlichten weder vor noch nach 1933, daß sie die Macht über das Erziehungswesen gewinnen und dazu nutzen wollten, Fühlen und Denken der ihnen Unterworfenen zu steuern. Reichsinnenminister Frick proklamierte im Mai 1933 mit Blick auf die Schulerziehung: „Die nationale Revolution gibt der deutschen Schule und ihrer Erziehungsaufgabe ein neues Gesetz: Die deutsche Schule hat den politischen Menschen zu bilden, der in allem Denken und Handeln dienend und opfernd in seinem Volke wurzelt und der Geschichte und dem Schicksal seines Staates ganz und unabtrennbar zu innerst verbunden ist."[26] Die so begründete Indienstnahme der Jugend diente der Stabilisierung des NS-Regimes, sie degradierte die Erziehung zur „Herrschaftstechnik"[27], verwarf die Autonomie der pädagogischen Wissenschaft und opferte das Wohl des Kindes der „Un-Pädagogik"[28] unter dem Banner der Gewalt. Zur gleichen Zeit in manchen Strukturen und Organisationsformen sektoral durchaus differenziert und modernisiert,[29] trug die Erziehungspraxis seit 1933 den Machtansprüchen der neuen Herrscher vielfach (wenngleich nicht völlig) Rechnung. Die rational-kritische Bildung wurde reduziert, die Leibeserziehung ausgeweitet und der Unterricht auf die Einübung in Stereotype orientiert. Die Verachtung des Fremden, die Überhöhung des Deutschtums und die Archaik der Geschlechterrollen von Kriegern und Müttern wurden im Unterricht eingeübt; auch in der außerschulischen Bildung wurden Leistung, Kameradschaft, Charakter, Ordnung, Heimat, Volk und Führer als zentrale Werte verordnet. Fächer wie Deutsch und Geschichte dienten der Vergegenwärtigung dessen, was als arisch-germanische Tradition kolportiert wurde, das Fach Biologie half, den nationalsozialistischen Rassestandpunkt zu untermauern.[30]

In der wissenschaftlichen Pädagogik gewann 1933 diejenige Fraktion sehr rasch die Meinungsführerschaft, die sich der Erziehungsdiktatur verschrieb. Pädagogen wie Alfred Baeumler lag nichts an einer Autonomie der Pädagogik, sie forcierten im Gegenteil ihre Unterwerfung unter das Diktat der Politik. Baeumler propagierte eine lebens- und rassekundliche Erziehungswissenschaft, die der Formung eines Typus in jedem einzelnen die Grundlage liefern sollte; wie er orientierte beispielsweise auch K. F. Sturm die Erziehung auf die völkische Idee, welche die Substanz der naturhaft geschichtlichen Wirklichkeit der „Volksgemeinschaft" wiederherstelle.[31] Soweit sie nicht verboten wurden oder einen betont politikfernen Gestus an den Tag legten, spiegelten die wissenschaftlichen Publikationen und Zeitschriften der Pädagogen den Schwenk zur Macht zumeist ohne großen Verzug.

---

26 Frick (1933), S. 45. Zur Entwicklung von wiss. Pädagogik, Erziehung und Unterricht nach 1933 vgl. Langewiesche/Tenorth (1989) und Harten (1993).
27 Oelkers (1991), S. 41.
28 Vgl. Blankertz (1982), S. 272ff.
29 Vgl. Sonnenberger (1991), Mommsen (1990).
30 Vgl. Dithmar (1989).
31 Vgl. Sturm (1938), Baeumler (1942 u. 1937).

So mancher Aufsatz in den pädagogischen Zeitschriften huldigte ab 1933 nicht nur plakativ dem neuen Ungeist, der sich in Titeln ausdrückte wie „Der deutsche Lehrer und Erzieher als pädagogischer Offizier" oder „Auslese und Ausmerze in der Schule". [32] Die Anzahl derartiger Veröffentlichungen seit 1933 ist immens, in ihnen manifestiert sich anschaulich jene vielgerühmte „Wiederherstellung des Primats der Politik" [33], welche den „Durchbruch des Nationalsozialismus in der Pädagogik" [34] auf Dauer sichern sollte.

Mit der blickverengenden Orientierung auf Rasse, Ausmerze und weltanschaulichen Propagandismus verfolgte die nationalsozialistisch politisierte Pädagogik einen Weg, der ihr schon vor 1933 von Ernst Krieck und Hans Freyer gewiesen worden war. Die „Revolution von rechts" gutheißend, hielt Freyer den Pädagogen schon vor 1933 vor, sie klebten an einem anachronistischen und unrealistischen, nämlich dem bürgerlich-humanistischen Bildungsideal. 1934 bekräftigte er das Recht des zeitgenössischen Staates, den Menschen „ohne Grenzen" [35] und ohne Rücksicht auf den Humanismus zu formen, die Pädagogik reduzierte er zugleich auf die Aufgabe, die Menschen in den Staat hineinzuziehen. Offen unterwirft Freyer die Pädagogik den Zielen des nationalen Sozialismus, der es unternehme, die bereits von der überkommenen Volksbildung beklagte industriegesellschaftliche Zerreißung der „natürlichen Gemeinschaftsbindungen" im nivellierenden Chaos der modernen Welt zu überwinden zugunsten einer „organischen Einheit des Menschenlebens" und der „geschichtlichen Einheit des Volkslebens" [36], der sinnvollen Ganzheit der Volksgemeinschaft.

Auch Ernst Krieck, der zeitweise als bedeutendster NS-Pädagoge galt, interpretierte die „Volksgemeinschaft" als Richtpunkt des totalen Erziehungsanspruchs. Ihm ist das Volk die „natürlich-geschichtliche Verwirklichung von Gemeinschaft" [37], die sich durch Rasse gestaltet und im Typus individualisiert. „Volksgemeinschaft" kennzeichnete er 1925 in seiner *Philosophie der Erziehung* als Kultur-, Sprach- und Geschichtsgemeinschaft, Rechts- und Staatsgemeinschaft, Gesinnungs-, Ziel- und Charaktergemeinschaft auf rassisch-blutmäßiger Grundlage. [38] 1939 schrieb er: „Das Reich der Großdeutschen Volksgemeinschaft, die sich in der Weltentscheidung von 1939 so großartig schon bewährt hat, ist die Front derer, die gleichen Blutes und gleicher Art, gleicher Geschichte und gleichen Schicksals, gleichen Berufes an sich selbst und an der Menschheit sind." [39]

Wenngleich Krieck den Rassegesichtspunkt stärker betont als Freyer, der den politischen Akzent der Volksgemeinschaft ihrer rassischen Materialität voraussetzt, stimmt er mit ihm

32 Vgl. Eydt (1939), Pein (1940).
33 Weinstock (1934), S. 365.
34 Giese (1937), S. 388. Ein Beispiel für eine Gegentendenz in der Pädagogik bietet u. a. Flitner (1935), dort wird der Begriff der „Volksgemeinschaft" ebenso positiv aufgenommen wie kritisch interpretiert.
35 Freyer (1934), S. 12.
36 Ebd., S. 3. Die angef. Zitate münzt Freyer auf die Volksbildungsbewegung, doch ist die geäußerte Kritik an der Industriegesellschaft im Kern auch die seine. Freyers Kritik der Volksbildungsbewegung zielt auf ihre machttechnische Distanz, ihren Mangel an Zynismus und technischer Gewaltphantasie.
37 Krieck (1938), S. 200.
38 Vgl. Krieck (1925), S. 36 u. 89.
39 Krieck (1940), S. 163.

doch grundsätzlich darin überein, im Anspruch der Diktatur, den industriegesellschaftlichen und politischen Partikularismus der Moderne gewaltsam zu überwinden, die Heimkehr der zersplitterten und entfremdeten „Volksgemeinschaft" zu sich selber erkennen zu wollen. In dieser Blickweise verdichtet sich die konservative Kritik an der modernen Kultur in einen Mythos, der nicht nur romantisch und metaphysisch aufgeladen ist, sondern zugleich Inkarnation technischer Interessen, welche die „Volksgemeinschaft" nicht wachsen lassen, sondern zurechtschneiden wollen.

Dies zeigt sich im instrumentellen Ansatz der Pädagogik bei Freyer wie bei Krieck; er war für die Pädagogik, die sich der Diktatur verschrieb, weithin konstitutiv. Der in ihr radikalisierte Typus einer technisch bewaffneten pädagogischen Allmachtsphantasie, welche planend aufs Ganze geht, um mit bedachter Gewalt Fremdes auszuschalten und Nichtentfremdung historisch zu verwirklichen, endet letztlich mit der völligen Preisgabe nicht nur der Autonomie der Pädagogik, sondern auch der Auslieferung der ihr anvertrauten Menschen an die Willkür der Machthaber. „Volksgemeinschaft" heißt für diesen Typus Züchtung, Manipulation und Indoktrination, Unterjochung, Formierung und artifizielle Konstruktion. Exemplarisch ablesen läßt sich dies an jenem Heft der *Süddeutschen Monatshefte*, das im März 1935 unter dem Titel „Erziehung zur Volksgemeinschaft" erschien.

Die Erziehung in der Hitlerjugend und im Arbeitsdienst wird in diesem Heft vorbildhaft herausgestellt, die „Erziehung zur Volksgemeinschaft" wird als wichtigste Aufgabe des nationalsozialistischen Deutschen Reiches definiert. [40] Als Leitbilder werden männliches Frontsoldatentum und Kampfverband, Wehrhaftigkeit und Leistung propagiert, als Verfahrensweg erscheint die „Umerziehung". [41] „Der totale Sieg der Bewegung" wird als „totaler Erziehungssieg" [42] gedeutet. Als der „unausgesetzte Reinigungs- und Läuterungsvorgang der völkischen Gemeinschaft" ist Erziehung hier nur noch „Auslese nach oben, Ausmerze nach unten", doch gleichzeitig überhöht als Zurichtung, formende Prägung, „gestaltende Tätigkeit in dem Urstoff Volk", [43] geplante, technisierte Herstellung der „Volksgemeinschaft". „Der soziale Ort" aber, so heißt es hier, der „soziale Ort, der völkische Geburtsort der neuen deutschen Erziehung ist das Lager – auch dann, wenn es sich nicht um Lagereinrichtungen im engeren Sinne handelt". [44]

40 Vgl. Ziegler (1935), S. 331.
41 Dietrich (1935), S. 350. Auf die Bedeutung des Lagers für die „Formationserziehung" (Baeumler; vgl. Scholtz, S. 12) unter dem „Primat der Umerziehung" (Scholtz, S. 74) verweist Scholtz (1985), insbes. S. 9, 12, 47, 73f. Zur Entwicklung der Zwecksetzung und Metaphorik des Lagers (abgesehen von der Funktion des Konzentrationslagers; vgl. dazu Broszat [1967] u. Kogon [1974]) und zur Überwältigung der Jugendbewegung durch den Nationalsozialismus siehe neben Scholtz, S. 73, auch Kater (1977).
42 Dietrich (1935), S. 352.
43 Ebd.
44 Ebd., S. 353. Die zentralen Umerziehungsprinzipien lauten für Dietrich Gehorchen und Befehlen, Dienst, Führertum und Leistung.

5. Fazit

Dem Begriff der „Volksgemeinschaft" kam zwischen 1933 und 1945 nicht nur in der gesteuerten NS-Propaganda Bedeutung als Mittel zur emotionalen Beeinflussung des Massenbewußtseins und zur Verschleierung der politisch-wirtschaftlichen Machtstruktur zu. Innerhalb der nationalsozialistischen Ideologie spielte der Begriff ebenso eine Rolle wie in den systematischen Versuchen von Wissenschaftlern, Ideologie und Herrschaft des Nationalsozialismus zu legitimieren und zur Grundlage der Wissenschaft zu erheben.

Seit dem Beginn des 20. Jahrhunderts war die „schon seit der Reichsgründung mangelnde Definition der deutschen Nation"[45] in Krieg und Niederlage, Revolution, Republik und Wirtschaftskrise von vielen verschärft als Defizit und extremes Deutungsbedürfnis empfunden worden. Die Weimarer Republik wurde ihrer „komplexen und relativ heterogenen sozialen und kulturellen Konflikte" schließlich nicht Herr und unterlag ihrer „Koinzidenz".[46] In der Tiefe der Hoffnungslosigkeit vermochten nicht die Fürsprecher der Republik ihre Botschaft zu verwurzeln, sondern die Propagandisten des aggressiven Nationalismus und der Gewaltpolitik, deren Rezepte Heilung durch fundamentale Taterlösung versprachen. Sie nahmen das angstgeborene Bedürfnis nach Sicherheit und Zukunft auf, um es für ihre Machtinteressen zu instrumentalisieren und zu inszenieren. Der emotionalen Suchbewegung stiftete ihre politische Kalkulation Identitätsformeln wie „Volk" und „Volksgemeinschaft" als spezifisch gefärbte Symbolangebote und Projektionsflächen zugleich. Die „visionäre Heilsbotschaft"[47] dieser Chiffren kultivierte die suchende Sehnsucht, bebilderte sie in anachronistischer Perspektive und diente so ihrer Lenkung und „Festigung".[48] Mehr noch als mit dem Begriff „Volk" wurde dabei mit dem Begriff der „Volksgemeinschaft" die rudimentäre Vorstellung einer inneren Neuordnung transportiert; neben Einheit und Reinheit verspricht dieser Begriff hier operative Konfliktreduktion, Hierarchie und emotionalen Einklang, verspricht er in seiner rechtsradikal-aggressiven Variante die Herstellung eines gesäuberten, homogenisierten und gestärkten kollektiven Selbst.

An Hitlers Volksgemeinschaftsbegriff wird dies ebenso deutlich wie an den beschriebenen Systematisierungsversuchen in Recht und Erziehung. In den letztgenannten Versuchen wurde der Begriff der gesäuberten und gesonderten, gesteuerten und hierarchisierten Zwangsgemeinschaft „Volk" zur Leitformel für die Unterwerfung unter die zeitgenössische Politik. Das Beispiel F. W. Jerusalems steht stellvertretend für begrenzt abweichende Gegenentwürfe, es kennzeichnet Spielräume innerwissenschaftlicher Kritik. Auch wo derartige Kritik nicht so offen geäußert wurde, konnte sie wirken; auch ihr dürfte zuzurechnen sein, daß es den Vorkämpfern der NS-Rechtslehre zuletzt nicht gelang, die Begriffe des

---

45 Lepsius (1966), S. 39.
46 Ebd., S. 40.
47 Grieswelle (1972), S. 146.
48 Heuß (1932), S. 31. Dort wird unter dem Titel „Volk und Rasse" die Bedeutung derartiger Metaphern „für die Festigung des politischen Gefühls" analysiert.

Individuums und der juristischen Person Staat zu löschen und durch das Konstrukt der formierten „Volksgemeinschaft" zu ersetzen. Freilich darf hierbei nicht übersehen werden, daß die Auseinandersetzung um diese Fragen mit der Konsolidierung des nationalsozialistischen Machtapparates und dem Beginn des Zweiten Weltkriegs an Bedeutung und Schärfe verlor. [49] In der Pädagogik verhielt es sich nach 1933 mit der Auseinandersetzung um die Überwindung des Individualstandpunkts insofern anders, als in ihr weniger langwierig über die Substituierung herkömmlicher Kategorien durch den Begriff der „Volksgemeinschaft" debattiert wurde. Diese wurde radikal vollzogen, „Volksgemeinschaft" zu einem pädagogischen Paradigma, das den Gesellschafts- und Herrschaftstyp der Zeit legitimierte und der Formierung Maß gab. Die Umerziehung zur „Volksgemeinschaft" war Bestandteil eines tiefgreifenden Versuchs zur „Transformation der menschlichen Natur" (H. Arendt), sie degradierte die individuellen Ansprüche auf Autonomie und verkürzte die Pädagogik zur herrschaftsstabilisierenden Sozialtechnik und zu einem Werkzeug der Gewalt.

Die Niederlage von 1945 zersprengte die Fiktion der Kraft und Größe des Nationalsozialismus und des von ihm beherrschten Staates. Auch die Fiktion der „Volksgemeinschaft" ging zu Bruch. Aus Angst und Krise geboren, war sie eine der verheißungsvollen Heilsmetaphern der Aufbruchseuphorie von 1933 geworden, Leitbegriff neuer Hoffnung, doch auch Verbrämung des Zwangs und Durchhalteparole. Auf den Verschleiß der „Volksgemeinschaft" im totalen Krieg folgte die vollständige Niederwerfung, die Not des Neuaufbaus. Aus ihr entwickelte sich unmittelbar nach dem Krieg kein neuer Nationalismus, der gelingende Neuaufbau lenkte die Kräfte nach innen und band sie dort. Die Frage nach der nationalen Identität konnte offen bleiben, steigender Wohlstand und Individualisierung entlasteten vor allem im Westen das mit ihr verbundene Deutungsdefizit. An die Stelle des Volkes trat dort die Gesellschaft, an die Stelle der politischen Romantik die antiexperimentelle Pragmatik, an die Stelle der in eine Integrationsideologie projizierten Formationssehnsucht die privatistische Konsumlust in der Massen- und Erlebnisgesellschaft. Einheit der Nation und Solidarität der gesellschaftlichen Interessen wurden zu neuen, sich gleichwohl auszehrenden Metaphern des Gemeinschaftswillens – nach der Erringung der staatlichen Einheit die soziale Einheit und die Solidarität zwischen West- und Ostdeutschland. Als Forderung spiegeln auch sie Leidenserfahrung, Entwurzelung, zerfallende Perspektive. Ob sie durch aggressivere, erneut wertabsolutistische Formeln ersetzt werden, hängt nicht zuletzt davon ab, wie Gesellschaft und Staat der Not begegnen und mit rechtlicher Gleichstellung und kultureller Annäherung auch die wirtschaftliche und soziale Konsolidierung verbinden. Wird die Steigerung und „Koinzidenz" der Konflikte nicht aktiv verhindert, kann die bisher nur randständige Radikalisierung, die ihre Bereitschaft zur Gewalt erneut mit regressiven Projektions- und Identitätsmetaphern verschleiert, auch jene in den Bann schlagen, die ihr jetzt noch distanziert gegenüberstehen, doch Grund zu spüren glauben, dem international verflochtenen Staat der demokratisch verfaßten Massen- und Multikultur zumindest zu mißtrauen. Würde die radikale Gewaltbereitschaft, die auch in der Sehnsucht mancher Intellek-

---

49 Vgl. Stolleis (1972), S. 32ff.

tueller nach neuen Stahlgewittern Zuspruch findet, weiterhin an Boden gewinnen, geriete auch die Einheit in Gefahr, aus der Helle der 1989/90 aufscheinenden Ideen von 1789 und 1848 in jene eingangs bezeichnete emotionale Kontinuität zurückzugleiten, die schon in den „Ideen von 1914" und im „Aufbruch" von 1933 den abschüssigen Weg ins dunkle wies.

Literatur

ADLER, MAX: „Staat, Nation und Sozialdemokratie", in: Heller, Hermann: *Gesammelte Schriften*, Bd. 1, Leiden 1971, S. 542ff.

BAEUMLER, ALFRED: *Politik und Erziehung*, Berlin 1937.

BAEUMLER, ALFRED: *Bildung und Gemeinschaft*, Berlin 1942.

BLANKERTZ, HERWIG: *Die Geschichte der Pädagogik von der Aufklärung bis zur Gegenwart*, Wetzlar 1982.

BLASIUS, DIRK: „Das Ende der Humanität. Psychiatrie und Krankenmord in der NS-Zeit", in: *Der historische Ort des Nationalsozialismus*, hg. v. Walter H. Pehle, Frankfurt/M. 1990, S. 47–70.

BROSZAT, MARTIN: „Nationalsozialistische Konzentrationslager 1933–1945", in: ders. u. a., *Anatomie des SS-Staates*, Bd. 2, München 1967, S. 9–133.

BROSZAT, MARTIN / MÖLLER, HORST: *Das Dritte Reich*, München 1983.

DIETRICH, ALBERT: „Volksgemeinschaft und Erziehung", in: *Süddeutsche Monatshefte* 32 (1935), S. 347–54.

DITHMAR, REINHARD (Hg.): *Schule und Unterricht im Dritten Reich*, Neuwied 1989.

EYDT, ALFRED: „Auslese und Ausmerze in der Schule", in: *Nationalsozialistisches Bildungswesen* 4 (1939), S. 94–114.

FLITNER, WILHELM: „Volksgemeinschaft und Vielzahl der Schulungswege", in: *Die Erziehung* 10 (1935), S. 69–71.

FREYER, HANS: „Von der Volksbildung zur politischen Schulung", in: *Die Erziehung* 9 (1934), S. 1–12.

FRICK, WILHELM: „Rede auf der Länderkultusministerkonferenz am 9. 5. 1933", zit. nach: *Jahrbuch des öffentlichen Rechts der Gegenwart* 22 (1933), S. 339.

GIESE, GERHARD: „Politische Pädagogik und Staatswissenschaft", in: *Zeitschrift für die gesamte Staatswissenschaft* 97 (1937), S. 389–448.

GRIESWELLE, DETLEV: *Propaganda der Friedlosigkeit*, Stuttgart 1972.

HARTEN, HANS-CHRISTIAN: „Rasse und Erziehung", in: *Zeitschrift für Pädagogik* 39 (1993), S. 111–134.

HELLER, HERMANN: *Gesammelte Schriften*, Bd. 1, Leiden 1971.

HEUSS, THEODOR: *Hitlers Weg*, Stuttgart 1932.

HITLER, ADOLF: *Mein Kampf*, 13. Aufl. München 1932.

HITLER, ADOLF: *Sämtliche Aufzeichnungen 1905–1924*, hg. v. Eberhard Jäckel zus. m. Axel Kuhn, Stuttgart 1980.

HÖHN, REINHARD: „Volksgemeinschaft und Wissenschaft", in: *Süddeutsche Monatshefte* 32 (1934/35), S. 2–7.

HÖMIG, HERBERT: *Das preußische Zentrum in der Weimarer Republik*, Mainz 1979.

JÄCKEL, EBERHARD: *Hitlers Weltanschauung*, Stuttgart 1981.

JASPER, GOTTHARD: *Die gescheiterte Zähmung. Wege zur Machtergreifung Hitlers 1930 bis 1934*, Frankfurt/M. 1986.

JEGELKA, NORBERT: *Paul Natorp*, Würzburg 1992.

JERUSALEM, FRANZ W.: *Gemeinschaft und Staat*, Tübingen 1930.

JERUSALEM, FRANZ W.: *Der Staat*, Jena 1935.

KATER, MICHAEL H.: „Bürgerliche Jugendbewegung und Hitlerjugend in Deutschland von 1926–1939", in: *Archiv für Sozialgeschichte* 17 (1977), S. 127–174.

KIRCHHEIMER, OTTO: *Funktionen des Staats und der Verfassung*, Frankfurt/M. 1972.

KLEMPERER, KLEMENS VON: *Konservative Bewegungen zwischen Kaiserreich und Nationalsozialismus*, München / Wien 1962.

KOGON, EUGEN: *Der SS-Staat*, München 1974.

KRATZENBERG, VOLKER: *Arbeiter auf dem Weg zu Hitler?*, Frankfurt / Bern / New York 1987.

KRIECK, ERNST: *Philosophie der Erziehung*, Jena 1925.

KRIECK, ERNST: *Leben als Prinzip der Weltanschauung und Problem der Wissenschaft*, Leipzig 1938.

KRIECK, ERNST: *Volkscharakter und Sendungsbewußtsein*, Leipzig 1940.

KÜCHENHOFF, GÜNTHER: „Volksgemeinschaft und Reich", in: *Handwörterbuch der Rechtswissenschaft* 8, Berlin / Leipzig 1937, S. 773–794.

LANGEWIESCHE, DIETER / TENORTH, HEINZ-ELMAR (Hg.): *Handbuch der deutschen Bildungsgeschichte* 5, München 1989.

LEPSIUS, M. RAINER: *Extremer Nationalismus*, Stuttgart 1966.

LÜBBE, HERMANN: *Politische Philosophie in Deutschland*, München 1974.

MAJER, DIEMUT: *„Fremdvölkische" im Dritten Reich*, Boppard 1981.

MOHLER, ARMIN: *Die konservative Revolution in Deutschland 1918–1932*, Darmstadt 1972.

MOMMSEN, HANS: „Nationalsozialismus als vorgetäuschte Modernisierung", in: *Der historische Ort des Nationalsozialismus*, hg. v. Walter H. Pehle, Frankfurt/M. 1990, S. 31 bis 46.

OELKERS, JÜRGEN: „Erziehung und Gemeinschaft", in: *„Du bist nichts, Dein Volk ist alles": Forschungen zum Verhältnis von Pädagogik und Nationalsozialismus*, hg. v. Christa Berg u. Sieglind Ellger-Rüttgardt, Weinheim 1991, S. 22–41.

PEIN, HANS: „Der deutsche Lehrer und Erzieher als pädagogischer Offizier", in: *Nationalsozialistisches Bildungswesen* 5 (1940), S. 145–152.

PEUKERT, DETLEV: *Volksgenossen und Gemeinschaftsfremde*, Köln 1982.

PLENGE, JOHANN: *1789 und 1914*, Berlin 1916.

REICHEL, PETER: *Der schöne Schein des Dritten Reiches*, München / Wien 1991.

SCHOLTZ, HARALD: *Erziehung und Unterricht unterm Hakenkreuz*, Göttingen 1985.

SIEGMUND-SCHULTZE, FRIEDRICH: *Wege zum Aufbau der neuen Volksgemeinschaft*, Berlin / Leipzig 1923.

SONNENBERGER, FRANZ: „Die vollstreckte Reform", in: *Nationalsozialismus und Moderni-sierung*, hg. v. Michael Prinz u. Rainer Zitelmann, Darmstadt 1991, S. 172–198.

SONTHEIMER, KURT: *Antidemokratisches Denken in der Weimarer Republik*, 3. Aufl. Mün-chen 1992.

STOLLEIS, MICHAEL: „Gemeinschaft und Volksgemeinschaft", in: *Vierteljahrshefte für Zeit-geschichte* 20 (1972), S. 16–38.

STOLLEIS, MICHAEL: *Gemeinwohlformeln im nationalsozialistischen Recht*, Berlin 1974.

STOLLEIS, MICHAEL: „Nationalsozialistisches Recht", in: *Handwörterbuch zur deutschen Rechtsgeschichte* 3, Berlin 1984, S. 873–892.

STURM, K. F.: *Deutsche Erziehung im Werden*, Osterwieck / Berlin 1938.

WALTER, FRANZ: *Nationale Romantik und revolutionärer Mythos*, Berlin 1986.

WEINSTOCK, HEINRICH: „Politische Erziehung einst und jetzt", in: *Die Erziehung* 9 (1934), S. 362–369.

ZIEGLER, HANS WILLI: „Erziehung zur Volksgemeinschaft", in: *Süddeutsche Monatshefte* 32 (1935), S. 331–347.

ZITELMANN, RAINER: *Hitler*, Hamburg 1987.

ZITELMANN, RAINER: *Adolf Hitler. Eine politische Biographie*, 3. Aufl. Göttingen / Zürich 1990.

III.

Der öffentliche Raum
als gesellschaftlicher Entwurf

BEAT WYSS

Der mystische Abgrund von Bayreuth

Die Wagner-Bühne zwischen Guckkasten und Leinwand

„Die Gerichtsbarkeit der Bühne fängt dort an, wo das Gebiet der weltlichen Gesetze sich endigt", bemerkt Friedrich Schiller in seinem Aufsatz über *Die Schaubühne als eine moralische Anstalt betrachtet*, und weiter: „Wenn die Gerechtigkeit für Gold erblindet und im Solde der Laster schwelgt, wenn die Frevel der Mächtigen ihrer Ohnmacht spotten und Menschenfurcht den Arm der Obrigkeit bindet, übernimmt die Schaubühne Schwert und Waage und reisst die Laster vor einen schrecklichen Richtstuhl."[1] Im selben Jahr 1784, als Schiller diese Sätze der Kurpfälzisch Deutschen Gesellschaft in Mannheim vorträgt, vollendet der Architekt Nicolas Ledoux das Theater von Besançon, für dessen Reliefschmuck über dem Eingang er das berühmte Auge entwarf. In der Pupille spiegelt sich ein Zuschauerraum: Das Auge reflektiert den Raum der Sehenden. Zu sehen im Auge ist ein Rangtheater; an der Kolonnadenreihe über den Rängen erkennen wir das Vorbild: Palladios Teatro olimpico in Vicenza, das seinerseits die antike Tradition der Rangtribünen in Theater und Zirkus aufnimmt.[2] In der Epoche der Französischen Revolution wird die Tribüne zum architektonischen Zeichen für Öffentlichkeit, seine Herkunft läßt den griechischen Polisgedanken, die römische Republik anklingen. In Ledoux' Auge sieht sich das Publikum, wie es sich seiner Sache (res) annimmt und sich dadurch politisiert. Im Theater erfährt sich das Volk selbst als öffentliche Angelegenheit, als *res publica*.

1795–1797 errichtete Jacques-Pierre Gisors in Paris den Versammlungsraum der Volksabgeordneten. Die Kolonnade der Rückwand zitiert das Kolosseum, die kassettierte Halbkuppel mit dem Okulus erinnert an das Pantheon in Rom: Volksversammlungsort und Heiligtum sind in diesem Innenraum verschränkt.[3] Von Aufklärung bis Vormärz gilt das Theater als Tribunal, die Bühne als „Kanzel der Revolution".[4] Nichts anderes hat Schiller im Auge,

---

1 Schiller (1867ff.): „Die Schaubühne", S. 514.
2 Beyer (1987): *Teatro olimpico.*
3 Dazu siehe Szambien (1986): *Les projets de l'an II.*
4 Lange (1985): *Vom Tribunal zum Tempel.*

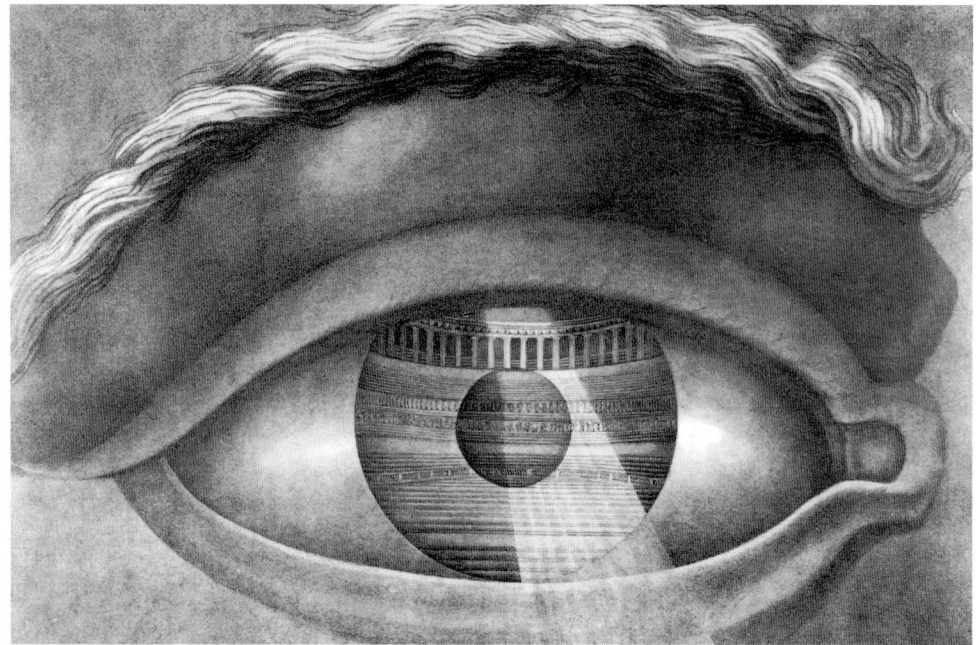

Abb. 1: Claude-Nicolas Ledoux: Dekorationsentwurf für das Theater von Besançon, Stich, 1784.

wenn er die moralische Anstalt der Bühne als einen „schrecklichen Richtstuhl" für das Unrecht bezeichnet. Im Theater waltet das Auge der Gerechtigkeit. Doch wessen Auge ist es, das Ledoux hier veranschaulicht hat? Ist es das Auge des Publikums? Das gerechte Halbrund der Zuschauertribüne, das Rangtheater, gewähre allen Besuchern den einen, optimalen Blick auf das Bühnengeschehen: Diese – rein sachlich für seine Baukunst werbende – Versicherung mag Ledoux den eintretenden Besuchern des Theaters von Besançon geben wollen. In diesem Sinne bedeutet das Auge den gerecht verteilten Gesamtblick für alle Zuschauer.

Dem widerspricht andererseits die Blickrichtung: Er weist nicht auf die Bühne, sondern von ihr weg; es könnte auch das Auge des Akteurs sein, an der Bühnenrampe, der hinausblickt in den Zuschauerraum, auf die Gefolgschaft.

So scheint im Auge von Ledoux ein Doppelsinn zu herrschen, in dem der Blick des Akteurs mit dem Publikum verschmilzt. Das Auge ist Subjekt-Objekt der Gerechtigkeit, die auf dem Richtstuhl der Bühne gesprochen wird.

Noch eine Merkwürdigkeit: Von woher kommt und wohin zündet der Lichtstrahl, der über den Augapfel herabschießt? Er scheint vom Innern des Kopfs, vom Hirn zu kommen und zugleich vom Okulus des gespiegelten Tribünenraums, jenem Auge des Pantheon über dem Auge. Das Leuchtvermögen scheint – um den berühmten Satz von Immanuel Kant zu paraphrasieren – von der Vernunft in ihm und vom Himmelslicht des Être Suprème über

Abb. 2: Charles Percier: Perspektivische Zeichnung der Kammer der Volksabgeordneten von Jacques-Pierre Gisors, um 1799.

ihm zu stammen.[5] Der Lichtkegel streift über die leeren Zuschauerränge auf die Bühne, wo Ledoux' Auge uns, die Betrachter, hinstellt. Will der Lichtstrahl uns erleuchten, will er uns anzünden als Handelnde; oder hat er uns entdeckt als Angeklagte?

Ledoux' Auge des Theaters von Besançon kann als ein Rebus für Aufklärung und Revolution gelesen werden, der in seiner verrätselten Dichte unerschöpflich zu widersprechenden Deutungen anstiftet. Ich habe die Darstellung zum Einstieg in meinen Vortrag über Theaterbau gewählt, weil das Wort „Theater" von „theáomai", von „Schauen", kommt. In der Französischen Revolution und in der bürgerlichen Revolution in Deutschland gewinnt dieses Schauen eine urteilende und richtende Schärfe. Wie sich dieser Blick allmählich wieder mildert, wie sich das Auge wieder zurückentwickelt von einem moralischen zum rein

5 „Zwei Dinge erfüllen das Gemüt mit immer neuer und zunehmender Ehrfurcht und Bewunderung, je öfter und anhaltender sich das Nachdenken damit beschäftigt: der bestirnte Himmel über mir und das moralische Gesetz in mir." Kant (1910ff.): *Kritik der praktischen Vernunft*, S. 161.

optischen Organ, davon möchte ich handeln. Die Geschichte des Theaterbaus im 19. Jahrhundert beschreibt den Weg von der gleichen Sicht für alle zur gleich guten Sicht für alle, von der Rechtsgleichheit zur Illusionsgleichheit des Sehens. Die Nahtstelle am Übergang von der öffentlichen Moral zur öffentlichen Illusion kann man am Auge von Ledoux topologisch fixieren: Er befindet sich an einer Stelle, die der aufklärende Lichtkegel verwischen zu wollen scheint: am unteren Augenlid, das zusammen mit dem gespiegelten Orchestergraben in der Pupille die Grenze von Außenwelt und Imagination markiert. Von hier hinunter, gewissermaßen im Tränensack des öffentlichen Auges, öffnet sich das, was Richard Wagner den „mystischen Abgrund" zu nennen pflegte. Damit sind wir beim Stichwort und beim Thema.

Im Mai 1849 beteiligt sich Kapellmeister Wagner an den Barrikadenkämpfen in Dresden; im gleichen Jahr schreibt er sein Manifest *Das Kunstwerk der Zukunft*, worin der Begriff „Gesamtkunstwerk" geprägt wird. Das Kunstwerk der Zukunft besteht in der Wiederbelebung der attischen Tragödie zu einem Gesamtkunstwerk, in dem sich Musik, Tanz, Dichtung, Schauspiel und Bildende Kunst unter dem Dach der Architektur vereine. Revolutionär sei das Gesamtkunstwerk, da es den Menschen erlöse aus dem Zwangszusammenhang des instrumentellen Zweckdenkens und zurückführe in die höchste Bestimmung des Menschen: die Sphäre der künstlerischen Selbstdarstellung. 1862 erscheint *Der Ring der Nibelungen* im Druck. Zwei Jahre später kommt Ludwig II. von Bayern auf den Thron. Der neunzehnjährige König hat Wagners Schriften gelesen und will sie sogleich in die Tat umsetzen. Nach einer Audienz vom 7. Oktober 1864 steht sein Wille fest: München soll ein monumentales Theater erhalten zum Denkmal der Deutschen Nation. Nach Wagners Vorschlag wird Gottfried Semper mit dem Entwurf der Bauten betraut.[6] Ein merkwürdiges Gespann hat sich hier zusammengetan: Zwei Künstler, die 1849 auf der gleichen Seite der Dresdener Barrikaden kämpften, und ein König, dessen ganzes Trachten darauf abzielte, sich sein Volk durch arrogant-verträumte Selbstinszenierung vom Leib zu halten. Den gemeinsamen Nenner bildet Wagners Begriff der Revolution als einer Radikalisierung der Kunst gegen die Alltagspraxis: Der Gedanke muß es dem lebensfernen Monarchen besonders angetan haben.

Ein erstes Provisorium für die Nibelungen-Festspielstätte plant Semper 1865 im Münchner Kristallpalast. Die monumentale Eisen-Glaskonstruktion, in der unmittelbaren Nachfolge des Londoner Crystal Palace (1851), ist für die bayrische Industrie- und Gewerbeausstellung von 1854 errichtet worden. Das Theater wäre im Mittelrisalit der Ausstellungshalle zu stehen gekommen: eine großmaßstäbliche Rekonstruktion des Odeion von Pompeji: bestehend aus einer Zuschauertribüne mit stichbogigen Rängen, umgeben von einer Kolonnade, und einem langgestreckten Bühnenhaus. Bedeutsam sind die Abänderungen vom antiken Theaterbautyp: Statt der flachen Orchestra, der Plattform für den Chor in der griechischen Tragödie, tut sich ein tiefer Orchestergraben auf – das, was Wagner später den ‚mystischen Abgrund' nennen wird. Die antike Scenae frons ist aufgesprengt von der Guckkastenbühne. Die seitlich gestaffelten, doppelten Proszeniumswände bereiten den Blick des Betrachters

---

6 Habel (1985): *Festspielhaus und Wahnfried*.

Abb. 3: Gottfried Semper: Modell für die Wagner-Bühne im Münchner Kristallpalast, 1865.

auf eine zentralperspektivische Sehweise vor. Orchestergraben und Guckkastenbühne stehen im Dienst einer illusionistischen Verschmelzung von Raum und Bühnengeschehen, welche das antike Theater nicht angestrebt hat.

Am Theaterprojekt im Kristallpalast wird eine denkwürdige Verschiebung im Verhältnis von Ingenieurbau und Architektur ablesbar: Der antikische „Stil" erhebt keinen Anspruch mehr, das moderne Skelett des technischen Nutzbaus zu verkleiden. Architektur als Attrappe beschränkt sich darauf, den Innenraum einer Konstruktion aus Gußeisen und Glas zu möblieren in Form einer Freilichtbühne, gefertigt aus billigem Fachwerk und Papiertapeten im pompejanischen Stil. Der Historismus tritt hier in eine Phase, wo die Stilillusion nur noch im Schonraum ‚innerer Werte' aufrechterhalten wird, während draußen die wachsenden Sachzwänge des Fortschritts um sich greifen. Das kulturelle 19. Jahrhundert beginnt, sich mit der Zweiteilung von schöner Kunst und häßlicher Realität abzufinden.

Die Verwirklichung des Festspielprovisoriums scheiterte am Widerstand der Münchner Bevölkerung, welche die beliebte Mehrzweckhalle nicht hergeben wollte. Bier, nicht „Rheingold" sollte hier in Strömen fließen bis zum Brand des Kristallpalastes von 1931.

Neben dem Plan zum Provisorium entwirft Semper zwischen 1865–1868 einen monumentalen Festspielbau. Er wäre an der Isarterrasse zu stehen gekommen, in der Nähe, wo

Bürklein 1874 das Maximilianeum errichtet. Das Modell von 1866 zeigt den geplanten Bau am Isarufer als *point de vue* einer im Projektzusammenhang geplanten Prachtstraße mit Brücke, deren Verlauf ungefähr der heutigen Prinzregentenstraße entspricht. Nicht zufällig sind städtebauliche Assoziationen, die den zylindrischen Mittelbau, die Brücke, den Fluß mit der Engelsbrücke und der Engelsburg am Tiber in Rom verknüpfen. So wie das ehemalige Hadriansmausoleum sollte der Münchner Festspielbau zugleich ein imperiales Denkmal darstellen.

Theater und Memorialbau sind einander seit dem ausgehenden 18. Jahrhundert entgegengewachsen. 1768 beklagt Lessing seine gescheiterten Bestrebungen um ein Nationaltheater in Hamburg mit dem Umstand, daß „wir Deutsche noch keine Nation sind".[7] Schiller glaubt, die Nation würde werden, „wenn wir es erlebten, eine Nationalbühne zu haben".[8] Eine architektonische Vision davon hat Friedrich Gilly 1799 entworfen.[9] Das geplante Berliner Nationaltheater sollte auf dem Gensd'armenmarkt zu stehen kommen, zwischen dem Deutschen und Französischen Dom. Das Theater reiht sich neben den Sakralbau; das denkmalartig inszenierte Gebäude ist durch Kolonnaden mit den beiden Kirchen verbunden.

Gillys Idealprojekt bildet den Prototyp des deutschen Theaterbaus. Die Bauteile, die sich im Verlauf des 19. Jahrhunderts ausbilden, sind in diesem Entwurf enthalten: Die vorgelagerte Eingangshalle, die zylindrische Tribüne mit dem Umgang und das Bühnenhaus. Sempers Münchner Projekt folgt dem Aufbau des Prototyps im Stil der Neurenaissance: Die Vorhalle als Triumphbogen, die Tribüne als Kolosseum und das Bühnenhaus als Tempel. Mit den beiden unverwirklichten Projekten zu Nationaltheatern in Berlin 1799 und in München 1864 ist Anfangs- und Endpunkt einer architektonischen Idee des 19. Jahrhunderts umrissen.

Sempers Entwurf faßt am Vorabend zum Deutschen Kaiserreich eine bautypologische Entwicklung zusammen, deren Zwischenstufen ich knapp skizzieren möchte.[10] Zu den ersten Theatern, die sich aus dem Komplex der Residenz gelöst haben, gehört das Berliner Opernhaus Unter den Linden, 1743–1745 erbaut von Georg von Knobelsdorff im Auftrag von König Friedrich II. Der nach seinen inneren Funktionen nicht ausdifferenzierte, oblonge Kasten wird mit einer Tempelstirn ausgezeichnet. Die bausemantische Nobilitierung macht das Theater – neben Hedwigskirche und Akademie – zum Teil eines ideellen Forum Fredericianum.

Eine wichtige Etappe bildet Schinkels Berliner Schauspielhaus, das 1818–1821 am selben Gensd'armenmarkt entsteht, wo Gilly sein Nationaltheater geplant hatte. Die Tempelstirn springt weit vor; ihr Tympanon erhält im Dachgiebel des Mitteltrakts eine Verdoppe-

---

7   Lessing (1989): „Hamburgische Dramaturgie", S. 10.
8   Schiller (1867ff.): „Die Schaubühne", S. 523.
9   Oncken (1981): *Friedrich Gilly.*
10 Ein allgemeiner Überblick bei Leacroft / Leacroft (1984): *Theatre and Playhouse;* Mullin (1970): *Development of the Playhouse.* Zum deutschen Theaterbau siehe Adler / Gruber (1987): *Deutschsprachige Theater;* Posener (1989): „La costruzione"; Matthes (1989): *Revolutionsarchitektur.*

lung – ein Motiv, das für einige deutsche Theaterbauten in der Folge wieder aufgenommen wird. Kraft der beiden schmalen Seitenflügel erhält das Gebäude eine verstärkte Schauseite gegen den Platz – Semper wird diese Querbetonung in seinem Münchner Projekt aufnehmen. Bei den deutschen Theaterbauten des ersten Jahrhundertdrittels fehlt ein entscheidendes Element, das Gilly so dominant vorgezeichnet hatte: die am Außenbau ablesbare Tribüne. Kennt man aber Gillys unmittelbares Vorbild, so staunt man nicht über diese Zurückhaltung: Der projektierte Innenraum des Berliner Nationaltheaters zitiert mit der Kammer der Volksabgeordneten einen Innenraum der Französischen Revolution. Insbesondere übernimmt er die Halbkuppel, die durch einen breiten Gurtbogen geschlossen wird, die cavea-förmige Rangtribüne und die Kolonnadenreihe an der Rückwand.

Die ersten halbzylindrisch vorkragenden Zuschauersäle aus den 1830er Jahren entstehen im Zeitgeist eines vormärzlichen Bürgerbewußtseins. Frühestes Beispiel ist das 1829–1833 gebaute Mainzer Schauspielhaus von Georg Moller; Auftraggeber ist nicht der Hof, sondern die Stadtgemeinde.[11] Der halbzylindrische Baukörper wird gegliedert durch Rundbogenöffnungen, die zwischen Pilastern stehen – Verweise auf das Kolosseum und das Marcellustheater in Rom. Gottfried Semper nimmt das Motiv des Halbzylinders für das Dresdner Hoftheater auf, das 1838–1841 entsteht. Wie ein Zirkuszelt wirkt das Ringpultdach des Attikageschosses. Gewiß sollte Bausemantik geistesgeschichtlich nicht überlastet werden; doch es ist schon auffallend, daß die ,egalitäre' Zirkusform des Theaters das Scheitern der bürgerlichen Revolution in Deutschland nicht überlebt. In der zweiten Jahrhunderthälfte verschwindet die schlichte Form des Halbzylinders oder sie wird gewissermaßen zurückgenommen, abgedämpft hinter immer üppiger werdenden Vorbauten. Nach dem Theaterbrand in Dresden von 1869 erhält der Neubau eine Form, die sich besser den zeremoniösen Bedürfnissen der Gründerzeit einfügt. Manfred Semper führt die Pläne seines verstorbenen Vaters aus, als er das Zuschauerhaus nur noch im flachen Stichbogen vorbauchen läßt; dominanter als der Amphitheater-Effekt ist der Portikus, der den seichten Zylinder spaltet – in Form eines kolossalen Tors zwischen Triumphbogen und Benediktionsloggia. Das zweite Dresdener Hoftheater wird zur „Oper" umgetauft: eine sprachliche Neuregelung, die sich parallel zur bausemantischen stellen kann; das vormärzliche Bürgertum hat sich gescheut, die Theater nach dem alten Standesvergnügen der Höfe zu benennen. In der „Semper-Oper" wird Wagners Münchner Architekturtraum Wirklichkeit. Der Entwurf des Festspielbaus für die Isarterrasse wird auf dem Dresdener Schloßplatz umgesetzt.

Das Architekturmotiv der Tribüne ist der inhaltliche Kern des bürgerlichen Theaters: Ausdruck einer Öffentlichkeit, die sich im Kreise versammelt, um sich auf das Bühnengeschehen, die ,Moral der Geschichte', zu konzentrieren. In der zweiten Jahrhunderthälfte wird der Gang zum Theater zum feierlichen Selbstzweck. Dabei eignet sich das bürgerliche Publikum die Formen aristokratischer Kultiviertheit an – oder dessen, was sie, als *bourgeois gentilhomme*, dafür hält. Der Raumzylinder des Zuschauerraums, wo ja das eigentliche Theater zu verfolgen ist, wird zunehmend verdeckt durch Vorbauten, in denen das Thea-

---

11 Frölich / Sperlich (1959): *Georg Moller*.

ter vor und zwischen den Pausen stattfindet: die Inszenierung des Publikums als eines, das Kultur genießt, in Treppenhäusern, Foyers und Wandelgängen. Ein Theater mit aufwendigem ‚Westwerk‘ ist der spätklassizistische Bau von Heinrich Hübsch für Karlsruhe (1851–1853). Der Mittelrisalit des Foyers nimmt die Formen der Königsloge am Festspielhaus von Bayreuth vorweg.

Die pompöseste Publikumsbühne entsteht allerdings nicht auf deutschem Boden: Das Treppenhaus der Pariser Opéra von Charles Garnier (1861–1874) erreicht die doppelte Länge des Zuschauerraums, was Viollet-le-Duc, den Altmeister einer rationalistischen Architektur, zur Bemerkung veranlaßt: „La salle semble faite pour l'éscalier et non l'éscalier pour la salle."[12] In der Pariser Opéra finanziert das Bürgertum seine Teilhabe am Glanz des Zweiten Kaiserreichs. Geld- und Adelstitel werden in diesem Treppenhaus als frei konvertierbare Währungen gehandelt.

An dieser Stelle ist der deutsche Sonderfall zu betonen: Frankreich kennt nicht das vielfältige Leben der Hoftheater; der Betrieb konzentriert sich auf die Hauptstadt Paris. Die deutsche Vielstaatlichkeit hingegen hat ein reiches Theaterleben hervorgebracht. In all den großen und kleinen Hoftheatern des mittleren 19. Jahrhunderts spielt sich ab, was an verfaßtem Recht zwischen dem Hof und Bürgern fehlt; auf der Bühne ist es zumindest als „ästhetischer Zustand"[13] erreicht. Das Theater bildet das sensible Parkett kulturellen Ausgleichs; es darf nicht leichtfertig dem freien Markt preisgegeben werden, wie das in Frankreich, Italien, England seit dem Ende des 18. Jahrhunderts geschieht. Während in London selbst der König nur ein Mieter seiner Loge ist, treten die deutschen Landesväter in ihren Häusern als Gönner bürgerlicher Bildung auf. Daher rührt die deutsche Tradition der Repertoirebühne, die, von Marktüberlegungen wenig angefochten, die Schätze bildungsbürgerlicher Identität hütet, während in den Privattheatern von London, Mailand, Paris sich Ensuite-Spielpläne im modisch-launischen Karussell der Publikumsgunst drehen.

Vor diesem Hintergrund ist das Phänomen eines Festspielbaus in Bayreuth zu verstehen. Die Pläne für München sind nicht zustandegekommen. Das größte Nachsehen hat dabei der Architekt Semper, der, in Zürich an den Entwürfen arbeitend, nichts von den Intrigen erfährt, die sich zwischen dem König und Richard Wagner entspinnen. In Hof und Bevölkerung ist das Festspielprojekt gleichermaßen unbeliebt; Wagner wird als Parasit gesehen, der in der Gunst eines weltfremden Königs die Staatskasse plündert. Man nennt ihn „Lolus", in Anspielung an die Mätresse Lola Montez, die schon König Ludwig I. das Amt gekostet hat. Ludwig II. muß seinen Komponisten mit einer Abfindung in die Wüste schicken, nach Luzern. Hier reift der Gedanke einer Spielstätte in Bayreuth: weitab gelegen von mißgünstigem Volk, von spottlustigen Großstädtern, aber auch von den Launen des Gönners. Angebote aus Berlin und selbst aus Chicago lehnt Wagner ab. Bayreuth liege in der geometrischen

---

12 Zit. n. Steinhauser (1969): *Pariser Oper*, S. 104.

13 „Der Mensch in seinem physischen Zustand erleidet bloß die Macht der Natur; er entledigt sich dieser Macht in dem ästhetischen Zustand, und er beherrscht sie in dem moralischen." Schiller (1867ff.): „Über die ästhetische Erziehung", S. 358.

Abb. 4: Bayreuther Festspielhaus, Foto vor dem Anbau der Königsloge 1882.

Mitte des zu schaffenden Deutschen Reichs, begründet er den Standort. „Warum Provinz?“, Heideggers berühmte Frage[14] beantwortet sich schon für Wagner selbstredend. Der Spielort für die Nibelungen sollte nicht lärmiger Rummelplatz, sondern heilige Wallfahrts- und Weihestätte werden – daher dieser Bauplatz nationaler Sammlung mitten im Gras. Das Festspielhaus von Bayreuth bildet den Extremfall der deutschen Repertoirebühne: Ein Haus, in dem ein Theaterfürst ausschließlich einen Autor und ein Stück spielt.

Wagners Festspielidee kämpft gegen die Geldherrschaft des marktorientierten Theaters. Im *Kunstwerk der Zukunft* stellt er die Spiele als Gratisaufführungen in Aussicht. Der *Ring der Nibelungen* sollte nur dreimal aufgeführt werden; hinterher sei das Theater samt Ausstattung und Libretto im Feuer zu vernichten. Der Vermarktbarkeit seines Werkes gedachte der Meister eine Ästhetische Ragnarök zu bereiten. Damit aber hätte er – vielleicht mit Ausnahme Ludwigs II. – alle Mäzene seines Vorhabens verscheucht. Ein finanzielles Fiasko ist die Uraufführung des Rings im August 1876 auch so; der Festspielbau von Bayreuth bleibt als Investitionsruine über Jahre hinweg ungenutzt. Wagner hat nur noch eine Aufführung erlebt: im Sommer 1882, ein halbes Jahr vor seinem Tod, gelangte der *Parzifal* in Bayreuth zur Uraufführung.

---

14 Heidegger (1934): „Provinz?“.

Auffällig am Bayreuther Bau muß den Zeitgenossen das turmartig erhöhte Bühnenhaus erschienen sein. Es setzt sich spät durch; ästhetische Bedenken werden dagegen vorgebracht. Die Illusionsmaschinerie sei möglichst unter dem einen Dach des ‚Musentempels‘ zu verbergen. Nun ist es gerade das Bedürfnis nach Illusion, das auf seiner Rückseite, hinter und über den Kulissen, seinen weithin sichtbaren Preis abverlangt. Am Längsschnitt der Pariser Opéra läßt sich dies deutlich ablesen: da ist das Bühnenhaus, eine gewaltige Augentäuschungsmaschine bergend, mit Schnürböden und mechanischen Vorrichtungen zum Heben und Senken der Kulissen; viel kleiner, folgt die Rotunde des Zuschauerraums: die Dunkelkammer der Illusion, die das Publikum betritt, wenn es das Treppenlabyrinth durchrauscht hat und sein Bedürfnis nach dem eigenen Auftritt verebbt ist. In Deutschland erregt das stark überhöhte Bühnenhaus des, 1868 vollendeten, Neuen Theaters von Leipzig Kritik. Der Bayreuther Festspielbau, ein Jahr zuvor eröffnet, gehört zu frühen deutschen Theaterbauten, die das Maschinenmäßige der Bühne zur Schau stellen. Das Bühnenhaus wird von einem Thermenfenster beleuchtet, wie dies zur Zeit auch bei Fabrikhallen und Bahnhöfen üblich ist. Die Freistellung hat nicht nur bühnentechnische, sondern auch feuerpolizeiliche Gründe: Die Isolierung der Bauteile erleichtert die Eindämmung von Feuersbrünsten durch die Einrichtung des Eisernen Vorhangs, der bei Brandausbruch zwischen Bühne und Zuschauerraum niedergeht. Nach den verheerenden Theaterbränden in Nizza und Wien im Jahr 1881 wird das isolierbare Bühnenhaus allgemein zur Vorschrift. Das Bühnenhaus von Bayreuth ist flankiert von vier schmalen Treppentürmen, die Wassertanks für die Sprinkleranlage enthalten.

Der Brandschutz für den Festspielbau erweist sich um so dringlicher, als es sich beim Bau um eine billige Fachwerkkonstruktion handelt. Nachdem es zwischen Semper und Wagner beim Scheitern des Münchner Projekts zu einer nachhaltigen Verstimmung gekommen ist, betraut Wagner die Architekten Neumann und Brückwald mit der Ausführung der Bayreuther Anlage. Unübersehbar scheint das Sempersche Konzept durch: Die stichbogig vorkragende Tribüne, flankiert von Seitentrakten, darüber der Giebel des Bühnenhauses als bekrönender Abschluß entsprechen dem Münchner Festspielprojekt und dem zweiten Dresdener Hoftheater. Ein großer Umriß, doch eine sehr schlichte Durchführung! Die fehlende Kunst am Bau ersetzen bei den Eröffnungsfeier ein paar schüttere Girlandenreihen an der Tribünenwand.[15]

Der Festspielbau gilt in der Tat nur als Provisorium. Ein altes Foto zeigt die unverkleidete Fachwerkwand der Tribüne, darunter die Eingangslaube aus Holzpfosten. Seitentrakte und Bühnenhaus sind aus Backstein. Die Königsloge wird erst 1881 eigens angefügt, damit Ludwig II. darin der Uraufführung des *Parzifal* beiwohnen könnte; der König ist nicht gekommen.

Aufenthaltsräume für das Publikum sind keine da, als der *Ring der Nibelungen* im August 1876 eröffnet wird. Es ist heiß – „wie bei Waterloo und Sedan“, stöhnt ein Gast –: Während die Walküren in endlosen Klangwellen über die Bühne reiten, beträgt die Tempe-

---

15 Die Bühnendekorationen sind publiziert in Petzet / Petzet (1970): *Die Richard Wagner-Bühne.*

ratur im Zuschauerraum 37,5 Grad Celsius. Ein Korrespondent der *Gartenlaube* spricht von einem „artistischen Kalvarienberg".[16] Von einer „Wohnungs- und Hungersnot im Nibelungennest" berichtet Eduard Hanslick.[17] Die Versorgung der 1345 Gäste im kleinen Bayreuth ist zusammengebrochen. Der Berg sollte zum Propheten kommen, doch die Weihestätte verfügt natürlich nicht über eine einzige Toilette. Unbarmherzig gegen die bedürftige Leiblichkeit des Publikums entrollt sich während vier Tagen jeweils von vier Uhr nachmittags bis abends um zehn der *Ring der Nibelungen*: *Rheingold*, *Walküre*, *Siegfried* und *Götterdämmerung*. Im Publikum wuchs Unmut gegen die Diktatur der Kunst über das Leben, die sich gerade in diesem weitab gelegenen Bayreuth unausweichlich entfalten kann. Ein Kritiker sieht sich der Oper physisch ausgeliefert; bei den Münchner Aufführungen hätte man noch das Stadtleben zur Deckung gehabt: Hier „konnte man sich während unerträglicher Längen der Darstellung wenigstens mit seiner Umgebung, mit seinen Leidensgenossen beschäftigen, in Bayreuth aber war jede Hilfe abgeschnitten. Wem in Bayreuth nicht der Schlaf ein milder Tröster wurde, der konnte nur noch verzweifelnd die Glatzen zählen, die aus der tiefen Dämmerung des Zuschauerraums matt aufleuchteten."[18]

Wagners Kunstdiktatur streicht das Publikum als leibliche Tatsache durch. Im Gegensatz etwa zu den Möglichkeiten der Pariser Opéra bestehen in Bayreuth keinerlei architektonische Stützen für das Bedürfnis der Besucher zur Inszenierung. Das Publikum ist ausschließlich für das Werk da, und im Zuschauerraum wird es buchstäblich ausgelöscht. Es ist hier stockfinster, damit das Licht der Bühne um so eindringlicher scheint. Was schon an Sempers geplantem Provisorium im Münchner Glaspalast festzustellen war, bestätigt sich in Bayreuth. Die Wagner-Bühne entspricht einem bildungsbürgerlichen Konzept des Historismus, in der sich der Kulturanspruch ganz auf ein Inneres zurückzieht, während die äußeren Umstände als geistentlassene Sachzwänge hingenommen werden. Es geht um das Innere, das ‚Eigentliche'[19]; für Äußerlichkeiten, für eitlen Schnickschnack ist kein Platz. Restaurierungen der 1960er und 70er Jahre haben das hölzerne Fachwerk in armiertem Beton nachgeahmt und damit versteinert. Der Festspielbau signalisiert im Äußeren funktionelle Nüchternheit, während sein Inneres eine Stätte mythischer Ursprungssehnsucht birgt. Die Spannung eignet einem Charakterbild, das Oswald Spengler im *Untergang des Abendlandes* als ‚faustisch' nobilitieren wird.[20]

Das Herzstück der Anlage ist der Zuschauerraum: eine Rangtribüne, wie sie sich sonst im Theaterbau des 19. Jahrhunderts kaum durchsetzen kann. Wagner, der ehemalige Revolutionär, gewährt hier der ästhetischen Demokratie eine Tribüne zur Versammlung der Gleichen im Geiste. Geradezu naturalistisch macht sich die Zirkusrhetorik vernehmbar: in Gestal-

16 W. Marr in: *Die Gartenlaube* (1867), S. 570. Zur zeitgenössischen Wagner-Rezeption siehe Vogel (1984): *Nietzsche und Wagner*.
17 Hanslick (1911): *Aus meinem Leben*, S. 181.
18 Schletterer (1877): *Bühnenfestspiel*, S. 130.
19 Zur Kritik dieses Begriffs siehe Adorno (1964): *Jargon*.
20 Spengler (1918): *Der Untergang*.

tung der Decke in Form eines velum, eines Zelts, mit dem die Römer die offenen Amphitheater zu decken pflegten.

Die hervorragende Akustik des Raums ist darauf zurückzuführen, daß er – wie die Barocktheater – in Holz ausgekleidet ist. Ursprünglich hatte Wagner das Markgräfliche Theater von Bayreuth als Aufführungsstätte ausersehen: eines der seltenen, noch erhaltenen Logentheater, 1745–1748 erbaut von Giuseppe Galli Bibiena.[21] Doch der Innenraum auf dem Grundriß eines riesigen Kontrabasses erwies sich als zu eng. Um dem genius loci des Bayreuther Bühnenlebens dennoch eine Reverenz zu machen, zitieren die Architekten des Festspielbaus bei der Gestaltung des Proszeniums die Ecklösung, mit der Galli Bibiena vom Zuschauerraum zur Bühne überleitet. Die seitlich einwärtsgestaffelten Säulen bilden ein dreidimensionales Repoussoir in die zentralperspektivisch angelegten Kulissen. Der Festspielbau übernimmt das Motiv der optischen Tiefenstaffelung und vervielfältigt es in den Zuschauerraum hinein in Gestalt der seitlichen Scherwände in Form von Kolonnaden. Das sitzende Publikum als Ganzes ist in den perspektivischen Sog der Bühnenillusion einbezogen. Der Zuschauerraum als Illusionierungstrichter leitet die Ohren und Augen aller Anwesenden gleichermaßen auf das Operngeschehen.

Die Unausweichlichkeit der Zentralperspektive für alle steht gegen ein Logentheater, das die Unterschiede betont; damit findet im barocken Zuschauerraum mit seiner architektonisch ausgedrückten Hierarchie selbst ein kleines Welttheater statt parallel zur Bühne. Schon aus beleuchtungstechnischen Gründen konnte der Zuschauerraum nicht abgedunkelt werden, weil die Leuchtkraft von Kerzen und allenfalls ein paar Reverbièren das Bühnengeschehen nicht genügend erhellt hätten. Und es war auch nicht angestrebt: Denn der Theaterbesucher nahm sich auch während der Aufführung mindestens so wichtig wie das Stück, das gegeben wurde. Noch gab es keine Entmischung der Funktionen zwischen der Selbstdarstellung des Publikums und dem Kunstereignis. Was die Pariser Opéra ins Treppenhaus ausgelagert hat, findet im Barocktheater während der Oper statt: ein galantes Sehen und Gesehenwerden. Der Theatersaal war ein Saal des Festes; im Münchner Residenztheater von François Cuvilliés kann die Abschrägung des Zuschauerraums durch eine mechanische Vorrichtung in die Waagrechte gehoben werden, und das Theater verwandelt sich in einen Redoutensaal. Nach der Vorführung schließt sich der Orchestergraben, Essen wird aufgefahren, man tanzt.[22] Der Zuschauer ergreift den Raum, den er auf Zeit dem Schauspiel überlassen hat.

Mit der Möglichkeit zur Aufhebung des Orchestergrabens opfert Wagner die Möglichkeit einer Durchdringung von Leben und Spiel. Er vertieft sogar die Grenze, indem er den Orchestergraben – nach Wagners eigener Wortschöpfung – zum ‚mystischen Abgrund‘ aufklaffen läßt. Sichtblenden verhindern das Eindringen von Licht in den vollständig dunklen Zuschauerraum. Möglich wird diese klare Trennung von Kunstlicht und Finsternis dank der Gasbeleuchtung und – wenig später – der Elektrizität.[23] Die perfekte Versetzung zurück in

21 Schrader (1985): *Das Markgrafentheater*.

22 Steinmetz / Lachner (1960): *Das alte Residenztheater*.

23 Eine seltene Darstellung technisch aufbereiteter Illusion mit einem Blick hinter die Wagner-Bühne bei Michelson (1980): „Bayreuth“, S. 68.

Abb. 5: Ludwig Bechstein: Zuschauerraum der Bayreuther Festspielstätte während der Aufführung von *Rheingold*, Stich, 1876.

die Zeit der Nibelungen verdankt sich dem Gasometer und dem Dynamo. Die technisch herstellbare, vollständige Dunkelheit für die Zuschauer, ihre gleichmäßig gute Sicht auf die strahlende Bühne verstärkt zwar die illusionistische Raumwirkung. Doch der Preis einer optimalen Illusion für alle ist die verschärfte Trennung von Sein und Schein.

Landläufig spricht man von der ‚barocken Guckkastenbühne‘; der Ausdruck ist wenig zutreffend. Die Guckkastenbühne wird im 19. Jahrhundert perfektioniert mit Wagners Illusionsraum, der in den Dioramen und Panoramen seine populären zeitgenössischen Ableger hat. Die Entwicklung führt zum Lichtspieltheater des 20. Jahrhunderts. Die Wagner-Bühne hat weniger zum aktuellen Theater beigetragen; vielmehr ist in ihr die übernächste Stufe der Illusion vorausgesehnt. Wagners perfekte Guckkastenbühne ist Vorläuferin der Kinoleinwand. So hat sich auch, konsequenter als im Theater, im Kino die Rangtribüne durchgesetzt.[24] Damit der Schein der Filmprojektion herrschen kann, muß das Sein der Zuschauer gelöscht werden; darin gleicht die Kinovorführung Wagners Wille, die Publikumsrealität

---

24 Siehe Zucker (1926): *Theater*; Zucker / Stindt (1931): *Lichtspielhäuser*; Shand (1930): *Architecture of Pleasure*; Laloche (1981): *Architecture de cinémas*.

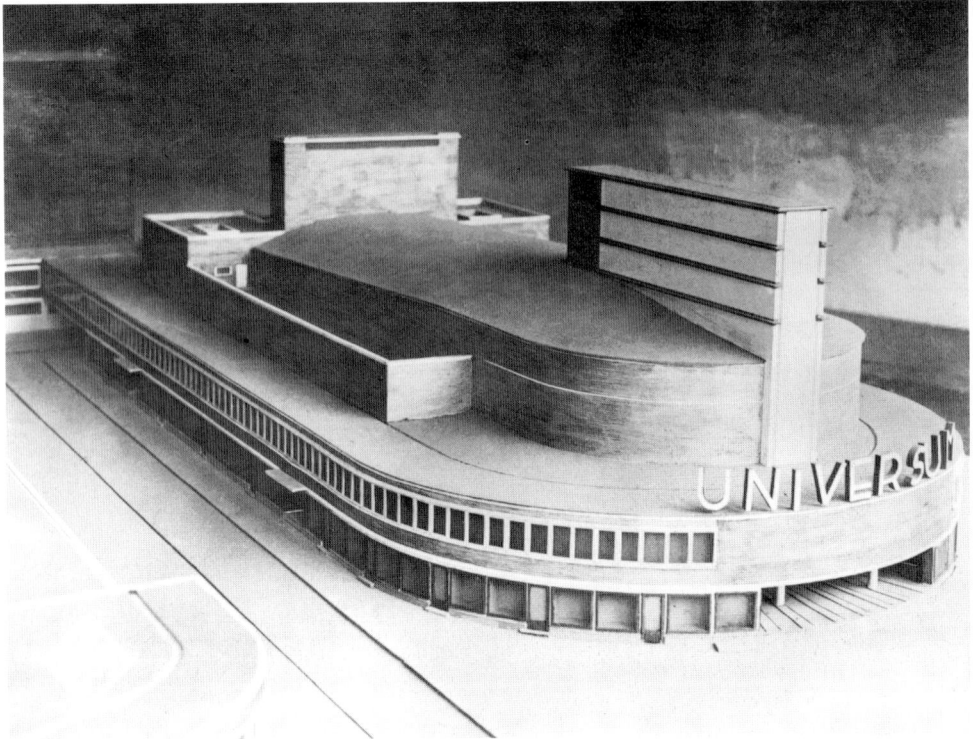

Abb. 6: Kino Universum, Berlin, 1928, von Erich Mendelsohn, Modell.

zu Gunsten eines totalen Bühnenerlebens zu tilgen. Es bleibt die Idee des Tribunals als architektonischer Rhetorik, ein Tribunal, das sich jedoch bei Beginn der Vorführung zum schwarzen Mutterschoß verwandelt, da die Illusionierung nicht zuläßt, daß während ihrer Wirksamkeit das Publikum sich seiner Rolle bewußt sei. Ein Seitenblick auf die Realität von mir als Filmbetrachter, sitzend unter meinesgleichen, unterbricht das Kinoerlebnis.

Der Kinosaal von Erich Mendelsohn am Lehniner Platz in Berlin (1926–1928) baucht nach außen zum Amphitheater;[25] in den Formen des Neuen Bauens ist hier ein architektonischer Topos aus dem Theaterbau auf das Lichtspielhaus übertragen. So findet Gillys Vision vom Nationaltheater eine ferne Erfüllung im Kinogebäude des frühen 20. Jahrhunderts. Auf das Zirkusrund des Zuschauersaals baut Mendelsohn, vergleichbar der Kommandobrücke eines Fährschiffs, das Bühnenhaus. Die architekturrhetorische Gebärde für ‚Volkstribüne‘ kann selbst da geäußert werden, wo hinter der zylindrischen Fassade kein Zuschauerraum,

25 Schaubühne (1981): *Der Mendelsohn-Bau.*

Abb. 7: Zuschauerraum des Lichtspieltheaters von Ohama, Nebraska, von John Eberson, Foto 1920er Jahre.

sondern der Eingang steht, wie beim Berliner UFA-Pavillon am Nollendorfplatz (1910). Die frühen Filmtheater feiern die Demokratie in der Illusion. Der New Yorker Architekt John Eberson baut in den 20er Jahren Rangtheater, deren Tribünenraum seitlich von Stimmungskulissen umgeben sind. Was zunächst aussieht wie eine Überbrückung des Orchestergrabens, den das Illusionstheater des 19. Jahrhunderts aufgerissen hat, dient in der Tat einer Vertiefung der Illusion. Unvermerkt zersetzen die Stimmungskulissen das Bewußtsein des Publikums als einer Gemeinschaft, die über dargebotene Täuschungen urteilt. Die Scheinarchitektur des Lichtspieltheaters von Ohama, Nebraska, die ganz an die Tragische Bühne von Serlio erinnert, drängt sich, auf angestammtem Platz überflüssig geworden, auf die Seite des Publikums, um die Sphäre des Scheins sogar noch auf die Tribüne selbst zu tragen, das Tribunal gewissermaßen bestechend mit dem Vorgeschmack dessen, was auf der Leinwand zu erwarten sein wird. Der Orchestergraben, der mystische Abgrund, wird zwar in den frühen Lichtspielhäusern noch gebaut für das Filmorchester; der Tonfilm jedoch wird ihn überflüssig machen. Der mystische Abgrund zieht sich in die Augenlider des Filmbetrachters zurück.

Es ist, als hätte Ledoux in seinem Auge über dem Theater von Besançon das Erlebnis der subjektiven Kamera vorausempfunden: ein Publikum, das sich als Gesamtzuschauer mit den Augen des Helden erlebt. Hergestellt wird dieses Wunder durch das Licht aus Ledoux' Auge, das, anachronistisch gelesen, sich als Strahl eines Kinoprojektors entziffert, der hier im Zuschauersaal sichtbar wird durch den Strahl eines Diaprojektors, der Ihnen und mir, verehrte Zuhörerinnen und Zuhörer, die Bilder zum Thema des mystischen Abgrunds an die Wand warf.

Literatur

ADLER, JOSEF / GRUBER, CLEMENS M.: *Deutschsprachige Theater der Jahrhundertwende in alten Photographien*, Wien 1987.

ADORNO, THEODOR W.: *Jargon der Eigentlichkeit. Zur deutschen Ideologie*, Frankfurt/M. 1964.

BEYER, ANDREAS: *Teatro olimpico. Triumpharchitektur für eine humanistische Gesellschaft* (in der Reihe: *kunststück*), Frankfurt/M. 1987.

FRÖLICH, MARIE / SPERLICH, HANS-GÜNTHER: *Georg Moller. Baumeister der Romantik*, Darmstadt 1959.

HABEL, HEINRICH: *Festspielhaus und Wahnfried. Geplante und ausgeführte Bauten Richard Wagners*, München 1985.

HANSLICK, EDUARD: *Aus meinem Leben*, Bd. II, 4. Aufl. Berlin 1911.

HEIDEGGER, MARTIN: „Schöpferische Landschaft: Warum bleiben wir in der Provinz?", in: *Der Alemanne. Kampfblatt der Nationalsozialisten Oberbadens*, 67a, 7. März 1934; nachgedruckt in Schneeberger, Guido: *Nachlese zu Heidegger. Dokumente zu seinem Leben und Denken*, Bern 1962, S. 216–218.

KANT, IMMANUEL: *Kritik der praktischen Vernunft*, in: *Kants gesammelte Schriften*, hg. v. Preussische Akademie der Wissenschaften, Berlin 1910ff., Bd. 5.

LALOCHE, FRANÇOIS: *Architecture de cinémas*, Paris 1981.

LANGE, HANS: *Vom Tribunal zum Tempel. Zur Architektur und Geschichte deutscher Hoftheater zwischen Vormärz und Restauration*, Marburg 1985.

LEACROFT, RICHARD / LEACROFT, HELEN: *Theatre and Playhouse. An Illustrated Survey of Theatre Building from Ancient Greece to the Present Day*, London / New York 1984.

LESSING, GOTTHOLD EPHRAIM: „Hamburgische Dramaturgie", in: ders., *Werke*, Bd. 6, Frankfurt/M. 1989.

MATTHES, ISABELL: *Revolutionsarchitektur und Aufklärung. Ein Beitrag zur Geschichte des Theaterbaus*, Magisterarbeit, Univ. München, 1989.

MICHELSON, ANNETTE: „Bayreuth: The Centennial Ring", in: *October* 14, Fall 1980.

MULLIN, DONALD C.: *The Development of the Playhouse. A Survey of Theatre Architecture from the Renaissance to the Present*, Berkeley / Los Angeles 1970.

ONCKEN, ALSTE: *Friedrich Gilly. 1772–1800*, Berlin (1935) 1981.

PETZET, DETTA / PETZET, MICHAEL: *Die Richard Wagner-Bühne König Ludwigs II.*, München 1970.

POSENER, JULIUS: „La costruzione del teatro a Berlino da Gilly a Poelzig", in: *Zodiac* 2, 1989.

SCHAUBÜHNE AM LEHNINER PLATZ (Hg.): *Der Mendelsohn-Bau am Lehniner Platz. Erich Mendelsohn und Berlin*, Berlin 1981.

SCHILLER, FRIEDRICH: „Die Schaubühne als eine moralische Anstalt betrachtet", in: *Schillers Sämmtliche Schriften*, Historisch-Kritische Ausgabe, Dritter Theil, Stuttgart 1867ff.

SCHILLER, FRIEDRICH: „Über die ästhetische Erziehung des Menschen in einer Reihe von Briefen", in: *Schillers Sämmtliche Schriften*, Historisch-Kritische Ausgabe, Zehnter Theil, Stuttgart 1867ff.

SCHLETTERER, HANS MICHAEL: *Richard Wagners Bühnenfestspiel*, Nördlingen 1877.

SCHRADER, SUSANNE: *Das Markgrafentheater in Bayreuth. Studien zum Hoftheatertypus des 18. Jahrhunderts*, München 1985.

SHAND, P. MORTON: *The Architecture of Pleasure. Modern Theatres and Cinemas*, London 1930.

SPENGLER, OSWALD: *Der Untergang des Abendlandes. Eine Morphologie der Weltgeschichte*, München 1918.

STEINHAUSER, MONIKA: *Die Architektur der Pariser Oper. Studien zu ihrer Entstehungsgeschichte und ihrer architekturgeschichtlichen Stellung*, München 1969.

STEINMETZ, HILDEGARD / LACHNER, JOHANN: *Das alte Residenztheater zu München*, Starnberg 1960.

SZAMBIEN, WERNER: *Les projets de l'an II. Concours d'architecture de la période révolutionnaire*, Paris 1986 (École nationale supérieure des Beaux-Arts).

VOGEL, MARTIN: *Nietzsche und Wagner. Ein deutsches Lesebuch*, Bonn 1984.

ZUCKER, PAUL: *Theater und Lichtspielhäuser*, Berlin 1926.

ZUCKER, PAUL / STINDT, G. OTTO: *Lichtspielhäuser, Tonfilmtheater*, Berlin 1931.

Abbildungen: Photographic Service of The Getty Center, Santa Monica.

Der Text ist die deutsche Fassung von: „Ragnarök of Illusion: Richard Wagner's 'Mystical Abyss' at Bayreuth", in: *October*, Fall 1990, S. 57–78.

DAGMAR GAUSMANN

„Dämme brechende Flut"

Zur Ikonographie städtischer Räume in der Stadtplanung der
fünfziger Jahre. Das Beispiel Ernst-Reuter-Platz in Berlin[1]

1. Unternehmen Weltstadtplatz

Abb. 1: Ernst-Reuter-Platz, Blick von Osten, Aufnahme um 1975.
Foto: R. Friedrich, Berlin.

---

1 Gausmann (1992).

„Besonders kühn sind die neuen Plätze in West-Berlin entworfen (…). Der Ernst-Reuter-Platz wurde an einer großen, breiten Achse mit zwei Straßenabbiegungen geschaffen. Man legte hier einen Kreisverkehr um eine große, grüne Mitte mit Wasserspielen, die am Abend zauberhaft beleuchtet sind. Der Innenraum ist so groß, daß die Straßenbahnen und Omnibusse im Abendlicht zu großen Käfern schrumpfen. Dieser modernste Platz Deutschlands kann wohl nur von Millionenstädten nachgeahmt werden."[2]

So beschreibt Wilhelm Westecker 1962 den Ernst-Reuter-Platz in einem Buch mit dem Titel *Die Wiedergeburt der deutschen Städte*.

Wenig mehr als zwanzig Jahre später ist der *modernste Platz Deutschlands* in den Augen des Architekturkritikers Manfred Sack der

„Nicht-Platz schlechthin".[3]

Und sein Urteil teilen fast alle zeitgenössischen Betrachter.

Denn nur aus der Vogelperspektive – etwa von der Cafeteria des ehemaligen „Telefunken-Hochhauses" aus – zeigt sich der Platz in scheinbarer Ordnung, offenbart etwas von der Idee, die ihm einmal zugrunde gelegt worden sein muß: Die monumentale Ost-West-Achse wirkt wie ein begradigtes Flußbett, in das, durch das Kreisrund der Verkehrsinsel reguliert, drei gewaltige Verkehrsströme lautlos und scheinbar fließend einmünden. Die intendierte Rationalität dieser Anlage zeigt sich im Raster, das dem Platz und den Gebäuden als Ordnungsgeste unterlegt ist und in Pflasterung und Gebäudestruktur zur Anschauung gebracht worden ist.

Von unten allerdings, aus der Perspektive des Autofahrers und erst recht aus der des Fußgängers ist es vorbei mit dem lautlosen Verkehrsfluß. Es ergeben sich Szenen willkürlich anmutender Kulissenschieberei, gipfelnd in einem schon komisch zu nennenden, allerdings – Sitzbänke deuten es an – durchaus gewollten Besuch der Mittelinsel des Platzes. Die kreisrunde Insel mit den Fontänen erreicht man nur durch einen dunklen Tunnel und muß sie auf demselben Weg auch wieder verlassen, denn der Tunnel wird noch nicht einmal vollständig unter dem Platz hindurchgeführt.

Zugegeben, der Ernst-Reuter-Platz ist nicht schön. Er scheint aus heutiger Sicht ganz und gar kein Objekt touristischen oder kunsthistorischen Interesses zu sein. Diese Anlage aber als *Nicht-Platz* zu bezeichnen, bereitet dennoch aus verschiedenen Gründen Schwierigkeiten.

An auffallender Stelle und durch die gewaltigen Ausmaße unübersehbar, zäsiert der Platz die vielleicht geschichtsträchtigste Straße Berlins, die Ost-West-Achse, jene von Ost nach West: Unter den Linden, Straße des 17. Juni, Bismarckstraße, Heerstraße genannte Magistrale, die das Stadtbild Berlins so deutlich prägt. In einer Linie mit dem Brandenburger Tor, der Siegessäule und dem Theodor-Heuss-Platz ist er ein Zentralpunkt von West-Berlins Zentrum Charlottenburg und der einzige Kommentar zu Albert Speers Vision eines Berliner Achsenkreuzes.

2 Westecker (1962), S. 55.
3 Sack (1985).

Die Gebäude, die sich um den Verkehrskreisel gruppieren, Verwaltungsgebäude der Industrie, von Banken, Versicherungen und der Technischen Universität lassen ahnen, daß diesem Platz auch als Standort Bedeutung zukommen sollte.

In den Diskussionen und Beratungen, die 1953 über die Gestaltung des ehemaligen Charlottenburger Knies geführt wurden, stellte man sich gern einen *Weltstadtplatz* vor, eine Lösung mindestens auf dem Niveau der Place d'Etoile in Paris. Vor Augen das Ostberliner *Feindbild*, die seit 1951 im Bau befindliche Stalinallee mit dem Strausberger Platz und dem Frankfurter Torplatz im Osten der Stadt, wollte man mit dem Ernst-Reuter-Platz und wenig später mit dem Hansaviertel eine – so hieß es – „*neue baugesinnung*" Gestalt annehmen lassen.

Denn in beiden Teilen Berlins glaubte man sich in der Lage, quasi stellvertretend an der Front, Städtebau als Weltanschauung demonstrieren zu können. Ungeachtet allerdings der mangelnden gesellschaftlichen Erfahrung mit der Demokratie einerseits, dem Sozialismus andererseits.

Für Aus- und Ansehen des Ernst-Reuter-Platzes scheint man also weder etwaige Konzeptionslosigkeit des Wiederaufbaus noch allein die Willkür verkehrsbesessener Planer verantwortlich machen zu können. Sondern die Rekonstruktion der Bedeutungen, die mit dem Vorhaben Ernst-Reuter-Platz intendiert waren, stellt auch die Rekonstruktion einer innerhalb von weniger als dreißig Jahren unverständlich gewordenen Ikonographie des Wiederaufbaus dar.

Hier ist nicht der Raum, die Geschichte dieses Platzes und seiner verlorengegangenen Intention vollständig zu rekonstruieren. Es soll jedoch am Beispiel des Ernst-Reuter-Platzes der Begriff der Öffentlichkeit, der sich heute scheinbar wieder selbstverständlich mit der Idee eines Stadtplatzes verbindet, auf dem Hintergrund der stadtplanerischen Diskussion der fünfziger Jahre analysiert werden. Und zweitens sollen einige Mittel der Inszenierung dieses Platzes vorgestellt werden. Damit sind solche Mittel gemeint, die die Sprache der Architektur verstärken oder übersetzen, selbst jedoch nicht unbedingt architektonischer oder städtebaulicher Art sind.

2. Die Straße wird *sachlich*. Der Verkehr wird zum *Wahrzeichen*

Schon immer galt die Achse als Mittel eines Städtebaus, der sich als gebaute Weltanschauung begreift. Die Berliner Achse geht auf absolutistisch-symbolische Pläne Friedrichs des Ersten zurück und fand ihre heutige Gestalt durch Albert Speer, der sie zum Bestandteil seiner monumentalen Berlinpläne machte.

Nach dem Zweiten Weltkrieg offenbarten die Neu- und Wiederaufbaupläne für Berlin zunächst, daß die Achse zum stellvertretenden Zeichen einer Vergangenheit geworden war, der man am liebsten aus dem Weg gehen wollte, indem man die Aufmarschachsen zu Verkehrswegen umwidmete. Die Ost-West-Achse Albert Speers sollte zunächst sogar ganz lahmgelegt und Teil des dann verkehrsberuhigten Tiergartens werden. So zum Beispiel im *Zehlendorfer Plan* von Walter Moest, der 1946 den Plan zu einem ostwestlich und nordsüdlich verlaufenden Verkehrsband unter Ausklammerung eines großen Teils der Ost-West-Achse entwickelte.

Sein Verkehrsband erläuterte Moest so:

> „Wir wollen in diesem Zusammenhang nie von Achsen sprechen! Unsere Straßen sollen keine starren und dadurch öden Geraden darstellen; wir wollen richtiger von Stadtdurchquerungen sprechen und damit betonen, daß es sich um keine ‚repräsentativen‘ Gebilde handelt, sondern um schlichte, sachliche Verkehrswege.“[4]

Mit der Betonung von *Schlichtheit* und *Sachlichkeit* traf Moest durchaus die erwünschte Geisteshaltung der Nachkriegsjahre und auch die Erwartung von Karl Bonatz, dem Leiter des Berliner Stadtplanungsamtes, der 1947 angesichts der ersten Wiederaufbaupläne mehr Realitätssinn einforderte. In Erwartung einer vereinigten Metropole und Hauptstadt Berlin wurde ein immenses Verkehrsaufkommen fast schon beschworen. Zwar hatten deshalb auch Moests Pläne für die Stillegung der Ost-West-Achse keine Chance, seine Wertschätzung der Verkehrsplanung kennzeichnet jedoch das geistige Vakuum, in dem einem Verkehrsband einerseits Sachlichkeit attestiert, andererseits Wahrzeichencharakter zugesprochen werden konnte:

> „Es wird über dieses Band und seine Vorteile noch manches zu sagen sein, an dieser Stelle sei nur bemerkt, daß so mit verhältnismäßig geringem Aufwand ein Gebilde geschaffen werden kann, das, erwachsen aus ganz nüchternen, praktischen Erwägungen, in dieser Form etwas durchaus Neues darstellt und wohl dazu beitragen könnte, dem neuen Berlin eine Art Wahrzeichen zu geben und ein markanter Teil des erstrebten und zu formenden ‚Gestaltbilds‘ der Stadt zu werden.“[5]

Das Changieren zwischen dem Bemühen um Sachlichkeit und dem Bedürfnis nach Wahrzeichen mag die Atmosphäre skizzieren, in der im Jahr 1953 im Planungsbeirat der Stadt Berlin die ersten Pläne zur Umgestaltung des volkstümlichen Charlottenburger „Knies“ in einen Weltstadtplatz diskutiert wurden. Vielleicht verwundert es auch nicht mehr so sehr, daß es Verkehrsplaner waren, die die grundlegende Idee – einen Kreisverkehr von beträchtlicher Größe – propagierten. Aus Sicht der anwesenden Städtebauer, die doch traditionell viel eher sich für Wahrzeichen und ähnliches zuständig fühlten, war diese Art der Platzgestaltung, die den Verkehr zum Hauptthema machte, allenfalls als Kompromiß zu betrachten: Ließ ein so großer Kreis mit den sehr breiten einmündenden Straßen doch kaum eine architektonische Platzgestaltung zu.

Nachdem jedoch im Verlauf der Verhandlungen klar wurde, daß im Klima der fünfziger Jahre das Duell zwischen den Städtebauern und den Verkehrsplanern zugunsten letzterer ausgehen würde, einigte man sich ganz im Sinne des Moest-Planes: Erwünscht wurde eine über die reine Funktionalität des Verkehrsverteilers hinausgehende, wahrhaft repräsentative

---

4 Moest (1947), S. 14.
5 Ebd.

Lösung, und man dachte dabei gern an die Place d'Etoile in Paris oder auch an einen die Verkehrsgeschwindigkeit adelnden Weltstadtplatz à la Martin Wagner. Einen internationalen Wettbewerb hielt man für unumgänglich, und nun konnten auch die Städtebauer wieder aufatmen:

> „Man hätte hier wohl die Möglichkeit, etwas diktatorischer vorzugehen und zu sagen: wer hier bauen will, muß sich an den Gesamtplan halten. Sonst kommen wir nie aus Kleinkleckersdorf heraus und werden nie eine Stadt mit kulturellem Niveau werden."[6]

Der Vergleich mit Paris, vor allem aber die Vorstellung von einem zugrunde gelegten Gesamtplan ließ Großes erwarten. Zum Beispiel den vom Planungsbeirat erwünschten Wettbewerb. Ein Wettbewerb fand jedoch nie statt. Es existieren nur zwei konkrete Vorschläge für die Gestaltung des Ernst-Reuter-Platzes, von denen der des Architekten Bernhard Hermkes zur Ausführung bestimmt wurde.[7] 1955 wurde Hermkes, der als einer der Architekten der Grindelhochhäuser in Hamburg bekannt geworden war, nach Berlin berufen. Im Direktauftrag erging an ihn die Aufgabe, innerhalb weniger Wochen den architektonischen Rahmen für den Verkehrskreisel zu finden.

3. Das Modell: Die Demokratie als Bauherr

Das Foto aus der *FAZ* vom November 1955 zeigt Hermkes zusammen mit Otto Bartning, West-Berlins städtebaulichem Berater in den fünfziger Jahren, und mit dem Bausenator Rolf Schwedler vor einem Tisch, auf dem Hermkes' Modell für den Ernst-Reuter-Platz aufgebaut ist. In gelockerter Haltung, die bevorzugte Perspektive von oben wählend, scheint man sich darüber zu unterhalten, ob man vielleicht hier und da noch ein Teilchen verschieben könne.

Der Umstand, daß das Modell auf einem rechteckigen, knapp bemessenen Tisch Platz findet, mag schon andeuten, daß zu keinem Zeitpunkt der Planungs- und Baugeschichte vom weiteren Umfeld des Platzes die Rede war.

Alle Modellfotografien, nach denen ich die folgende Skizze des ursprünglich Intendierten wage, wurden mir von Hermkes zur Verfügung gestellt. Er hat sie nach seinen Vorstellungen von einem auf Architekturmodelle spezialisierten Fotografen anfertigen lassen. Die Fotografien geben also die erwünschte Sicht auf die Dinge wieder.

Hauptsächlich wurde die Perspektive von schräg oben gewählt. Das Modell ist jeweils in dramatisierender Weise scharfkantig gegen einen dunklen Hintergrund gesetzt. Das zeit-

---

6 Protokoll Planungsbeirat (1953), S. 27.

7 Das zweite Modell stammt von Willy Kreuer. Kreuer war Professor an der damaligen TH Charlottenburg und Architekt der am Reuter-Platz liegenden Fakultät für Bergbau- und Hüttenwesen. Kreuers Modell stellt keine grundsätzliche Alternative zum Hermkes-Modell dar. Es erscheint jedoch in der Verteilung der Baumassen weniger „geordnet", der Kreisverkehr fließt bei Kreuer eher um eine kartoffelähnliche Mittelinsel, denn um einen Kreis.

Abb. 2: Bernhard Hermkes, Otto Bartning und Rolf Schwedler (v. l.) vor dem Modell zum Ernst-Reuter-Platz, 1955. Foto: *FAZ*, 16. 11. 1955.

typische Ausblenden des städtischen Umfeldes, die Nichtfarbigkeit der Modellkörper, das Fehlen des menschlichen Maßstabes, etwa in Form von Menschen- oder Automodellen, läßt diese Art von Architekturmodell nicht als Illusion von Wirklichkeit, sondern deutlich als Vorgabe, als Vision erscheinen. Im Gegensatz dazu steht die recht detaillierte Gestaltungsvorschrift, für die Hermkes einen Entwurf erarbeitete. In ihr ist von einzuhaltenden Höhen, von zu verwendenden Materialien, über die einheitliche Gestaltung und freie Zugänglichkeit der Freiflächen bis hin zu Größe und Farbigkeit der Reklamezeichen die Rede. Modell und Gestaltungsvorschrift – für die allerdings eine gesetzliche Durchsetzungsmöglichkeit fehlte – machen deutlich, daß hier ein Ensemble geplant war.

Das Rechteck ist die dominierende Form des Modells. Es gestaltet sowohl die einzelnen Gebäude, wie sich auch die Verteilung der Gebäude über den Raum einem imaginären Bodenraster unterzuordnen scheint. Die Form des inneren Kreises der Verkehrsinsel wird negiert.

Der fehlende Bezug auf eine sammelnde Mitte und der zugrunde gelegte Raster geben dem Modell den Charakter einer potentiell endlos in das ausgeblendete städtische Umfeld ausgreifenden Struktur. Die Wiederholung wird somit ebenfalls zu einem bestimmenden gestalterischen Element. Bis auf die „Dominante", das höchste Haus, das sich zur Ost-West-Achse wie ein potentieller Riegel verhält, sind alle anderen Gebäude von gleicher Höhe. Die scharfkantig geometrischen Formen der Gebäude lassen sie als eigenständige Elemente erscheinen, die lose und variabel auf einen neutralen Grund gesetzt wurden. Ihre dennoch streng durchdachte Zuordnung zueinander wird durch das Verklammerungsprinzip der Passagen betont, die die Baukörper jeweils im zweiten Geschoß miteinander verbinden und so Wege über die Straßen und durch die Gebäude hindurch erschließen sollten.[8]

Rechteck, Raster, Wiederholung und die betont sparsame Differenzierung in der Höhenentwicklung lassen die Komposition von einem fast rigiden Ordnungswillen beherrscht erscheinen. Dieser Rigidität entgegen wirkt die Großzügigkeit der Raumaufteilung, der die Gebäude „umspülende" Raum, das Motiv der Freiräume in Form von Kolonnaden und Passagen.

Wie eingangs erwähnt, bildete die Stalinallee mit Strausberger Platz und Frankfurter Torplatz die Negativfolie, auf der man das Modell des Architekten Hermkes akzeptierte, und das aus dem alten „Knie" einen auch architektonisch repräsentativen Verkehrsknotenpunkt werden lassen sollte. Deshalb ist zu fragen, was an Hermkes' Modell so besonders „demokratisch" und „modern" anmutete.

Obwohl man in Zeitschriften und Zeitungen der fünfziger Jahre kaum eine Möglichkeit ausließ, den ostdeutschen Städtebau schon allein deshalb als diktatorisch zu bezeichnen, weil er Achsen als räumliche Ordnungselemente zuließ, so konnte und wollte man ja auch in West-Berlin die Ost-West-Achse nicht aus dem Stadtbild verschwinden lassen. Man wollte jedoch dem perspektivisch geschlossenen Stadtraum der Stalinallee einen „offenen" Raum gegenüberstellen. Denn damit meinte man einer der Forderungen entsprechen zu können, die Adolf Arndt in seinem oft zitierten Vortrag über *Demokratie als Bauherr* populär machte: daß in einer Demokratie die einseitige Ausrichtung des Menschen durch einseitig

---

8 In der Realisierung fiel die Idee der Passagen als eines der ersten und wichtigsten Elemente des Modells den Interessen der Bauherren zum Opfer, die es sich nicht vorstellen konnten, daß ein Stockwerk ihrer Gebäude dem städtischen Publikum geopfert werden sollte.

gerichtete Räume (wie zum Beispiel eine Achse es ist) zu verhindern sei.[9] Die Perspektive „von oben", die ja eine wesentliche Ansicht zur Entschlüsselung der Raumidee darstellt, wurde in den fünfziger Jahren so diskutiert, als würde sie bald ebenso üblich sein wie die des Fußgängers. Immer wieder wurde gefordert, nicht nur Hubschrauberlandeplätze in den Städten der Moderne zu planen, sondern grundsätzlich das Wesen von Architektur und Stadtplanung durch die Dimension der zivilen Nutzung des Luftraumes zu erweitern.[10]

Wo der Architekt und Stadtplaner Henselmann im Osten Berlins den Prospekt der Stalinallee durch die symmetrisch angeordneten Turmbauten noch betonte, findet sich am Ernst-Reuter-Platz nur eine einzige, dafür aber um so höhere Dominante, die der Achse ihre Gerichtetheit nehmen will, indem sie wie ein potentieller Riegel angeordnet ist. Der mit dem Thema des Turms verbundenen und zu Beginn der fünfziger Jahre noch sehr kritisch betrachteten Gefahr der Machtanmaßung wurde durch die Idee des *Ensembles* begegnet. Nicht individuelle Bauherren sollten sich hier konkurrierend darstellen dürfen, sondern die Gebäude wären nur zusammen sinnvoll zu lesen gewesen. So wäre die Dominante auch nicht das individuelle Zeichen *eines* Anliegers gewesen, sondern ein stellvertretendes Zeichen für die sich am Reuter-Platz präsentierende wirtschaftliche Kraft überhaupt. Es erscheint möglich, daß man ein erstes Nutzungskonzept, das für den Reuter-Platz in der Hauptsache Schulen vorsah, auch deshalb verwarf, weil man in bezug auf die Stalinallee und den Stolz der DDR, dort auch Arbeiterwohnungen zu errichten, am Ernst-Reuter-Platz einen modernen Wirtschaftsstandort erträumte: einen Ort, der demonstrieren sollte, daß der Kapitalismus westdeutscher Prägung sich an demokratische Regeln zu halten weiß.

Während der sehr langen Baugeschichte von 1953 bis weit in die siebziger Jahre hinein erwies es sich, daß ein Leitbild, das Demokratie und Kapitalismus im Bauen vereinigt hätte, ebenso fehlte wie der Stadt Berlin die ökonomische Stärke, um einen solchen Anspruch aufrechterhalten zu können.

Von 1953, dem Beginn des Unternehmens, bis circa 1963, dem Jahr der Einweihung des „IBM-Hauses", tat man von seiten des Berliner Senates, der lokalen und überregionalen Presse und der anfangs durchaus geneigten Berliner Bevölkerung alles, um den neuen Platz als hervorragenden Ort im kollektiven Gedächtnis der Stadt Berlin zu verankern.

Die kurze Hochzeit des Reuter-Platzes verdankt sich aber eher dem Versuch einer Inszenierung mit „weichen Mitteln" denn dem Anspruch, Architektur und Städtebau in einer demokratischen Sprache reden zu lassen.

Ohne Bezug auf ein Publikum, das einen neugeschaffenen Ort in Besitz nimmt, ist aber jede noch so großartige Inszenierung wirkungslos.

Es soll daher zunächst nach dem Bild dieses Publikums gefragt werden, wie es aus der städtebaulichen Diskussion der fünfziger Jahre zu rekonstruieren ist.

9   Arndt (1961), S. 13ff.
10 Z. B. Le Corbusier: *Aircraft. The New Vision*, London 1935; dt. Erstveröffentlichung in H. B. Reichow: *Die autogerechte Stadt*, Ravensburg 1959. Oder auch Otto (1959): *die stadt von morgen*, S. 70.

4. Von menschlichen Fluten und menschlichen Eliten

> „(…) etwas Neues, das über die Versammlung hineinstürzte wie Wasser, das sich nach langem Aufstauen hinter einem Damm selbst den Weg bahnte."[11]

Es war die Öffentlichkeit, die mit diesen Worten, „sehr zum Schrecken der niederländischen Teilnehmer", wie Günther Kühne in der *Bauwelt* vermerkte, auf einer Städtebautagung in Dortmund umschrieben wurde. Unter dem Motto „Der Stadtplan geht uns alle an" suchte man nach Wegen, Planungsprozesse transparenter zu machen, wenn das auch noch nicht bedeuten sollte, daß man die Öffentlichkeit in den Planungsprozeß selbst einbeziehen wollte. Zwar erhielt die Schweizer Kongreßdelegation in Person von Max Frisch und Lucius Burckhardt viel Beifall für ihren Bericht, in dem der Schweizer Weg der direkten Volksabstimmung geschildert wurde. Für Deutschland wollte man diese Form der Willensfindung jedoch nicht akzeptieren. Ein anderes Bild erregte die Aufmerksamkeit. Erich Kühn entwarf das Modell des „inneren Ringes". Damit war der „Kreis der schon Verstehenden" gemeint, der über persönliches Vorbild wirkt und durch Volksschule und Volkshochschule langsam gestärkt und ausgeweitet werden sollte. Anstelle einer von vornherein auf die gesamte Gesellschaft zielenden Überzeugungsarbeit, die möglichst schnell möglichst viele Menschen erreichen will, setzte man in Dortmund auf den gegenteiligen Weg. Hier wurde die Vorbildwirkung einer kleinen Gemeinschaft betont:

> „Die Stärkung eines ‚inneren Ringes', die Erziehung einer menschlichen Elite, muß unser hauptsächliches Anliegen sein."[12]

Gegen die Gefahr des eingangs beschworenen Bildes der „Dämme brechenden Flut", die sich von selbst (!) ihren Weg bahnt, suchte man Schutz im „inneren Ring".

Ähnlich wie die Öffentlichkeit als befremdliche Erscheinung wahrgenommen wurde, rief auch die Stadt sehr zwiespältige Gefühle hervor. Zwar enthalten alle nun folgenden Zitate, die ich als zeittypische Aussagen bezeichne, Bekenntnisse zur *Stadt als Lebensform*, jedoch glich die erwünschte *Stadt von morgen* in nichts mehr der gewohnten, der immer noch bewohnten Stadt. Diese Stadt veranlaßte die Planer zu Vorstellungen, die nahtlos die traditionell großstadtfeindliche Geschichte – nicht nur des deutschen Städtebaus – weiterschreiben:

> „Mit der Entwicklung unserer technischen Welt stimmen unsere Städte am wenigsten überein. In überkommenen Stadtgefügen verkrustet, verharren unsere Städte in steinernen, bodengebundenen Traditionen. (…) Der Mangel an eigener Gestalt verhindert aber jede formende Wirkung der Stadt auf das Dasein und Zusammenleben der Menschen."[13]

---

11 Kühne (1955), S. 221.
12 Ebd., S. 222.
13 Otto (1957): „Idee und Ziel", S. 31.

„Wie kann nun die Öffentlichkeit an solche Erkenntnisse herangeführt werden? Dies erscheint nur möglich, wenn man den ‚Bürger‘ davon überzeugt, daß das Dasein in der heutigen Stadt nicht mehr in Ordnung ist und sich in chaotischer Weise zur Unordnung entwickeln muß (…).“[14]

Der Bürger, der sich in solchen Ausführungen nicht umsonst in Anführungszeichen gesetzt sah, sollte also von der Jämmerlichkeit seines städtischen Daseins erst noch überzeugt werden. Falls das nicht gelänge,

„müßten zwangsläufig weiterhin zunehmende Vermassungserscheinungen in unserer Gesellschaft entstehen, deren Folgen für Bestand und Wert unserer Kultur immer katastrophaler werden dürften“.[15]

So hieß es im 1959 in erweiterter Fassung erschienenen Katalog zur Ausstellung *die stadt von morgen*, die 1957 anläßlich der *interbau* in West-Berlin gezeigt wurde. Nicht nur auf Kongressen wie in Dortmund, auch in Berlin befand man:

„Wie Städtebau und Gesellschaft im Zeitalter der Menge sich entsprechen können, ist eines der Probleme unserer Zeit.“[16]

Es ist offensichtlich, daß in der Vorstellungswelt der Planer das Bild der Masse, der „Dämme brechenden Flut“, die das „verkrustete“ Stadtgefüge in chaotischer Weise sprengen würde, eine weitaus größere Kraft hatte als der Begriff der Öffentlichkeit.

Einer der ersten fremdsprachigen Fachautoren, die nach dem Krieg in West-Deutschland übersetzt wurden, war der amerikanische Soziologe Lewis Mumford. In der Zeitschrift *Die neue Stadt* vom Dezember 1949 fand man Mumfords Gedanken „Über die Kultur der Städte“:

„Eigenart und Form der Stadt lassen den Entwicklungsgang des sozialen Lebens sichtbar werden und bewahren an sich vergängliche historische Leistungen in Gestaltungen, die die Zeit überdauern. Die Stadt ist das Symbol einander zugeordneter sozialer Beziehungen. (…) Hier in der Stadt sind die Güter der Kultur zahlreich und vielfältig, hier wird die menschliche Erfahrung durch Austausch bereichert, in lebensfähige Zeichen, Symbole und Vorbilder für die politische Ordnung verwandelt.“[17]

Die politische Un-Ordnung hatte in Deutschland lebensvernichtende Zeichen geschaffen und die *Städte als Symbole einander zugeordneter sozialer Beziehungen* zerstört. Die Planer des Wiederaufbaus waren nicht in der Lage, eine Stadt mit den Augen Mumfords zu sehen.

---

14   Ebd., S. 32.
15   Ebd.
16   Kühn (1957), S. 216.
17   Mumford (1949), S. 388.

5. Verkehrs-Massen

Erst am Ende der fünfziger Jahre begann sich in der Diskussion ein Gefühl des Verlustes lebendigen städtischen Lebens bemerkbar zu machen. Nur langsam wurde eine stadtkonstituierende Kategorie wiedereingeführt, die lange Zeit keine Rolle gespielt hatte. Noch ähnlich distanziert wie die „Öffentlichkeit" und bezeichnenderweise als „Raum der Gemeinschaft" umschrieben, taucht der „öffentliche Raum" auf:

> „Auch die Empfindung eines ‚öffentlichen Raumes‘, mit dem sich die städtische Gemeinschaft selbst repräsentiert, wird in den Städten nicht spürbar. Wir können überall nur noch hindurchfahren."[18]

Zwar hatte die Verkehrsplanung kein Wahrzeichen geschaffen, aber man war im Begriff, die Stadt in ihre Einzelfunktionen zu zerlegen und damit ihre Vielschichtigkeit, die die Stadt zum *Symbol einander zugeordneter sozialer Bindungen* macht, zu zerstören.

In den fünfziger und besonders deutlich in den sechziger Jahren räumte die Fachwelt der Verkehrsplanung einen herausragenden Stellenwert in der Diskussion über die moderne Stadt ein. Dabei handelte es sich ganz überwiegend um den Auto-Verkehr, dem immer noch mehr Platz zu schaffen war. Diese Debatten und ihre realen Konsequenzen schienen den Vorteil zu haben, unter dem Etikett der *Sachlichkeit* des Ingenieurs geführt werden zu können, fernab aller „Weltanschauungsdebatten", denen sich die Städtebauer zu stellen haben.

Am Beispiel des Ernst-Reuter-Platzes möchte ich jedoch deutlich machen, daß die Planung des städtischen Verkehrs auch als Wunsch nach einer Choreographie der Massen gelesen werden kann und weniger ein Resultat *sachlicher* Planung darstellt.

Die „Blechlawinen" und „Autofluten" befanden sich angeblich schon Mitte der fünfziger Jahre in ähnlich chaotischer, bedrohlicher Unordnung wie die Menschen, die in der verkrusteten Stadt sich drängten. Für Städtebauer und Verkehrsplaner als „Gestalter" war die Vorstellung, durch klare, breite Straßen Schneisen in die verkrustete Stadt zu schlagen, synonym mit der Möglichkeit, endlich das erträumte Bild der Ordnung zu schaffen. Dieses Bild, wie auch der Reuter-Platz am besten *von oben* zu betrachten, verband sich mit der Vorstellung vom unendlich fließenden Verkehrsstrom. Für den Reuter-Platz beschwor der Verkehrsdezernent eine Lösung, die es ermöglichen sollte,

> „daß auf den Kreis einmündende Fahrzeuge nicht kreuzende Bewegungen ausführen müssen, sondern einschleifende und der Verkehrsfluß flüssig ist, so flüssig, daß er den Verkehrsstrom aufnehmen kann".[19]

Die Zuschauer auf Autobahnbrücken beweisen bis heute die Anziehungskraft der in ihren Autos als Individuen getarnten Masse Mensch. Was Stadt- und Verkehrsplaner offensicht-

---

18   Otto (1959): *die stadt von morgen*, S. 12.
19   Protokoll Planungsbeirat (1953), S. 23.

Abb. 3: Das Trauma der Planer: Häuser-Massen und Menschen-Massen. Fotografische Gegenüberstellung in der Ausstellung *die stadt von morgen*, 1957 in Berlin. Abgebildet in: Otto (1959).

Abb. 4: Formationen des Autoverkehrs als Bilder der Masse. Fotografische Gegenüberstellung in der Ausstellung *die stadt von morgen*, 1957 in Berlin. Abgebildet in: Otto (1959).

lich verdrängen, ist die Eigenschaft der Masse, immer noch wachsen zu wollen. Bald wollte *jeder* ein Auto haben. Je breiter man die Straßen machte, um so beharrlicher füllten sie sich wieder mit Autos an. Der Verkehr, den man sich so schön flüssig wünschte, begann sich zu stauen und zu stocken. Der gefährlichste Aggregatzustand einer Masse war wieder erreicht. Die Unfälle nahmen zu. Für den Ernst-Reuter-Platz hatte das die konkrete Auswirkung, daß man – wie sollte es auch anders sein – die *öffentlichen* Verkehrsmittel aus dem Kreisverkehr nahm und anstelle dessen eine weitere Autofahrspur einrichtete.

6. Das Licht. Eine Pathosformel der Moderne

Ein weiteres Mittel der Inszenierung des Ernst-Reuter-Platzes war das Licht in allen seinen Erscheinungsformen. Schon bevor es den Ernst-Reuter-Platz auch nur dem Namen nach gab, war ja schon die Ost-West-Achse zur Bühne von Masseninszenierungen des Nationalsozialismus geworden, die ohne die Ausstattung mit der „Stimmungsarchitektur" Benno von Arents und den noch heute dort leuchtenden Speerschen Kandelabern kaum halb so wirkungsvoll gewesen wären.

Am Anfang des *Unternehmens Ernst-Reuter-Platz* stand die Zerstörung. Ein abgeräumtes Trümmerfeld. Wenn überhaupt, dann nur notdürftige Straßenbeleuchtung. Kaum ein Gebäude, das während der Dunkelheit hätte Licht spenden können. Es muß vor allem nachts ein unheimlicher Ort gewesen sein, den man sich ausgesucht hatte, um dort den „modernsten Verkehrsknotenpunkt Berlins" zu schaffen. Zur Taufe des Platzes, der ja erst noch entstehen sollte, zur Umbenennung des „Knies" in „Ernst-Reuter-Platz", wurde eine nächtliche Stunde gewählt. Die Delegationen beleuchteten die Szenerie mit Fackeln.

Zu der im selben Jahr – 1953 – stattfindenden „Woche der Kriegsgefangenen" fand eine Feierstunde auf dem Ernst-Reuter-Platz statt. Man ließ auf der provisorisch eingerichteten Mittelinsel Turngruppen auftreten und installierte einen Pylon, der eine „ewige Flamme" trug.

Als „Haus des Lichts", als „Haus der 4000 Lampen" wurde im Jahr 1957 das erste Haus am Platz, das Verwaltungsgebäude der Firma „Osram" eingeweiht (heute „Eternit"). Der dunkle Ort erhielt durch dieses Gebäude seine erste, auch während der Nachtstunden andauernde Beleuchtung. Der Werbeklassiker der Firma „Osram" stammt aus jenen fünfziger Jahren und lautet: „Hell wie der lichte Tag". Unterstützt wurde dieses erste zivile Licht durch achtarmige, um den Verkehrskreis aufgestellte Strahlenkranzleuchten, die ein gedämpfteres, festlicheres Licht verbreitet haben müssen als die in den siebziger Jahren installierten Tiefstrahler und die auch einen deutlichen Kontrast zur düsteren Feierlichkeit der Speerschen Kandelaber setzten.

1960 wurde das „Telefunken-Hochhaus" eröffnet und tat sein Bestes, um ebenfalls durch nächtliche Illumination Weltstadtplatzgefühle zu wecken.

Die Einweihung der Mittelinsel geriet vollends zu einer „Sensation", zu einem „Spektakel", denn vor der halbfertigen Kulisse der beleuchteten Bürohäuser wurden die Fontänen, angestrahlt durch unterirdische Scheinwerfer, in nächtlicher Feierstunde eingeweiht. „Tausende" von Schaulustigen fanden sich ein, ein „Verkehrschaos" verursachend, bei dem der Polizei „angst und bange" wurde, wie die Berliner Presse notierte.

1963 wird nicht nur das „IBM-Haus" eingeweiht, sondern vor allem die *Flamme* Bernhard Heiligers enthüllt, eine Bronzeskulptur zum Gedenken an Ernst Reuter, die auf dem Vorplatz der Technischen Universität steht. Dies geschieht natürlich in nächtlicher Feierstunde, wiederum beim Schein von Fackeln, die man – nach einem Fackelzug zur Freien Universität – zu hochlodernden Haufen zusammenträgt. Auch die *Flamme* erhält ihr Leben durch unterirdische Scheinwerfer.

Das Jahr 1963 kennzeichnet aber auch den Wendepunkt, von dem an der Platz bald nichts mehr ist als ein Ärgernis. Die politisch-ökonomische Lage beendet den Lichtzauber auf dem Ernst-Reuter-Platz. Keine Inszenierungen mehr, keine Einweihungen, Baustopp. Das Licht der Bürohäuser beleuchtet einen leeren Platz, leere Szenerie; es wird nun als „kaltes" Licht wahrgenommen. Die Presse bemerkt jetzt, daß dieser Platz kein eigenständiges Leben, das sich außerhalb von offiziell anberaumten Feierstunden entfaltet, entwickeln kann. Man sehnt sich zurück nach dem alten „Knie" mit seinen Hotels und Gaststätten.

Die Lichtregie des Ernst-Reuter-Platzes bietet verschiedene Deutungsmöglichkeiten. Schon zur modernen Architektur der zwanziger Jahre mit ihrer lichten Bauweise, der Verwendung großer Glasflächen, gehörte die Illumination als gestaltendes Element. In den fünfziger Jahren erhält diese Pathosformel der Moderne einen zusätzlichen Akzent, denn nun ist die „Verschwendung" elektrischen Lichtes auch als Fest der Wiedergewinnung städtischen Lebens, als Feier des Friedens und des Wirtschafts„wunders" zugleich zu lesen.

Während der Zeit, in der der Ernst-Reuter-Platz als Festplatz, als Ort der Demonstration politischer und wirtschaftlicher Stärke genutzt wurde, erscheint die elektrische Beleuchtung zudem als eine Steigerung des Lichtes der Fackeln, das seine Verfestigung und Verewigung in der *Flamme* für Ernst Reuter erhielt.

So kann das Feuer in seinen unterschiedlichsten Erscheinungsformen auftreten und erinnert doch immer an seinen Ursprung. Auch Wolfgang Schivelbusch schreibt in seiner *Geschichte der künstlichen Helligkeit*:

> „Das künstliche Licht hat seinen Ursprung im Feuer. Auch das elektrische Licht ‚brennt', sobald es eingeschaltet ist. Die drei großen Kulturleistungen des Feuers für die frühe Menschheit sind das Kochen (...), das Heizen und das Leuchten. Sie kommen ursprünglich aus dem einen ungeteilten Feuer, um das sich die Menschen nach Einbruch der Dunkelheit versammeln. In dieser Einheit des Urfeuers liegt die Magie begründet, die das Feuer in archaischen Kulturen und in der Mythologie besitzt."[20]

Diese Magie scheint nicht nur in archaischen Kulturen zu wirken, sondern sich der industrialisierten Welt anpassen zu können. „Licht für alle" hieß der Werbeslogan der Firma „Siemens" noch in den sechziger Jahren, und damit war wohl nicht nur eine Persiflage auf den „Wohlstand für alle" gemeint.

---

20 Schivelbusch (1986), S. 12.

Auf dem Ernst-Reuter-Platz fragte man sich jedoch bald, für wen und für was das Licht dort strahlte. Es gab ja keine Feiern mehr, und zu kaufen gab es dort auch nichts. An anderen Orten der Stadt hatte die Magie des Lichtes neue Erscheinungsformen bekommen und sich attraktiv dem Innovationszwang der Konsumgesellschaft anverwandelt: bot Feuerwerke, farbig beleuchtete Fontänen, die gar zur Musik auf und ab tanzten, und wandelte sich in den achtziger Jahren zu modernen Laserspektakeln.

7. „Ihr Völker der Welt …"

Abb. 5: Links: Kundgebung auf dem „Platz der Republik" in Berlin 1948. Abbildung aus: Arno Scholz / Peter K. Orton: *Die Insel Berlin*, Berlin / London 1955. Rechts: „Hanse-Marathon", Hamburg 1988. Foto: *Hamburger Morgenpost*, 9. 5. 1988.

Planung und Inszenierung des Ernst-Reuter-Platzes deuten eher auf den Versuch einer Bewältigung des Problems der Masse hin, als daß man diesen Platz im Sinne heutiger Denkweisen als ein Raumangebot an die städtische Öffentlichkeit für mißlungen halten könnte.

---

21 Die Berliner Bevölkerung bekundete 1953 ihren Unmut darüber, daß man ausgerechnet das als Vergnü-

Vor diesem Hintergrund erhält auch die zunächst unverständlich erscheinende Namensgabe einen Sinn.[21] Die Person Ernst Reuters selbst verknüpft sich während der Nachkriegsjahre mit der Erscheinung der Masse. Kaum ein anderer Nachkriegspolitiker hat die Massen mobilisiert wie er. Hunderttausende von Berlinern fanden sich ein zu den Kundgebungen, auf denen Ernst Reuter sprach und Mut machte in den Zeiten der Blockade und Verunsicherung. Betrachtet man Pressefotos aus den ersten Nachkriegsjahren Berlins, so scheint es, als habe die Masse vor sich selbst keine Angst gehabt, und heute kommt kaum eine Städtewerbung mehr ohne Masseninszenierungen, etwa die beliebten Marathonläufe, aus. Stadtplaner haben das Bild der „dräuenden Gewitterwolken" und der „Dämme brechenden Fluten" aufgebracht und lassen Plätze wie den Ernst-Reuter-Platz als jene Art von Ordnungsversuchen erscheinen, die es uns heute so schwer machen, Städte als Orte zu entdecken, die nicht nur Massen, sondern Öffentlichkeiten Raum geben könnten.

Im Jahr 1950 erschien Frank Lloyd Wrights *Usonien. When Democracy Builds* erstmals in deutscher Sprache. Und die *Bauwelt* rezensierte es begeistert und nahezu distanzlos. Es hieß dort:

> „Der alte Frank Lloyd Wright sieht alle Architektur, alle Kultur, ja alles Menschentum auf zwei Grundformen zurückgehen: auf den nomadisierend frei im Lande herumziehenden, dieses Land aber souverän beherrschenden Menschen einerseits und auf den ängstlich sich in den ‚Schatten der Mauer' verkriechenden Städter andererseits. Dieser Städter ist der Prototyp des Staatssozialisten, des Kommunisten, des Nazi-Mitläufers: die urteilslose, aber ängstliche Masse. Jener andere aber ist der freie Abenteurer: ‚Er lebte unter freiem Himmel (beneath the stars), ein ungebrochener, furchtloser Mann, während jener andere als gehorsames Arbeitstier im Schatten der Mauer lebte. Er, der Nomade, war der Prototyp des Demokraten.'"[22]

Die Architektur und die Schriften Wrights fanden in der ersten Hälfte der fünfziger Jahre quer durch alle „Lager" der westdeutschen Architektenschaft eine begeisterte Aufnahme. Denn dieser Heros der amerikanischen Moderne legitimierte viel eher als Lewis Mumford ein Gedankengebäude, nach dem man sich sehnte: Man mußte die Stadt ja gar nicht lieben, um dennoch Demokrat sein zu können. Denn der konnte ja auch frei und ungebunden als Nomade leben.

Wie sehr das Problem des Umgangs mit der Masse tatsächlich nur verdrängt wurde, beweisen die Reaktionen auf den Zusammenbruch der ost-westlichen Weltordnung und auf die dadurch ausgelösten „Einwanderungswellen" und „Asylantenströme". Man weiß wenig mehr, als „Wälle" zu errichten und „Fluten einzudämmen".

Nachdem es in den achtziger Jahren noch so schien, als müßte die westliche Gesellschaft mit ihren Städten sich auf das „Schrumpfen" einrichten, so ist das Augenmerk nun unfrei-

---

gungsviertel bekannt gewordene „Knie" ausgewählt hatte, um den verstorbenen Bürgermeister Reuter zu ehren. Man meinte, daß der Platz vor dem Schöneberger Rathaus, auf dem man sich anläßlich seiner Reden einfand, besser geeignet gewesen wäre.

22 k. (1950): „Einer steht auf hohem Berge".

willig wieder auf das Wachsen gerichtet. Jedoch nicht auf das Wachsen des Wohlstandes, sondern auf das Anwachsen von Bevölkerungsgruppen, die man nun gar nicht mehr in Planungszellen unterbringen kann und für die auch alle anderen Räume fehlen. Das Auftauchen fremder Menschen in großer Zahl und das zahlenmäßige Wachstum derer, die zur fremden Masse werden, weil sie arm werden, verursacht damals wie heute in erster Linie Angst. Diese Angst ist auch jenen, heute so populären Phantasien über die *Stadt von morgen* anzumerken, die weder für Massen noch für Öffentlichkeiten Raum finden, die sich aber dafür um so lieber in den Dimensionen virtueller Räume und „Datenautobahnen" bewegen.

Literatur

ARNDT, ADOLF: *Demokratie als Bauherr*, Schriftenreihe der Akademie für Künste Berlin, Berlin 1961.

GAUSMANN, DAGMAR: *Der Ernst-Reuter-Platz in Berlin. Die Geschichte eines öffentlichen Raumes der fünfziger Jahre*, Hamburg / Münster 1992.

K.: „Einer steht auf hohem Berge und hat eine Vision. Zu Frank Lloyd Wright: Usonien", in: *Bauwelt*, 41. Jg. (1950), H. 50, S. 804f.

KÜHN, ERICH: „Bekenntnis zur Stadt", in: *Interbau 1957. Amtlicher Katalog der Internationalen Bauausstellung 1957*, Berlin 1957.

KÜHNE, GÜNTHER: „Der Stadtplan geht uns alle an" (Tagungsbericht), in: *Bauwelt*, 46. Jg. (1955), H. 12, S. 221f.

MOEST, WALTER: *Der Zehlendorfer Plan*, Schriftenreihe der Neuen Bauwelt, Berlin 1947.

MUMFORD, LEWIS: „Über die Kultur der Städte", in: *Die neue Stadt*, 3. Jg. (1949), H. Dez., S. 388f.

OTTO, KARL: „Idee und Ziel der Ausstellungsabteilung ‚die stadt von morgen'", in: *Interbau 1957. Amtlicher Katalog der Internationalen Bauausstellung 1957*, Berlin 1957.

OTTO, KARL (Hg.): *die stadt von morgen. gegenwartsprobleme für alle*, Berlin 1959.

Protokoll der Sitzung des Berliner Planungsbeirates vom 5. 6. 1953.

SACK, MANFRED: „Plätze in der Stadt", Plakattext der public-design-Messe 1985, Frankfurt/M. 1985.

SCHIVELBUSCH, WOLFGANG: *Lichtblicke. Zur Geschichte der künstlichen Helligkeit im 19. Jahrhundert*, Frankfurt/M. 1986.

WESTECKER, WILHELM: *Die Wiedergeburt der deutschen Städte*, Wien / Düsseldorf 1962.

Heinrich Wefing

Draußen vor der Glastür?

Zuschauer – Wähler – Machthaber: Das Volk als Adressat architektonischer Selbstdarstellung des Parlamentes

Bei der Einweihung des neuen Plenarbereichs für den Deutschen Bundestag im Herbst 1992 herrschte seltene Einmütigkeit in Bonn. Der von den Stuttgarter Architekten Behnisch und Partner entworfene Bau stieß allseits auf Zustimmung und wurde sogleich als Zeichen für die Verfassung der Republik gelesen.[1] Bundestagspräsidentin Rita Süssmuth erläuterte in ihrer Eröffnungsansprache: „Dieses Parlamentsgebäude beansprucht mehr als die architektonische Umsetzung parlamentarischer Funktionen. Es will selbst ein bestimmtes Demokratieverständnis zum Ausdruck bringen: Offenheit und Transparenz durch Glas, Nähe der Parlamentarier zu ihren Bürgern."[2] Der Abgeordnete Peter Conradi, der an den jahrelangen Bauplanungen entscheidend beteiligt war, meinte: „Über die Grenzen Deutschlands hinaus wird dieser Bau ein gutes Bild unserer Demokratie vermitteln."[3] Das Parlamentsgebäude also als ein Stück architektonischer Selbstdarstellung des Staates.

Selbstdarstellung[4] läßt sich allgemein umschreiben als die Präsentation eines Bildes des eigenen Selbst gegenüber anderen mit dem Ziel, die Wahrnehmung dieses Bildes durch die Adressaten im Sinne des Darstellers zu steuern und zu kontrollieren. Die Frage nach der Selbstdarstellung des Staates[5] berührt „Tiefenschichten des Verfassungsstaates".[6] Der Be-

---

1 Vgl. aus der Vielzahl der Äußerungen nur Hartung (1993): „Größenwahn": In dem Bau werde „Architektur zum politischen Ereignis. … Hier endlich [ist] die symbolische Form gefunden, die zwanglos auf den Inhalt schließen [läßt]: die Vollendung der Bonner Demokratie."

2 Vgl. Deutscher Bundestag, 12. Wahlperiode, Festakt zur Einweihung des neuen Plenarsaals, 30. Oktober 1992, Stenographischer Bericht, S. 9844.

3 Conradi (1992): „Bauherr Demokratie".

4 Grundlegend: Goffman (1991): *Selbstdarstellung*. Aus sozialpsychologischer Sicht vgl. Mummendey (1990): *Selbstdarstellung*.

5 Vgl. aus der eher spärlichen Literatur zur staatlichen Selbstdarstellung vor allem Quaritsch (1977): *Probleme der Selbstdarstellung*; Krüger (1966): *Staatslehre*, § 17; ders. (1977): „Staatspflege", S. 21–49. Allgemeiner: Stern (1984): *Staatsrecht*, S. 275; Maunz / Zippelius (1991): *Staatsrecht*, S. 56.

6 Häberle (1990): „Hauptstadtfrage", S. 989.

reich ist im Grundgesetz nur „bruchstückhaft"[7] geregelt, die Textaussage der Verfassung beschränkt sich auf den kargen Artikel 22: „Die Bundesflagge ist schwarz-rot-gold". Das Bundesverfassungsgericht entnimmt dieser Grundgesetzbestimmung aber das Recht des Staates, „sich zu seiner Selbstdarstellung solcher Symbole zu bedienen". Zweck der Sinnbilder sei es, „an das Staatsgefühl der Bürger zu appellieren".[8]

Wie jede Selbstdarstellung bedarf auch die Selbstdarstellung des Staates eines Publikums. Sie zielt auf einen Adressatenkreis, der sich aus einer Vielzahl von Individuen konstituiert, die sowohl individuell als auch in einer bestimmten Verbundenheit angesprochen werden können: Adressat staatlicher Selbstdarstellung ist das Volk, von der herrschenden Staatslehre verstanden als selbstbestimmungsfähiges, aus Individuen zusammengesetztes Kollektiv, dessen eigene Substanz sich nicht auf die einzelnen Angehörigen radizieren läßt.[9] Dieser Adressatenkreis ist als grundsätzlich offen anzusehen, beschränkt „durch kein anderes Kriterium als das individuelle Interesse" an der Selbstdarstellung des Staates.[10] Je nach Erscheinungsform und Funktion der staatlichen Selbstdarstellung verändert sich aber der Blickwinkel auf das Publikum und die Strukturen der Verbindungen der Individuen untereinander. Anhand der Architektur des Bonner Parlamentsgebäudes lassen sich drei Ebenen verdeutlichen, auf denen das Volk als Adressat staatlicher Selbstdarstellung angesprochen wird: als Zuschauer, als Wähler und als Machthaber.

1. Das Parlament im Glashaus
Die architektonische Selbstdarstellung des Bundestages

Der neue Bonner Plenarbereich zeichnet sich durch ein Höchstmaß an Transparenz aus. Vor allem für diese gläserne Luftigkeit wurde dem Plenarsaal Lob zuteil: Nichts sei dort „fest, eingemauert, abgeschottet; alles ist leicht, schwebend, offen".[11] Damit steht der Bonner Neubau in einer spezifisch bundesrepublikanischen Traditionslinie: „Ich habe gewünscht, daß das deutsche Land der parlamentarischen Arbeit zuschaut. So bekam der Saal zwei Fensterwände, jede 20 Meter lang, vom Boden bis zur Decke ausgedehnt. … Ich wollte ein Haus der Offenheit, eine Architektur der Begegnung und des Gesprächs." So erläuterte 1949 der Architekt Hans Schwippert[12] seinen Entwurf für den Umbau der Bonner Pädagogischen Akademie zum Tagungsort des Deutschen Bundestages,[13] und er fügte hinzu: „Die Politik ist eine dunkle Sache, schauen wir zu, daß wir etwas Licht hineinbringen."[14]

---

7   Maunz (1978): „Artikel 22 Grundgesetz", Rdnr. 1.
8   BVerfGE 81, 278, 293.
9   Vgl. Grawert (1987): „Staatsvolk", S. 663.
10 Gramm (1991): „Publikumsinformationen", S. 53.
11 Schulz (1992): „Glashaus".
12 Zu Leben und Werk vgl. G. Schwippert (1984): *Schwippert*, sowie H. Schwippert (1982): *Bauen*.
13 H. Schwippert (1982): *Bauen*, S. 179.
14 Zit. n. Meyer-Waldeck (1950): „Bundesparlament", S. 99.

Abb. 1: Der Plenarsaal des Deutschen Bundestages während des Festaktes zur Einweihung des Neubaus am 30. Oktober 1992. Architekten Behnisch und Partner, Stuttgart. Foto: Christian Kandzia.

Für Schwippert war der Plenarsaal der Ort, an dem sich das parlamentarische Verfahren vor den Augen der Öffentlichkeit abspielen müsse, also durchsichtig werden sollte. Und diese Durchsichtigkeit, meinten übereinstimmend der Architekt wie seine parlamentarischen Bauherren, lasse sich architektonisch in die Durchsichtigkeit gläserner Wände und ineinanderfließender Außen- und Innenbereiche übersetzen.

Ein Gedanke, der sich zum festen Bestandteil aller Überlegungen zur architektonischen Selbstdarstellung der Bundesrepublik entwickelte: Adolf Arndt, dessen Vortrag „Demokra-

Abb. 2: Konstituierende Sitzung des 1. Deutschen Bundestages am 7. September 1949 in der von Hans Schwippert umgebauten ehemaligen Pädagogischen Akademie. Foto: Bundesbildstelle.

tie als Bauherr"[15] noch heute die Diskussion über Architektur und Politik maßgeblich beeinflußt, schrieb: „Parlament und Demokratie sind wesensgemäß durch Öffentlichkeit ausgezeichnet. ... Öffentlichkeit erfordert eine ... Durchsichtigkeit des parlamentarischen Geschehens. ... [Diese] korrespondiert notwendig mit ... einer Transparenz der gesamten Baulichkeit".[16] Ganz ähnlich hieß es auch im Auslobungstext für den Architekten-Wettbewerb zum Umbau des Berliner Reichstages: „Transparenz bringt Offenheit, Bürgernähe und Freude an Kommunikation zum Ausdruck".[17] Woraufhin der Sieger des Wettbewerbes, Sir Norman Foster aus London, sich beeilte zu beteuern, auch er verstehe parlamentarische Arbeit als offen und zugänglich, Licht und freie Sicht besäßen für ihn hohen Wert.[18]

15   Arndt (1960): „Demokratie als Bauherr", S. 217.
16   Arndt (1962): „Parlamentsgebäude", S. 253.
17   Vgl. Bundesbaudirektion (1992): *Ausschreibung Reichstagsgebäude*, S. 64.
18   Vgl. Foster (1993): *Architecture*, S. 129: „The canopy over the Reichstag is light, open, translucent – qualities essential to a democracy of the 21st century."

„Volksnähe" wird also regelmäßig beschworen. Räumlich-soziale Distanz zwischen dem Volk und seinen parlamentarischen Vertretern scheint abgeschafft, nicht nur dank der Invasion der Fernsehkameras, sondern auch infolge bewußt getroffener Entscheidungen für eine transparente und offene Architektur.[19]

2. Das Volk im Hause seiner Vertreter
Das Öffentlichkeitsprinzip des Art. 42 I 1 GG

Die Verbindung von gläserner Durchsichtigkeit und parlamentarischer Öffentlichkeit, nahegelegt zunächst durch das beiden Begriffen zugeordnete Synonym „Transparenz", findet ihren verfassungsrechtlichen Anknüpfungspunkt in Art. 42 Absatz 1 Satz 1 Grundgesetz. Die Norm schreibt für die Verhandlungen des Deutschen Bundestages den Grundsatz der Öffentlichkeit ausdrücklich fest: Im Zuschauerraum des Plenums hat jede Frau und jeder Mann, einschließlich aller als Medienberichterstatter ausgewiesenen Personen, die rechtliche Möglichkeit freien Zutritts.[20]

Da die Sitzungsöffentlichkeit stets nur wenigen Personen den Aufenthalt auf der Besuchertribüne des Plenarsaales ermöglicht,[21] liegt der Gedanke nahe, die Zahl der bei einer Debatte körperlich anwesenden Zuschauer dadurch zu erhöhen, daß interessierte Bürger die Plenarverhandlungen von außen, durch gläserne Wände hindurch beobachten. Tatsächlich erlangte die großflächige Verglasung des Plenarsaals 1949 während der ersten Sitzungen des Deutschen Bundestages diese ganz praktische Bedeutung: Weil die Empore im Saalinnern die vielen Neugierigen nicht zu fassen vermochte, errichtete die Bundestagsverwaltung auf der an den Plenarsaal anschließenden Gartenterrasse eine überdachte Zuschauertribüne. So sahen Bonner Bürger, Verwaltungsangestellte und Journalisten den Verhandlungen des jungen Parlamentes durch die Glasscheiben zu, allerdings ohne die Redner hören zu können, woraufhin der rheinische Humor das Wort vom „Bonner Bundesaquarium" prägte.[22]

19 Die Verbindung von gläserner Durchsichtigkeit und parlamentarischer Öffentlichkeit wird nur in Deutschland so ausdrücklich thematisiert. Neuere Parlamentsgebäude anderer Staaten, etwa in Stockholm, Canberra oder Den Haag, ordnen den Plenarsaal in traditioneller Manier im Herzen eines größeren Gebäudekomplexes an, so daß eine Blickbeziehung von außen nicht möglich ist. Auch auf die großzügige Verwendung von Glas für die Fassadengestaltung wird dort verzichtet. Zu Stockholm vgl. Metcalf (1987): *Riksdag*; zu Canberra vgl. Beck (1988): *Australia's Parliament*; zu Den Haag vgl. Slawik (1993): „Zweite Kammer", S. 28.

20 Welche Maßnahmen im einzelnen getroffen werden müssen, damit die Öffentlichkeit auch faktisch ausreichende Zutrittsmöglichkeiten erhält, ergibt sich nicht aus Art. 42 I 1 GG. Lediglich der völlige Ausschluß durch Nichtbereitstellen eines ausreichenden Zuhörerraumes wäre verfassungswidrig; vgl. Maunz (1978): „Artikel 42 Grundgesetz", Rdnr. 3.

21 Die Besuchertribüne im neuen Bonner Plenarsaal bietet 365 Zuschauern Platz.

22 Vgl. Mende (1992): „Bundestag", S. 111. Vgl. auch Knopp (1989): „Plenarsaal". Wie zeitgenössische Fotos belegen, wurden jedoch gelegentlich die Fensterflügel geöffnet, also auch ein Zuhören ermöglicht.

Abb. 3: Draußen vor der Glaswand: Zuschauer der konstituierenden Sitzung des 1. Deutschen Bundestages auf einer provisorischen Tribüne außerhalb des Plenarsaals. Foto: Bundesbildstelle.

Heute kann die interessierte Bevölkerung nicht mehr von draußen in den Plenarsaal hineinsehen, ist doch das Bundestagsgelände wie die Mehrzahl der Bonner Regierungsgebäude von einem hohen Zaun umgeben. Angemeldete Besucher gelangen nur in Gruppen auf einem sorgfältig inszenierten Weg in das Gebäude hinein, hin zu der leeren Mitte im Zentrum des kreisförmigen Plenarsaals. Der eintretende Besucher aber ist ein reglementiertes Wesen. Schon beim Durchschreiten der Bannmeile, die sich lange vor den sichtbaren Barrieren aus Stacheldraht und Staketenzäunen als eine unsichtbare Schutzzone um das Parlamentsgebäude legt, verliert er seine Versammlungs- und Demonstrationsfreiheit: Innerhalb der Bannmeile sind öffentliche Versammlungen unter freiem Himmel, Aufzüge und politische Demonstrationen verboten, Zuwiderhandlungen werden mit Gefängnis oder Geldstrafe geahndet.[23]

Je näher das Volk dem Hause seiner Vertreter kommt, desto stärker wird es eingeengt: Auf die Bannmeile folgt der vergitterte Garten des Bundeshauses und schließlich die abwei-

---

23 Vgl. Stolterfoht (1970): „Bannmeile", S. 48; Schindler (1988): *Datenhandbuch*, S. 796. Zu den Folgen einer Bannkreisverletzung vgl. die strafrechtliche Literatur zu § 106a, 106b StGB.

senden Zugänge im Eingangsbauwerk des Plenarbereichs. „Dort, wo man eigentlich lässig durch die Glaswand hätte schreiten sollen, sind … kräftige Sicherheitsschleusen aus Panzerglas", klagt im nachhinein der Architekt.[24] Und spätestens mit dem Betreten des Parlamentsgebäudes wird aus dem Bürger ein Besucher. Das Grundrecht der freien Meinungsäußerung ist an der Garderobe abzugeben: Wer auf der Besuchertribüne sitzt, hat den Mund zu halten. Die Geschäftsordnung des Bundestages erlaubt nur das stumme Zuhören und Zusehen.[25] Wer Beifall klatscht, Mißbilligung äußert oder sonst „Ordnung und Anstand" verletzt, den entfernen auf Weisung der Präsidentin sofort die Saaldiener. Das Volk hat im Hause seiner Vertreter nichts zu sagen. Es darf allenfalls flüstern. Von diesen stündlich ausgetauschten Zuschauern geht keine Gewalt im Staate aus. Sie sind herrschaftsunterworfene Individuen.

Staatsgewalt ist immer Herrschaft über Menschen. Und in der damit gekennzeichneten Position ist das Volk unverzichtbares Element der Herrschaft und des Staates, unabhängig davon, daß in der Demokratie die Gesamtheit der Aktivbürger zugleich eine konstitutive Funktion bei der Bildung des staatlichen Herrschaftswillens besitzt.[26]

Ähnlich wie sich die ungezwungene Begegnung der Regierten mit den Regierenden, die Politiker- und Architektenlyrik von der „Volksnähe" als Illusion erweist, entpuppt sich auch die kommunikativ anmutende Glasarchitektur aus der Nähe betrachtet als Schutzpanzer. Was früher massive Mauern boten, leistet heute die gläserne Außenhaut mit wenigen Millimetern Dicke[27]: Schutz vor Lärm, Kälte, Hitze und Feuer. Panzerglas bietet splitterfreie Sicherheit sogar vor Beschuß mit großkalibrigen Waffen. Dabei büßt das Glas seine öffnende, verbindende Wirkung ein, wird hart, starr und sperrend. Nichts dringt hinein in das Glashaus, in dem das Parlament tagt: kein Blick, kein Wort, sogar die Sonnenstrahlen werden reguliert. Nur noch den Blick hinaus ermöglichen die großen Glasflächen: Die Blicke der Parlamentarier können während der Debatten über den Rhein schweifen, über das jenseitige Ufer und das Siebengebirge am Horizont. Eine visuelle Rückkoppelung der Abgeordneten mit ihrem Land, mit der (insbesondere von Ausländern) als „typisch deutsch" gerühmten Rhein-Landschaft.

3. Arkanum versus Transparenz
   Der Öffentlichkeitsmythos

Schon Hans Schwippert ging es aber 1949 weniger um die praktische Bedeutung des Glases in der Parlamentsarchitektur für die Beobachtung der Plenardebatten von außen. Er entwarf vielmehr gleich im ersten politisch bedeutsamen Bauwerk des westlichen Nachkriegs-

---

24 Günther Behnisch, zit. n. Krewinkel (1993): „Fassaden", S. 98.
25 Vgl. § 41 Abs. 2 GOBT; dazu Bücker (1989): „Ordnungsrecht", S. 973; Achterberg (1984): *Parlamentsrecht*, S. 660.
26 Vgl. Zippelius (1991): *Allgemeine Staatslehre*, S. 70.
27 Vgl. näher Krewinkel (1993): „Fassaden", S. 86.

Deutschlands eine programmatische Metaphorik: Symbolisierung parlamentarisch-politischer Transparenz mittels einer Architektur aus Glas und Stahl. Für die Etablierung dieser Metapher in der Diskussion über den angemessenen architektonischen Ausdruck des Parlamentarismus in Deutschland war nicht allein ihre auf den ersten Blick verführerische Wörtlichkeit ausschlaggebend. Die entscheidende Wurzel der Transparenz-Metaphorik ist der bürgerlich-liberale „Öffentlichkeitsmythos"[28]: „Das Licht der Öffentlichkeit ist das Licht der Aufklärung".[29] Und es ist dieses Licht, das hell und klar durch die großen Glasflächen in das Plenum des Parlamentes hineinscheinen soll.

Das Öffentlichkeitsprinzip entstand als Reaktion auf das Arkanverhalten des Absolutismus[30]: „Das Öffentliche soll öffentlich sein", lautete das Begehren.[31] Der Gedanke, Publizität führe zu mehr Wahrheit und größerer Gerechtigkeit im Staate, fand breiten Eingang in die politische Publizistik.[32] Danach sollte die Herstellung von faktischer Öffentlichkeit die „segensreiche ... Funktion der Publizität"[33] gewährleisten, die öffentliche Verhandlung die Richtigkeit und Gerechtigkeit der getroffenen Entscheidungen garantieren: „Eine von wenigen Menschen hinter verschlossenen Türen betriebene Kabinettspolitik erscheint ... als etwas eo ipso Böses und die Öffentlichkeit des politischen Lebens infolgedessen als etwas schon seiner Öffentlichkeit wegen Richtiges und Gutes."[34]

Die Forderung nach Öffentlichkeit lebt aus dem Gedanken, Publizität stelle gleichsam automatisch Freiheit, Gerechtigkeit und Wahrheit her. Da „Wahrheit" eng mit der traditionellen Licht-Metaphorik verbunden ist,[35] ergibt sich auch eine Beziehung zwischen Öffentlichkeit und Licht, eben das „Licht der Öffentlichkeit", das weit mehr ist als nur das Licht der Fernsehscheinwerfer. Die Parallelisierung von Licht und Öffentlichkeit gewinnt aus der inhaltlich-normativen Assoziation beider Begriffe mit moralischen Kategorien ihre Überzeugungskraft. Öffentliche Räume sind in dieser Vorstellung hell erleuchtet. Nicht-Öffentliche, der Allgemeinheit unzugängliche hingegen werden als dunkel und finster vorgestellt.

Die etymologische Wurzel von Öffentlichkeit in dem Wort „offen" gibt dem Begriff auch eine räumliche Komponente. Geprägt von Bildern, die Offenheit als Gegenteil einer ausgrenzenden Abschirmung darstellen, verbietet sich für den Bereich des Öffentlichen die Verwendung von abschließenden Wänden oder Mauern. „Die Parlamentsdebatte findet nicht mehr in einer ‚Kammer' statt, wie Parlamente teilweise bis heute bezeichnet werden, sondern auf einem offenen Forum."[36] Glas aber ist dasjenige architektonische Mittel, daß die

28 Herzog (1971): *Allgemeine Staatslehre*, S. 355.
29 Schmitt (1961): *Parlamentarismus*, S. 48.
30 Vgl. dazu Stolleis (1990): „Arcana Imperii", S. 37, sowie die Hinweise bei Kissler (1976): *Öffentlichkeitsfunktion*, S. 52f.
31 Welcker (1848): „Öffentlichkeit", S. 258.
32 Vgl. Habermas (1982): *Strukturwandel*.
33 Krüger (1966): *Allgemeine Staatslehre*, S. 444.
34 Schmitt (1961): *Parlamentarismus*, S. 48.
35 Vgl. nur Blumenberg (1957): „Licht als Metapher", S. 432; Bremer (1973): „Lichtmetaphorik", S. 7.
36 Zeh (1989): „Parlamentsdebatte", S. 925.

Trennung zwischen Drinnen und Draußen wenn nicht aufzuheben, so doch wenigstens zu verwischen und zu überspielen vermag.

Öffentlichkeit in offenen Räumen, die Verknüpfung von Licht und Wahrheit sowie der Zusammenhang zwischen Durchschaubarkeit und Erkenntnis: Das sind die Wurzeln für die Metaphorik gläserner Transparenz in der Parlamentsarchitektur.

4. Träume aus Glas
Symbol für eine geläuterte Menschheit der Zukunft

Hinzu kommt, daß Glas stets weit mehr als nur ein Baustoff war. Mit Glas und Kristall verbindet sich eine architekturtheoretische Überlieferung, die tiefe historische Wurzeln besitzt.[37] In den Arbeiten von Bruno Taut und anderen Expressionisten, die nach dem Ersten Weltkrieg unter der Bezeichnung „Gläserne Kette" einen fiktiven Briefwechsel führten, stand die Glas-Architektur für eine Metamorphose der Gesellschaft[38]: „Gläsern und hell leuchtet im Frühlicht eine neue Welt auf", poetisierte und politisierte Taut seine Haltung.[39] Diese inhaltliche Belegung des Baustoffes Glas besaß auch nach dem Zweiten Weltkrieg noch Gültigkeit. 1945 krochen die Deutschen verstört und betäubt aus dumpfen Kellern und lichtlosen Bunkern: „War es da ein Wunder, daß sie die helle Weite, die gläserne, schwebende Transparenz der … zurückgekehrten Moderne … liebten?"[40]

Hier verschmilzt die tradierte Glas-Metaphorik mit einem anderen Gesichtspunkt, der den Baustoff Glas für die architektonische Selbstdarstellung der jungen Bundesrepublik so attraktiv machte: Die Verwendung von Glas war ein entscheidendes Charakteristikum der Architektur des Neuen Bauens gewesen. Diese vielgestaltige Bewegung hatten die Nationalsozialisten als „Baubolschewismus" verfemt[41] und dagegen ihren schweren, steinern-monumentalen Neoklassizismus gesetzt. Durch die weithin sichtbare Rückkehr zur modernen Architektur, die zudem als offiziell geförderte Baukunst der Weimarer Republik rückblickend die Aura einer dezidiert demokratischen Architektur ausstrahlte, konnte sich die junge Bundesrepublik von der Zeit des Nationalsozialismus distanzieren und dies auch durch Architektur zeigen. „Wer … transparent baut, so die Faustformel auch und vor allem nach 1945, baut demokratisch".[42] An eben diesen Mythos des neugeborenen, unschuldigen Deutschland knüpfte Behnisch mit seinem Bonner Glashaus für die Politik nahtlos an.

37 Vgl. Bletter (1981): „Crystal Metaphor", S. 20.
38 Vgl. dazu Pehnt (1981): *Expressionismus*; vgl. zu Tauts Leben und Werk Junghanns (1983): *Taut*.
39 Taut (1963): *Frühlicht*, S. 52.
40 Schreiber (1986): „„Deutsche Moderne"", S. 14.
41 Zur Architektur im Nationalsozialismus vgl. nur: Frank (1985): *Faschistische Architekturen*; Miller Lane (1986): *Architektur und Politik*; Durth (1986): *Deutsche Architekten*.
42 Bartetzko (1992): „Paulskirche", S. 120.

5. Hinter verschlossenen Türen
Varianten der Parlamentarismuskritik

Wo so viel vom Licht die Rede ist, kann auch der Schatten der Kritik nicht fern sein. Skeptisch fragte etwa die *Bauwelt*: „Demokratisches Bauen – gibt es das? Der neue Plenarbereich zeichnet sich durch ein Höchstmaß an Transparenz aus. Es gibt keine abgeschotteten, dem Auge des Bürgers verborgenen Bereiche. … Doch die Bereiche, in denen wirklich Politik gemacht wird (und in denen nicht nur debattiert wird), werden ihm weiterhin vorenthalten: die Ausschüsse, die Fraktionssitzungen. Politik wird nicht dadurch transparenter, daß man sie im Glashaus präsentiert"[43]. Ist demnach auch die Glas-Transparenz-Metaphorik nicht mehr als nur ein ideologisches Zerrbild fern der Realität?

In der Kritik an der Verwendung von Glas in der Parlamentsarchitektur steckt im Kern eine durchaus nicht neue Kritik am Parlamentarismus selbst und an der öffentlichen Debatte im Plenum als dem entscheidenden Element des parlamentarischen Verfahrens[44]: Zentraler Ansatzpunkt dieser Kritik ist der Vorwurf, die Parlamentsdebatten seien nicht mehr integraler Bestandteil des im Bundestag stattfindenden Verhandlungsprozesses. Entscheidungen fielen längst vor der öffentlichen Plenarsitzung in Ausschüssen, Fraktionen und Koalitionsrunden; dort werde unter Ausschluß der Öffentlichkeit die „wirkliche" Politik gemacht. Wozu aber vor Publikum reden, wenn längst alles feststeht? Und wozu das Parlament im Glashaus tagen lassen, wenn die Entscheidungen doch hinter verschlossenen Türen fallen?

6. Reden zum Fenster hinaus
Zur Theorie der Parlamentsdebatte

In solchen Thesen artikuliert sich ein altbekanntes Unbehagen am Parlamentarismus. Deutschland steht in einer Tradition des sprichwörtlichen Gegensatzes von Wort und Tat,[45] die bis hin zur Diskreditierung des Parlamentes als „Schwatzbude" führte. Insbesondere der Parlamentarismus der Weimarer Republik wurde auf diese Weise angegriffen.[46] Die Kritik an der Praxis der Parlamentsdebatte beruht jedoch auf einem Mißverständnis der Funktion

43 Hamm (1992): „Neuer Plenarbereich", S. 2350. Lampugnani (1986): „Chimäre", S. 264f., faßt die Kritik an dem wörtlichen Verständnis der Glas-Transparenz-Architektur zusammen, die von Cullen (1989): „Parlamentsbauten", S. 1887, polemisch zugespitzt wird: „Aus Glas parlamentarische ‚Transparenz' oder Freiheitlichkeit abzuleiten, würde jedes Gewächshaus zu einem Hort von Freiheitlichkeit machen."
44 Czerwick (1987): „Parlamentsdebatten", S. 82, liefert eine Übersicht dieser Kritik samt Auseinandersetzung.
45 „Der Worte sind genug gewechselt, laßt mich auch endlich Taten sehen!"; Goethe: *Faust I*, Vorspiel auf dem Theater. Vgl. zur Funktion des öffentlichen Sprechens für die politische Willensbildung aber Zeh (1989): „Parlamentsdebatte", S. 918ff.
46 Am schärfsten von Schmitt (1961): *Parlamentarismus*.

der Debatte im parlamentarischen Regierungssystem[47]: Das Parlament redet zwar, aber es überredet nicht. Vielmehr dient die Debatte im Plenum dazu, diejenigen Argumente komprimiert nachzustellen, die im bereits zum Abschluß gekommenen Entscheidungsprozeß eine Rolle gespielt haben. Die Debatte dokumentiert und erklärt die getroffene Entscheidung. Zwar gibt es auch im Deutschen Bundestag Aussprachen, in denen Entscheidungen nicht nur formal, sondern auch inhaltlich erst nach der letzten Rede fallen. Die Hauptstadtdebatte im Juni 1991 mag als Beispiel dienen.[48] Jedoch ist das Gegeneinanderstellen von Argument und Gegenargument im Stadium der Entscheidungssuche, also bei noch nicht abgeschlossenem Ergebnis, im parlamentarischen Verfahren die Ausnahme und nicht die Regel.[49] Die weit fortgeschrittene internationale Verflechtung der Entscheidungsprozesse, die Beteiligung der Bundesländer an der politischen Willensbildung und die Rolle der Parteien in der parlamentarischen Demokratie lassen die Annahme äußerst zweifelhaft erscheinen, Sachkunde, rhetorische Brillanz oder politische Leidenschaft des Redners vermöge die Abstimmung noch entscheidend zu beeinflussen.

Das Gewicht der Debatte verschiebt sich damit hin zur Darstellung der widerstreitenden Argumente, die bei der Entscheidungsfindung eine Rolle gespielt haben und die ihren Widerhall nun außerhalb des Plenums finden sollen. Die Debatte, die den vorangegangenen Entscheidungsprozeß verdichtet präsentiert, hat aber nur dann einen Sinn, wenn sie das Urteil einer außenstehenden Instanz beeinflussen kann. Diese Schiedsinstanz ist das Volk. Es ist der „Richter" in der Auseinandersetzung zwischen Regierung und Opposition. Im Rahmen seiner politischen Willensbildung wird dem Volk mit der Parlamentsdebatte das Angebot gemacht, die wesentlichen Gesichtspunkte des abgeschlossenen Entscheidungsprozesses nachzuvollziehen, sich dazu Urteile zu bilden und das eigene Verhalten entsprechend einzurichten. Angesprochen wird das Volk als Wahl-Volk, also die mit dem aktiven Wahlrecht ausgestattete Bürgerschaft in ihrer Mitwirkungsfunktion an der Ausübung der eingerichteten, verfaßten Staatsgewalt, wie sie in Artikel 20 Absatz 2 Satz 2, 1. Halbsatz GG beschrieben ist: Die Staatsgewalt „wird vom Volke in Wahlen und Abstimmungen … ausgeübt". Das Volk fungiert hier als Wirkeinheit und zugleich als Legitimationseinheit: Alle Gewalt im Staate, auch die von besonderen Organen ausgeübte, muß sich stets als vom Volk unmittelbar oder mittelbar legitimiert erweisen.

Die in Art. 42 I 1 GG institutionalisierte Publizität macht das Plenum des Bundestages zum Ort politischer Kommunikation, an dem der politische Prozeß durch Information mit dem gesellschaftlichen Publikum verbunden wird.[50] Vor diesem Hintergrund muß der gegen

---

47 Vgl. näher Zeh (1989): „Parlamentsdebatte", S. 929.
48 Vgl. Herles (1991): *Hauptstadt-Debatte*.
49 Anders aber BVerfGE 70, 324 (355). Ähnlich Schmitt (1961): *Parlamentarismus*, S. 9: „Diskussion bedeutet einen Meinungsaustausch, der von dem Zweck beherrscht ist, den Gegner mit rationalen Argumenten von einer Wahrheit und Richtigkeit zu überzeugen oder sich von der Wahrheit und Richtigkeit überzeugen zu lassen".
50 Vgl. Versteyl (1983): „Artikel 42 GG", Rn. 7.

den Bundestag gerichtete Vorwurf ins Leere gehen, dort würden lediglich „Fensterreden" gehalten. Es ist sein eigentliches Betätigungsfeld[51], zum Fenster hinaus mit dem Volk zu sprechen. Das Parlament lebt im Glashaus.

7. Das permanente Plebiszit
Funktionen der Selbstdarstellung des Staates

Die aufwendige ästhetisch-symbolische Inszenierung der parlamentarischen Debatte dient aber nicht nur dem Werben um Wählerstimmen, der transparente Plenarsaal ist nicht lediglich Tribüne antizipierter Wahlkampfreden. Er dient auch als Kulisse der Selbstdarstellung des Parlamentes. Vor diesem Bühnenbild präsentiert sich das Parlament als oberstes Verfassungsorgan und verweist damit zugleich auf den von dieser Verfassung konstituierten Staat.

Als freiheitlicher Staat ist die Bundesrepublik auf die Identifikation ihrer Bürger angewiesen.[52] Die emanzipierten Einzelnen selbst müssen aus sich heraus zu Gemeinsamkeit und Homogenität zusammenfinden, da der freiheitliche, säkularisierte Staat die Voraussetzungen seiner Existenz um der Freiheit willen nicht herbeizwingen kann.[53] Woraus aber lebt dieser Staat? „Worin findet er die ihn tragende, homogenitätsverbürgende Kraft und die inneren Regulierungskräfte der Freiheit, deren er bedarf …?"[54] Gefragt ist damit nach der Integration,[55] nach der vorstaatlichen, immer wieder neu – zugespitzt: täglich[56] – zu betätigenden konstitutiven Funktion des Volkes. Die staatsbildende Kraft des Volkes bewirkt die staatliche Einheit – oder zerstört sie.

Der Staat kann sich nur bemühen, den Grundkonsens anzuregen und zu fördern. Dabei steht das rational geprägte Instrumentarium der Partizipation im Vordergrund, ergänzt um Information und Identifikation durch politische Bildung. Weniger Beachtung finden Ansätze, die sich intensiver mit der anschaulichen Gestalt des Staates beschäftigen, obwohl dieser für den einzelnen kaum mehr überschaubar ist[57]: Das Übermaß an staatlichen Funktio-

---

51 Fraenkel (1974): „Parlament", S. 168, hält es hingegen für „eines der Geheimnisse des modernen englischen Regierungssystems …, daß die Diskussionen im englischen Parlament ihrer Wirkung nach darauf abzielen, Reden zum Fenster heraus zu sein und ihrer Form nach gerade das Gegenteil von Reden zum Fenster heraus darstellen. Spielen sich doch die Verhandlungen dieses demokratischen Parlaments nach einem Ritus ab, der sich weitgehend in der aristokratischen Periode der englischen Geschichte für den exquisitesten Club des Landes herauskristallisiert hat." Diese Tatsache mag erklären, warum im Unterhaus kein Bedürfnis nach einer transparenten Architektur besteht, sondern an der überkommenen Gestaltung des House of Commons beharrlich festgehalten wird; vgl. dazu Wefing (1992): „Sitzordnung", S. 50.
52 BVerfGE 81, 278, 293f.
53 Vgl. dazu Böckenförde (1991): „Säkularisation", S. 92.
54 Ebd., S. 111.
55 Grundlegend Smend (1928): „Verfassung und Verfassungsrecht", S. 119.
56 Smend, ebd., S. 136, spricht von „einem Plebiszit, das sich jeden Tag wiederholt".
57 Vgl. ebd., S. 162.

Abb. 4: Blick aus einem der Umgänge in den Plenarsaal und durch diesen hindurch. Rechts eine gläserne Au-
ßenwand. Foto: Christian Kandzia.

nen, Organisationsformen und Handlungsweisen geht auf Kosten sinnlich-synthetischer
Wahrnehmbarkeit.

Architektur aber kann dem Staat eine erfahrbare Gestalt verleihen. Staatliches Bauen ist
zu verstehen als Teil jenes Kommunikationsprozesses staatlicher Selbstdarstellung, dessen
integrative Funktion darauf beruht, daß jede Selbstdarstellung auf den Staat und seine Werte verweist, so daß die Teilnahme am Kommunikationsprozeß zugleich eine Verständigung
über das Vorausgesetzte, den Staat und seine Werte, bedeutet.[58] Für den Plenarbereichs des
Deutschen Bundestages scheint dies gelungen: Gerade die spielerisch-heitere Umsetzung
der Transparenz-Metaphorik sorgte dafür, daß der Neubau in der Öffentlichkeit als Identifi-
kationsobjekt angenommen wurde.[59]

58 Vgl. Luhmann (1965): *Grundrechte*, S. 43.
59 Vgl. beispielsweise den Leserbrief in der *FAZ* vom 31. Oktober 1992: „Ein Bau wie die alte Bundesrepu-
    blik. ... Wir, in der alten Bundesrepublik ... aufgewachsen, empfinden die Übereinstimmung von Staats-
    theorie und Staatspraxis und architektonischer Darstellung ... in dem neuen Parlamentsgebäude."

8. Pathos statt Pavillons
Die architektonische Selbstdarstellung der Bundesrepublik im Umbruch

Bei den Bauvorhaben zur Unterbringung der Verfassungsorgane in Berlin aber droht die Glas-Transparenz-Metaphorik ihren Platz in der architektonischen Selbstdarstellung der Bundesrepublik wieder zu verlieren. Vierzig Jahre lang präsentierte die Politik das „Modell Deutschland" stolz hinter Glas, vor aller Augen sichtbar, wie in großen Schaufenstern. In der rauhen und unübersichtlichen Welt nach dem Fall der Mauer aber zieht es die Repräsentanten des Staates wieder hinter festgefügte Wände aus Stein, die ihren Auftritten einen respektheischenden Rahmen geben.

Der Deutsche Bundestag verlegt seinen Sitz in Paul Wallots Reichstagsgebäude, der gebauten Negation jener schwebenden Leichtigkeit, die bislang typisch war für die bundesrepublikanische Selbstdarstellung, und will dem neobarocken „castrum" gar noch eine historisierende Kuppel überstülpen. Der Bundeskanzler verläßt Sep Rufs gläsern-eleganten Kanzlerbungalow im Park des Bonner Palais Schaumburg und wohnt in Berlin künftig in einem barockisierenden Fabrikantenschlößchen, der Villa Borsig am Tegeler See. Mancher liebäugelt sogar mit dem Wiederaufbau des Berliner Stadtschlosses, anstelle des asbest- und vermeintlich auch geschichtsbelasteten Palastes der (Deutschen Demokratischen) Republik. Löst also die wuchtige Säulenreihe die bescheidene Transparenz ab? Der Berliner Senatsbaudirektor fordert für Neubauten gar allgemein eine Architektur „unter der Überschrift: diszipliniert, preußisch, ... steinern, eher gerade als geschwungen".[60] Setzt also das steinerne Monument inmitten der Stadt der Vision vom Pavillon im Park ein Ende?

Die politischen Umwälzungen dieses Jahrhunderts in Deutschland prägten stets auch die Architektur. Immer wieder mußten Steine herhalten, um fundamentale gesellschaftliche Brüche zu stilisieren: Zuerst 1918, dann 1933 und wieder 1945 sollte auch die Baukultur zeigen, wie schnell und gründlich sich das Land geändert habe. Der Wandel im vereinten Deutschland der neunziger Jahre dürfte sich als ähnlich tiefgreifend erweisen. Warum aber soll die Bundesrepublik, warum soll das Grundgesetz, dem Dolf Sternberger einmal die Rede mit verhaltener Stimme zugute hielt,[61] die Steine in Zukunft mit vollerem Klang für sich sprechen lassen?

---

60   Senatsbaudirektor Hans Stimmann im Gespräch mit Wolfgang Bachmann, in: *Baumeister* 7 (1993), S. 51.
61   Vgl. Sternberger (1990): „Verfassungspatriotismus", S. 13.

Literatur

Achterberg, Norbert: *Parlamentsrecht*, Tübingen 1984.

Arndt, Adolf: „Demokratie als Bauherr. Rede im Rahmen der Berliner Bauwochen 1960" (1960), in: ders., *Geist der Politik*, Berlin 1965, S. 217–237.

Arndt, Adolf: „Das zeitgerechte Parlamentsgebäude. Vortrag vor der Deutschen Parlamentarischen Gesellschaft in Bonn 1962" (1962), in: ders., *Geist der Politik*, Berlin 1965, S. 238–255.

Bartetzko, Dieter: „Ein Symbol der Republik. Geschichte und Gestalt der Frankfurter Paulskirche", in: *Architektur und Demokratie. Bauen für die Politik von der amerikanischen Revolution bis zur Gegenwart*, hg. v. Ingeborg Flagge u. Wolfgang Jean Stock, Stuttgart 1992, S. 108–125.

Beck, Haig (Hg.): *The Architecture of Australia's Parliament*, Sydney 1988.

Bletter, Rosemarie Haag: „The Interpretation of the Glass Dream – Expressionist Architecture and the History of the Crystal Metaphor", in: *Journal of the Society of Architectural Historians* XL (1981), S. 20–43.

Blumenberg, Hans: „Licht als Metapher der Wahrheit", in: *Studium Generale* 10 (1957), S. 432–447.

Böckenförde, Ernst-Wolfgang: „Die Entstehung des Staates als Vorgang der Säkularisation", in: ders., *Recht, Staat, Freiheit. Studien zur Rechtsphilosophie, Staatstheorie und Verfassungsgeschichte*, Frankfurt 1991, S. 92–114.

Bremer, Dieter: „Hinweise zum griechischen Ursprung und zur europäischen Geschichte der Lichtmetaphorik", in: *Archiv für Begriffsgeschichte* 17 (1973), S. 7–35.

Bücker, Joseph: „Das parlamentarische Ordnungsrecht", in: *Parlamentsrecht und Parlamentspraxis in der Bundesrepublik Deutschland*, hg. v. Hans-Peter Schneider u. Wolfgang Zeh, Berlin 1989, S. 961–974.

Bundesbaudirektion (Hg.): *Realisierungswettbewerb Umbau Reichstagsgebäude zum Deutschen Bundestag. Ausschreibung*, Bd. 1, Berlin 1992.

Conradi, Peter: „Bauherr Demokratie. Zur Einweihung des neuen Bundestagsplenarsaals in Bonn", in: *Stuttgarter Zeitung*, 31. Oktober 1992.

Cullen, Michael S.: „Parlamentsbauten zwischen Zweckmäßigkeit, Repräsentationsanspruch und Denkmalpflege", in: *Parlamentsrecht und Parlamentspraxis in der Bundesrepublik Deutschland*, hg. v. Hans-Peter Schneider u. Wolfgang Zeh, Berlin 1989, S. 1845–1889.

Czerwick, Edwin: „Parlamentsdebatten – ein integraler Bestandteil parlamentarischer Demokratie", in: *Materialien zur politischen Bildung*, Heft 4 (1989), S. 82–104.

Durth, Werner: *Deutsche Architekten. Biographische Verflechtungen 1900–1970*, Braunschweig 1986.

Foster, Sabiha (Hg.): *Sir Norman Foster and Partners. Architecture as Building*, London 1993.

Fraenkel, Ernst: „Parlament und öffentliche Meinung", in: ders., *Deutschland und die westlichen Demokratien*, 6. Aufl. Stuttgart 1974, S. 125–182.

Frank, Hartmut (Hg.): *Faschistische Architekturen. Planen und Bauen in Europa 1930 bis 1945*, Hamburg 1985.

Goffman, Erving: *Wir alle spielen Theater. Die Selbstdarstellung im Alltag*, 7. Aufl. München 1991.

Gramm, Christof: „Aufklärung durch staatliche Publikumsinformationen", in: *Der Staat*, 30. Jg. (1991), S. 51–80.

Grawert, Rolf: „Staatsvolk und Staatsangehörigkeit", in: *Handbuch des Staatsrechts der Bundesrepublik Deutschland*, Bd. 1, hg. v. Josef Isensee u. Paul Kirchhof, München 1987, S. 663–690.

Habermas, Jürgen: *Strukturwandel der Öffentlichkeit*, 13. Aufl. Darmstadt 1982.

Häberle, Peter: „Die Hauptstadtfrage als Verfassungsproblem", in: *Die Öffentliche Verwaltung*, Heft 23 (1990), S. 989–999.

Hamm, Oliver G.: „Am Ende eines langen, steinigen Weges. Neuer Plenarbereich des Deutschen Bundestages in Bonn", in: *Bauwelt*, Heft 41 (1992), S. 2341–2354.

Hartung, Klaus: „Größenwahn und Kleinmut", in: *Die Zeit*, 26. Februar 1993.

Herles, Helmut (Hg.): *Die Hauptstadt-Debatte. Der stenographische Bericht des Bundestages*, Bonn 1991.

Herzog, Roman: *Allgemeine Staatslehre*, Frankfurt/M. 1971.

Junghanns, Kurt: *Bruno Taut. 1880–1938*, 2. Aufl. Berlin 1983.

Kissler, Leo: *Die Öffentlichkeitsfunktion des Deutschen Bundestages*, Berlin 1976.

Knopp, Gisbert: „Der Plenarsaal des deutschen Bundestages. Hans Schwippert und seine Planungsideen für das erste ‚moderne' Parlamentsgebäude der Welt", in: *Vierzig Jahre Bundeshauptstadt Bonn 1949–1989*, hg. v. Bundesminister für Raumordnung, Bauwesen und Städtebau, Karlsruhe 1989, S. 44–66.

Krewinkel, Heinz W.: „Aussicht ohne Einblick. Die Fassaden des Deutschen Bundestages", in: *Deutsche Bauzeitung*, Heft 4 (1993), S. 86–101.

Krüger, Herbert: *Allgemeine Staatslehre*, 2. Aufl. Stuttgart 1966.

Krüger, Herbert: „Von der Staatspflege überhaupt", in: *Die Selbstdarstellung des Staates*, hg. v. Helmut Quaritsch, Berlin 1977, S. 21–49.

Lampugnani, Vittorio M.: „Die Diskussion um eine Chimäre", in: ders., *Architektur als Kultur. Die Ideen und die Formen*, Köln 1986, S. 258–266.

Luhmann, Niklas: *Grundrechte als Institution. Ein Beitrag zur politischen Soziologie*, Berlin 1965.

Maunz, Theodor: „Artikel 22 Grundgesetz", in: *Kommentar zum Grundgesetz*, hg. v. Theodor Maunz, Günter Dürig, Roman Herzog u. Rupert Scholz, München 1978.

Maunz, Theodor: „Artikel 42 Grundgesetz", in: *Kommentar zum Grundgesetz*, hg. v. Theodor Maunz, Günter Dürig, Roman Herzog u. Rupert Scholz, München 1978.

Maunz, Theodor / Zippelius, Reinhold: *Deutsches Staatsrecht*, 28. Aufl. München 1991.

Mende, Erich: „Der Erste Deutsche Bundestag", in: *Kinderjahre der Bundesrepublik*, hg. v. Rudolf Pörtner, München 1992, S. 105–120.

Metcalf, Michael F. (Hg.): *The Riksdag. A History of Swedish Parliament*, Stockholm 1987.

Meyer-Waldeck, Wera: „Das Bundesparlament in Bonn", in: *Architektur und Wohnform*, Heft 5 (1950), S. 99–104.

Miller Lane, Barbara: *Architektur und Politik in Deutschland 1918–1945*, Braunschweig 1986.

Mummendey, Hans Dieter: *Psychologie der Selbstdarstellung*, Göttingen 1990.

Pehnt, Wolfgang: *Die Architektur des Expressionismus*, 2. Aufl. Stuttgart 1981.

Quaritsch, Helmut (Hg.): *Probleme der Selbstdarstellung des Staates*, Tübingen 1977.

Schindler, Peter (Hg.): *Datenhandbuch zur Geschichte des deutschen Bundestages 1980–1987*, Baden-Baden 1988.

Schmitt, Carl: *Die geistesgeschichtliche Lage des heutigen Parlamentarismus*, 3. Aufl. Berlin 1961.

Schreiber, Mathias: „Vierzig Jahre ‚deutsche Moderne‘", in: ders. (Hg.), *Deutsche Architektur nach 1945*, Stuttgart 1986.

Schulz, Bernhard: „Ein Glashaus für die Politik", in: *Der Tagesspiegel*, 30. Oktober 1992.

Schwippert, Gerdamaria (Hg.): *Hans Schwippert*, Köln 1984.

Schwippert, Hans: *Denken – Lehren – Bauen*, Düsseldorf 1982.

Slawik, Han: „Ein Parlament hält hof. Die Zweite Kammer in Den Haag", in: *Deutsche Bauzeitung*, Heft 4 (1993), S. 28–33.

Smend, Rudolf: „Verfassung und Verfassungsrecht" (1928), wiederabgedruckt in: ders., *Staatsrechtliche Abhandlungen und andere Aufsätze*, 2. Aufl. Berlin 1968, S. 119–173.

Stern, Klaus: *Das Staatsrecht der Bundesrepublik Deutschland*, Bd. 1, 2. Aufl. München 1984.

Sternberger, Dolf: „Verfassungspatriotismus", in: ders., *Schriften*, Bd. X, Verfassungspatriotismus, hg. v. Peter Haungs, Klaus Landfried, Elsbet Orth u. Bernhard Vogel, Frankfurt/M. 1990, S. 13–16.

Stolleis, Michael: „Arcana Imperii und Ratio Status", in: ders., *Staat und Staatsräson in der frühen Neuzeit*, Frankfurt/M. 1990, S. 37–72.

Stolterfoht, Barbara: „Bannmeile", in: *Handbuch des deutschen Parlamentarismus*, hg. v. Hans-Helmut Röhring u. Kurt Sontheimer, München 1970, S. 48.

Taut, Bruno: *Frühlicht 1920–1922. Eine Folge für die Verwirklichung des neuen Baugedankens*, Nachdruck, Berlin 1963.

Versteyl, Ludger-Anselm: „Artikel 42 Grundgesetz", in: *Kommentar zum Grundgesetz*, Bd. 2, hg. v. Ingo von Münch, 2. Aufl. München 1983.

Wefing, Heinrich: „Das Weiße im Auge des Kanzlers. Die Sitzordnung im britischen Unterhaus", in: *Baumeister*, Heft 12 (1992), S. 50–52.

Welcker, Carl: „Öffentlichkeit", in: *Das Staatslexikon*, Bd. 10, hg. v. Carl von Rotteck u. Carl Welcker, 2. Aufl. Leipzig 1848, S. 258.

Zeh, Wolfgang: „Theorie und Praxis der Parlamentsdebatte", in: *Parlamentsrecht und Parlamentspraxis in der Bundesrepublik Deutschland*, hg. v. Hans-Peter Schneider u. Wolfgang Zeh, Berlin 1989, S. 917–937.

Zippelius, Reinhold: *Allgemeine Staatslehre*, 11. Aufl. München 1991.

VIKTORIA SCHMIDT-LINSENHOFF

KOHL und KOLLWITZ

Staats- und Weiblichkeitsdiskurse in der Neuen Wache 1993

Seit dem 14. November 1993 besitzt die Bundesrepublik eine *Zentrale Gedenkstätte*, die den *Opfern von Krieg und Gewaltherrschaft* gewidmet ist, wie es die umstrittene Inschrift besagt. Nach dem persönlichen Willen des Bundeskanzlers, der das Projekt im Januar 1993 ohne Ausschreibung, Wettbewerb oder öffentliche Anhörung beschlossen hatte, wurde die Gedenkstätte in der *Neuen Wache* unter den Linden in Berlin mit der vierfach vergrößerten Kopie einer Kleinplastik von Käthe Kollwitz aus dem Jahr 1937 eingerichtet. Die Entscheidung für das Bild der säkularisierten Pietà und für die wohl populärste deutsche Künstlerin des 20. Jahrhunderts verdient die Aufmerksamkeit der feministischen Kritik, weil sie an prominenter Stelle nationale Politik mit Bildern der Geschlechterdifferenz betreibt. Auf diese Verschränkung von Staats- und Weiblichkeitsdiskursen in der Produktion nationaler Identität mit ästhetischen Mitteln will der Titel *Kohl und Kollwitz* aufmerksam machen, mit dem eher Stichworte für diese Diskurse, als Eigennamen gemeint sind.

Ich möchte in meinem Beitrag zunächst an die Archäologie der historischen Bedeutungen des Ortes erinnern, dann die Kleinplastik von Käthe Kollwitz in ihrem künstlerischen und biographischen Entstehungszusammenhang 1937 interpretieren und schließlich die Effekte erläutern, die ihr Blow Up zum Nationaldenkmal in der Neuen Wache 1993 macht.

1. Die *Zentrale Gedenkstätte* als historischer Ort

Das neue Gebäude für die königliche Wache wurde 1816/1818 als ein Monument des Sieges über die napoleonische Fremdherrschaft nach den Befreiungskriegen errichtet und in die entstehende preußische Via Triumphalis zwischen Brandenburger Tor, Schloß und Schloßbrücke integriert.

Karl Friedrich Schinkel entwarf den klassizistischen Militärbau als Synthese eines römischen Castrums und eines griechischen Tempels, dessen dorische Ordnung die zeitgenössische Architekturtheorie für Gebäude von einem „starken, kräftigen, männlichen Cha-

rakter" vorsah.[1] Die zehn geflügelten Viktorien des Bildhauers Schadow im Fries und das
erst 1846 nach Schinkels Entwürfen ausgeführte Giebelrelief entfalten das Thema von Krieg
und Sieg und die Transzendierung des Heldentodes durch das Weibliche im Bild der Sie-
gesgöttin. Die Marmorstandbilder des Generals Bülow und des preußischen Militärrefor-
mers Scharnhorst von Christian Daniel Rauch wurden 1822 aufgestellt. Sie verbanden bis
zu ihrer Entfernung 1948 die Neue Wache mit der Heldenehrung in dem Skulpturenpro-
gramm der Schloßbrücke. Seine Funktion der Unterbringung der königlichen Wache erfüllte das Gebäude, in dem 1914/1918 der telegrafische Befehl zur Mobilisierung und Demobilisierung gegeben wurde, genau hundert Jahre lang. Nachdem Anfang der zwanziger Jahre
noch alle möglichen Nutzungen, z. B. als Kino, Bank oder Caféhaus, erwogen wurden, er-
klärte der Ministerpräsident Preußens, Otto Braun, die Neue Wache 1929 zu einer „Gedächtnisstätte für die im Weltkrieg gefallenen Soldaten".

Die Berliner *Gedächtnisstätte* nahm zwar nicht formaljuristisch, aber de facto den Rang
jenes gesamtdeutschen Reichsehrenmals ein, das seit 1921 überaus kontrovers und unter
größter öffentlicher Anteilnahme diskutiert worden war. 1924 hatten etwa die Frauenaus-
schüsse der Deutschen Volkspartei (Großberlin) und die Berliner Kunsthistorikerin *Fräulein
Prof. Dr. Schottmüller* die Neue Wache in dieser Diskussion als möglichen Standort des
Reichsehrenmals ins Spiel gebracht. Ihr Vorschlag, sie „als Kapelle einzurichten, in deren
Inneren eine Beweinungsgruppe aufgestellt werden sollte", wurde ebensowenig aufgegriffen, wie das Argument von Frida Schottmüller, daß das Vesperbild der deutschen Mystik
„in Idee und Formung deutsch wie kein anderes" und deshalb als Bildwerk für einen nationalen Gedächtnisraum besonders geeignet sei.[2] Ausgeführt wurde schließlich 1931 der
Entwurf von Heinrich Tessenow, Preisträger eines Wettbewerbs, an dem sich die renom-
miertesten Berliner Architekten und *Wegbereiter der Moderne* Peter Behrens, Hans Poelzig
und Mies van der Rohe beteiligten. Tessenow setzte in die Mitte des fensterlosen Raumes
unter die kreisrunde, das Pantheon zitierende Öffnung der Decke als zentrales „Denkzei-
chen", wie er es nannte, einen schwarzen Granitblock mit einem vergoldeten Eichenlaub-
kranz. Die Strenge und Schlichtheit der Installation war mit ihrem Verzicht auf figurative
Skulpturen ganz auf eine naturmystische Elementarsymbolik abgestellt – Stein, Luft, Licht,
Eichenlaub –, eine Symbolik, die das Opfer der Soldaten auf dem Altar des Vaterlandes in
den ewigen Kreislauf der Natur einbezog und damit jeder historisch-politischen Legitimation enthob.[3] Die Nationalsozialisten setzten die seit 1818 beliebten Spektakel der Wachablösungen fort und integrierten die Architektur in ihre Rituale der *Heldengedenktage*, wie
der Volkstrauertag seit 1933 offiziell hieß. In den letzten Wochen des zweiten Weltkrieges,
im Februar 1945 wurde das Gebäude von Bomben getroffen. 1950 – also im Jahr der Spren-
gung der Ruine des Berliner Stadtschlosses – fiel die Entscheidung der Rekonstruktion.

1 Heinrich Gentz (1805), zit. n. Bollé (1988): *Heinrich Gentz*, S. 142. Die Bau- und Nutzungsgeschichte der
   Neuen Wache ist detailliert dokumentiert bei Tietz (1993): „Schinkels Neue Wache", S. 9.
2 Lurz (1985): *Kriegerdenkmäler*, S. 49; Schottmüller (1924): „Ein Denkmal", S. 80.
3 Vgl. Mittig (1993): „Indienststellung der Toten", S. 55.

Abb. 1: Die „Neue Wache" in Berlin, Foto: 1945.

Heinrich Tessenow äußerte sich dazu: „Wenn ich hier zu bestimmen hätte, würde ich dem
Bau gar keine andere Form geben. So ramponiert, wie er jetzt ist, spricht er ja Geschichte"[4]
(Abb. 1).

1956 wurde die wiederhergestellte Neue Wache als Gedenkstätte der DDR eingeweiht.
An Stelle des ursprünglich vorgeschlagenen Brechtzitats „Mütter, laßt Eure Kinder überleben" wurde 1962 vor dem deformierten Monolithen die Inschrift „Den Opfern von Faschismus und Militarismus" angebracht. Anläßlich des 20. Jahrestages der Gründung der DDR
1968 erfuhr der Innenraum des *Mahnmals* im Sinne eines stabilisierten staatlichen Selbst-
bewußtseins eine Neugestaltung zum *Grabmal des Unbekannten Soldaten*, dem das Grab
des *Unbekannten Widerstandskämpfers* zur Seite gelegt wurde. Der Architekt Lothar Kwas-
nitza ersetzte den Granitblock durch einen geschliffenen Glaskubus mit der *Ewigen Flamme* als Symbol eines „ewigen Totengedenkens" (Volksmund: „Riesenaschenbecher"). Die
Inkrustation des Staatsemblems auf der Rückwand – es wurde 1990 entfernt – reklamierte
die Toten für das Memoria-Monopol des Staates. Er legte ihnen mit der Anordnung der Ur-
nen und den Erdbeigaben von Stalingrad und Auschwitz eine Zwangsversöhnung auf, die

4 Zit. n. Tietz (1993): „Schinkels Neue Wache", S. 77.

ganz ähnlich im Westen von Helmut Kohl mit seinen Auftritten vor den Gräbern von KZ-Häftlingen und SS-Männern in Bergen-Belsen und Bitburg vollzogen wurde. Die täglichen Wachablösungen der Soldaten der Nationalen Volksarmee mit *klingendem Spiel*, Stechschritt, Stiefelknallen und Kommandogebrüll waren touristische Attraktion bis zum Ende der DDR. Die Nachkommen von Käthe Kollwitz haben ihre Zustimmung zur ästhetischen Neu-Möblierung des entleerten nationalen Hohlraums 1993 mit der *Mutter mit totem Sohn* an die Zusicherung gebunden, daß es kein Paradieren der Bundeswehr geben werde.

Die *Zentrale Gedenkstätte der Bundesrepublik Deutschland* soll erklärtermaßen nicht der Vermittlung von historischem Bewußtsein oder Wissen über die Katastrophen der deutschen Geschichte im 20. Jahrhundert dienen, sondern der Bildung nationaler Identität, die mit der unerwarteten und überstürzten Gründung eines zweiten deutschen Nationalstaates 1990 zu einem kulturellen und sozialpsychologischen Problem geworden ist, wovon nicht zuletzt die erschlagenen Fremden und Lichterketten seit der Wiedervereinigung zeugen. Sowohl im protokollarischen Staatsakt der Kranzniederlegung wie im individuellen Empfinden der Fernsehzuschauer soll hier jene *Trauerarbeit* nachholend geleistet werden, deren Ausbleiben nach 1945 Alexander und Margarete Mitscherlich als eine politisch gefährliche, emotionale Verleugnung des Nationalsozialismus in ihrem Buch über die *Unfähigkeit zu trauern* 1964 diagnostizierten. Helmut Kohl hat in seiner Rede vor dem Bundestag am 28. Januar 1993 die Wahl der Pietà der Kollwitz für diesen Zweck einer nachholenden, nationalen Trauerarbeit begründet[5]: Das anrührende Mutterbild sei der „angemessene Ausdruck" einer „großen, politischen Erfahrung der Nachkriegszeit (...) daß wir Deutschen zu Nachdenklichkeit und Nachsinnen in der Trauer ein neues Verhältnis gewonnen haben". Diese auffällige Feminisierung einer politisch notwendig erachteten Trauerübung auf dem Weg zur nationalen Einheit nach Auschwitz dominierte nicht nur die Rhetorik des Bundeskanzlers, sondern auch die seiner Kritiker. Zunächst zu Kohl: Seine Argumente für das mütterliche Leidensbild der Kollwitz scheinen ebenso an die Vorschläge der Frauenverbände für das Reichsehrenmal 1924 anzuknüpfen wie an die Überlegungen der historischen Frauenforschung. Ausschlaggebend für die Wahl gerade dieser Skulptur sei gewesen, „daß in einem solchen Mahnmal nicht nur wie früher der tote Soldat im Mittelpunkt stehen soll, sondern vor allem auch die Mutter, die Witwe". Der Bundeskanzler wollte, in diesem Punkt ganz Feminist, daß in der *Zentralen Gedenkstätte* nicht nur Männer-, sondern auch *Frauenschicksale* gewürdigt werden. Die Kollwitz-Skulptur gebe der Erfahrung von Frauen Ausdruck, „die als Opfer von Krieg und Gewalt von den Schrecken dieses Jahrhunderts in besonderer Weise betroffen waren und sind". Entscheidend sei jedoch nicht nur das gegenständliche Motiv, sondern auch eine spezifisch weibliche Ästhetik, mit der die Künstlerin sich als Frau „der Tragödie unseres Jahrhunderts vom einzelnen Menschen her" genähert habe. In Kohls Bundestagsrede steht die Kunst der Kollwitz für eine „unzerstörbare Humanität", für ein „Erbe, das Menschlichkeit stiftet" (Abb. 2, 3).

---

5 Die Bundestagsrede von Helmut Kohl ist vollständig abgedruckt in Stölzl (1993): *Die Neue Wache*, S. 214ff.

Abb. 2: Käthe Kollwitz: *Pietà*, Bronze, 1937/38, Käthe Kollwitz-Museum Berlin.

Der autoritär verordneten ästhetischen Trauerkombination Schinkel / Tessenow / Kollwitz – von Christoph Stölzl als „harmonischer" Dreiklang gerühmt (FAZ, 13. 3. 1993), der einer breiten Akzeptanz sicher sein könne – wurde unter sehr vielen Aspekten die Zustimmung verweigert: Die Formeln „Ein bißchen Bitburg unter den Linden" (FR, 18. 7. 93) und die „Nivellierung der Opfer" (Ignatz Bubis) waren Stichworte eines Protestes, der noch bei der Eröffnung am 14. November von Demonstranten mit der Parole skandiert wurde: „Deutsche Täter sind keine Opfer". Die gleichzeitigen Einsparungen öffentlicher Mittel für die Unterhaltung von KZ-Gedenkstätten (taz, 21. 6. 93) zugunsten eines zentralen, allumfassenden Mahnmals, das der Trauer um Täter und Opfer am gleichen Ort gewidmet ist, wurde als Rückfall in die Gedenkpraxis der fünfziger Jahre gedeutet, die stereotyp die Opfer des Nationalsozialismus gegen die des Bombenterrors und der Heimatvertreibung aufgerechnet hatte. Neben dieser im wesentlichen mit der Widmungsinschrift verbundenen Kritik galt der Haupteinwand der Verwertung der Skulptur von Käthe Kollwitz, den am engagiertesten Reinhart Koselleck in der öffentlichen Debatte vertreten hat. Die „intime Andachtsfigur", mit der die Künstlerin den Verlust ihres im Ersten Weltkrieg gefallenen Sohnes Peter 1937 noch einmal betrauert habe, könne nicht ästhetische Formel für die Erinnerung an die industrielle Massenvernichtung von Menschen in der Shoa und in dem „Totalen Krieg" sein.[6]

Das mechanische Aufblasen einer stilistisch dem 19. Jahrhundert verpflichteten Kleinbronze zu einem Mahnmal ignoriert die ästhetische Reflexion des Denkmalsbegriffs durch die Moderne, die in Deutschland mit Walter Gropius' Denkmal für die Märzgefallenen in Weimar 1923 einsetzt. Ebenso ignoriert das Kollwitz-Konzept die Kunst der achtziger Jahre, die sich intensiv mit den ästhetischen Problemen des kollektiven Erinnerns im öffentlichen Raum auseinandergesetzt hat und dabei mit den Verfahren der concept art die überzeugendsten Lösungen entwickelte. Um nur ein Beispiel dieser konzeptuellen Gedächtnis-Kunst der achtziger Jahre zu nennen, an die die Neue Wache *nicht* anschließt, sei an Jochen Gerz' „Mahnmal gegen Rassismus" auf dem Schloßplatz in Saarbrücken erinnert. Es entstand 1993 im Rahmen eines großangelegten Projektes der Spurensicherung zur jüdischen Geschichte in Zusammenarbeit mit Studenten der Akademie Saarbrücken. In 21.464 Pflastersteine des Saarbrückener Schloßplatzes wurden die Namen der 21.464 Städte in Deutschland geritzt, in denen bis 1933 jüdische Friedhöfe existierten, und mit der Inschrift der Ortsnamen nach unten wieder eingesetzt.[7] Die Bildlosigkeit des unsichtbaren Mahnmals ist der Bildlosigkeit der vernichteten jüdischen Kultur gewidmet, nicht der Bildsprache ihrer Vernichter oder ihrer Enkel, die sich ihrer erinnern wollen. Eines der wichtigsten Ergebnisse der in den achtziger Jahren aktualisierten Denkmalsdiskussion war die Einsicht, daß Denkmäler mehr über die Interessen der Denkmalssetzer als über die historischen Ereignisse oder die toten Menschen aussagen, an die das Denkmal erinnert. Gemessen an dem Reflexionsstand dieser Problematik und an dem Respekt, den Jochen Gerz *seinen Toten* 1993 in Saarbrücken erwies, springt der Kanzler, der sich ja in Berlin gewissermaßen als Konzept-Gedenkstättenkünstler betätigte, mit den seinen recht sorglos um.

Mit der christlichen Ikonographie der Pietà als „Grenzmarke zwischen Judentum und Christentum" (Koselleck) zitiert die Neue Wache den Ursprung des Antisemitismus und grenzt damit sowohl die sechs Millionen ermordeten wie die überlebenden Juden in Deutschland aus. Schlimmer noch, mit dem Transfer der Kleinplastik aus ihrem ursprünglich privaten Kontext 1937 in den symbolischen Großraum des Nationalen 1993 wird sie auf eine fatale Art jenen Kriegerdenkmälern ähnlich, die nach dem Ersten Weltkrieg in diesem Typus einer profanierten Pietà in mehr oder weniger revanchistischer Absicht entstanden. Auch die entschiedensten Gegner der *Zentralen Gedenkstätte* haben ihre Kritik mit der unablässig wiederholten Beteuerung verbunden, daß Person und Werk der „großen deutschen Künstlerin" (Peter Conradi, SPD-Abgeordneter) über jeden Verdacht des Militarismus und Nationalismus erhaben sei. Wiederholt war in der Presse von dem *Mißbrauch* einer an sich untadeligen weiblichen Trauerkunst die Rede. Diese Kritik greift zu kurz. Sie klammert die

---

6 Koselleck (1993): „Bilderverbot"; ders. (1993): „Stellen uns die Toten?"
7 Vgl. den Überblick von Heinrich (1993): *Strategien*, und Steinhauser (1993): „Erinnerungsarbeit", S. 104.

Abb. 3: Modell der „Zentralen Gedenkstätte für die Opfer von Krieg und Gewaltherrschaft" in der „Neuen Wache" in Berlin, 1993.

für die Wirkungen der *Neuen Wache* entscheidenden Aspekte aus: 1. den auf die Künstlerin projizierten Mythos der *friedfertigen Frau* und 2. die *Bewältigung* bzw. Verleugnung der NS-Vergangenheit durch einen Mutterschaftsmythos.

Einen Zugang zu diesen Fragen bietet eine Deutung der Skulptur, deren Semantik ja keineswegs in dem ikonographischen Zitat der Pietà aufgeht, sondern ein ganz spezifisches Sentiment formuliert. Es lohnt sich, dieses spezifische Kollwitz-Sentiment der Figur im Kontext des Œuvres und der biographischen Erfahrung der Künstlerin von *Krieg und Gewalt* genauer zu untersuchen.

2. Weibliche Aggression und die „Wollust des Opferns"

Käthe Kollwitz war keine *friedfertige Frau*. In ihrem frühen graphischen Hauptwerk, den Zyklen *Weberaufstand* (1897) und *Bauernkrieg* (1908), aber auch in den Einzelblättern wie *Carmagnole* (1901) entwirft sie kämpferische Frauenfiguren von einer vitalen Aggressivität, deren positive Besetzung bis heute irritiert. Mit der Mutter in der vordersten Reihe der zur Gewalt entschlossenen Weber und mit den um die Guillotine tanzenden Frauen der Französischen Revolution reklamierte sie die Einmischung von Frauen in die sozialen Kämpfe der Straße. Mit der Rückenfigur der *Schwarzen Anna*, die die Bauern zum Krieg antreibt, bietet sie den Betrachterinnen eine Identifikationsfigur an, die das Heroische von Aufruhr und Rebellion mit weiblicher Gewalt konnotiert. Kollwitz legitimierte zwar ihre im Rahmen der zeitgenössischen *Frauenkunst* ungewöhnlich ausgeprägten Gewaltphantasien durch Historienstoffe, ihre Graphiken sind jedoch unverkennbar kulturrevolutionärer Appell an die Gegenwart, ein Appell zum Aufbrechen der versteinerten, ungerechten Sozialstrukturen im spätwilhelminischen Deutschland. Wie viele andere bürgerliche Intellektuelle und Künstler auch erwartete Käthe Kollwitz 1914 dieses Aufbrechen von der reinigenden Kraft des Krieges. Der vom Krieg geforderte vaterländische Gemeinsinn, so glaubte sie, werde die Klassenschranken und den Egoismus der Eliten hinwegfegen. Vorbehaltlos schloß sie sich dem jugendbewegten Hurra-Patriotismus ihrer Söhne an, was sie im Tagebuch als ein „Höhergerissenwerden durch die Jungen" beschreibt. Die Augustbegeisterung riß Käthe Kollwitz zu jener „Wollust des Opferns" hin (Tagebuch, 27. 8. 1914), zu der nicht nur die staatliche Kriegspropaganda, sondern auch die bürgerliche Frauenbewegung aufrief. In allen Details agierte sie die Rolle aus, die der militaristische Staat den Müttern und Frauen im Krieg zuschreibt: sie schickt den Sohn mit rosa Federnelken in den Krieg (Tagebuch, 22. 4. 1916), flaggt bei der Eroberung von Antwerpen als Sozialdemokratin Schwarz/Weiß/Rot „aus dem ‚Fenster der Jungen" (Tagebuch, 10. 10. 1914) und läßt sich von dem männlichen Charme der feldgrauen Uniform bezaubern, in der auch Peter „so gut aussieht" (Tagebuch, 4. 10. 1914). Dem minderjährigen Peter gewährte sie die notwendige elterliche Erlaubnis zu seiner Freiwilligenmeldung – gegen den Willen des Vaters. Obwohl Peter Kollwitz nach wenigen Wochen *fällt*, lehnt sie die Versuche ihres Mannes, die Rückstellung des zweiten Sohnes Hans von der Front zu erreichen, als unehrenhaft für ihn ab. Am 1. Mai 1915 notiert sie zaghaft erste Zweifel an dem „Besserwerden durch den Krieg" und am 27. August 1916 reflektiert sie ihre *„unhaltbar widerspruchsvolle Stellung zum Krieg",* dessen Verurteilung ihr „durch Peters Opfertod" lange problematisch blieb. Käthe Kollwitz wurde erst in einem langwierigen und im Grunde nie ganz abgeschlossenen Prozeß zu der Pazifistin, als die sie vor allem wegen ihrer Antikriegsplakate der zwanziger Jahren bis heute gilt. Dieser Prozeß verlangte von ihr die schmerzliche Einsicht in die Sinnlosigkeit des Menschenopfers, das sie gebracht hatte, und die Einsicht in ihre eigene mütterliche Mittäterschaft an einem Krieg, den sie erst im nachhinein als „verbrecherischen Wahnsinn" erkannte. Die damit verbundenen Gefühlsambivalenzen von verdrängter Schuld und Scham sind eindrucksvoll in ihren Briefen und Tagebüchern nachzulesen. Deutlicher sichtbar werden sie in ihren künstlerischen Verarbeitungen der Kriegserfahrung.[8] Die Holzschnittfolge *Der Krieg* (1922/23) eröffnen die Darstellungen des mütterlichen und soldatischen *Lebensopfers* in symmetrischer Anordnung. In dem ersten Blatt bietet eine archaisch nackte Mutterfigur ihr neugeborenes Kind dem im Bild unsichtbaren Kriegsgott zum Opfer dar – im zweiten folgen die *Freiwilligen* verzückt dem Trommler Tod in die Schlacht. Die Künstlerin stellt beide Opferleistungen durch analoge Naturmetaphern – ein stilisierter Blütenkelch, ein Regenbogen – als heilige Kulthandlungen auf eine Stufe. Damit erfüllt sie sich noch einmal retrospektiv ihren leidenschaftlichen Wunsch, an dem Leben der ihr entwachsenen Söhne zu partizipieren – an ihrem idealistischen *Schwärmen* fürs Vaterland im Geiste Hölderlins, an ihrem jugendlichen Elan und ihrer männlichen Abenteuerlust. Dieser Wunsch nach Partizipation an der männlichen Sphäre des Politischen war ein wesentliches Motiv des weiblichen Chauvinismus im Ersten Weltkrieg, den Käthe Kollwitz mit der Majorität der deutschen Frauen teilte und den sie mit der „Wollust des Opferns" (Tagebuch, 27. 8. 1914) befriedigte. Die expressiven Gesten des Schmerzes, die sie in den folgenden Blättern des Zyklus den Hinterbliebenen und Überlebenden des Krieges zuschreibt, sind Gebärden des Selbstmitleids, der Selbstanklage und eines erstickten Selbsthasses – darunter am prägnantesten die den Mund verschließende Hand, die sie in der Pietà 1937 wieder aufnehmen wird und die in dem Relief-Selbstbildnis *Klage* am berühmtesten geworden ist. Diese Gesten der Selbstanklage scheinen die in den beiden ersten Blättern beschworene lustvolle Euphorie des Krieges symbolisch zu bestrafen. Die naheliegende Frage nach den rationalen Ursachen des imperialistischen Krieges und nach dem Leid, das er anderen zugefügt hat, stellt Käthe Kollwitz in diesem Zyklus nicht.

Auch das 1932 vollendete *Elterndenkmal* für den Soldatenfriedhof in Roggevelde, auf dem Peter Kollwitz im Oktober 1914 begraben wurde, thematisiert diese Fragen nicht. Die langjährige Arbeit reflektiert jedoch eine andere Einsicht, die Voraussetzung der weiblichen Entsolidarisierung von dem militaristischen Männerstaat ist: die Anerkennung der mütterlichen Mitverantwortung für das sinnlose *Massensterben.* Käthe Kollwitz zeigt die Figur des Vaters im stoischen Ertragen des Schmerzes, kniend, aber stolz aufgerichtet in einem

---

8 Zur Deutung der biographischen Erfahrung aus feministischer Sicht Tönnies (1993): „Problematische Pietà",
   S. 758. Ohne die Berücksichtigung des feministischen Forschungsstandes Gabler (1993): „Käthe Kollwitz",
   S. 95. Zu der künstlerischen Verarbeitung Schmidt-Linsenhoff (1986): „Käthe Kollwitz", S. 36.

unverletzten Selbstwertgefühl, die Figur der Mutter dagegen wie niedergedrückt von
demütigender Schuld und Scham – „Das Beugen bis zu einem Grade, daß es nie mehr ein
ganzes Aufrichten gibt" (Tagebuch, 12. 10. 1917). Das wiederholte Erinnern an den schmerz-
lichen Verlust eines geliebten anderen Menschen führt nach einiger Zeit dazu, die emotionale Bindung an ihn aufzugeben. Das ist der Sinn von Trauer, wie ihn Sigmund Freud im
Unterschied zur Melancholie beschrieben hat, die an dem Schmerz um den Verlust eines
projektiv-narzißtisch geliebten Objekts festhält und in diesem Festhalten vor allem sich
selbst bemitleidet. Warum Käthe Kollwitz an Melancholie und Selbstmitleid als Grundtenor ihrer Kunst seit 1914 festgehalten hat, die einer produktiven Aufklärung ihrer *Schuld*
am Tod ihres Sohnes Peter im Wege standen – darüber gibt die Skulptur *Mutter mit totem
Sohn* von 1937 beredte Auskunft.

3. Ein kleiner „plastischer Versuch" über das Alter

Aus den im Sommer 1993 in den Feuilletons so häufig zitierten Tagebuchnotizen zu ihrer
Entstehung geht unzweideutig hervor, daß das Thema dieser kleinen Skulptur keineswegs
die weibliche Erfahrung von Krieg und Gewalt ist, sondern die des Alterns. Im November
1936 notiert die Neunundsechzigjährige: „Es ist eigentlich nichts mehr zu sagen. Ich dachte
noch eine kleine Plastik ,Alter Mensch' zu machen und ein Relief schwebte mir unbestimmt
vor." Und ein Jahr später: „Ich arbeite an der kleinen Plastik, die hervorgegangen ist aus
dem plastischen Versuch, den alten Menschen zu machen. Es ist nun so etwas wie eine Pietà
geworden. Die Mutter sitzt und hat den toten Sohn zwischen ihren Knien im Schoß liegen.
Es ist nicht mehr Schmerz, sondern Nachsinnen." (Tagebuch, 10. 10. 1937)

In dem thematischen Rahmen des Alters ist der jugendliche männliche Akt im Schoß der
alten Frau weder als Abbild des Leichnams von Peter Kollwitz noch überhaupt als ein per-
sonales Gegenüber zu verstehen. Mit der die Grenzen zwischen dem mütterlichen und dem
männlichen Körper verschmelzenden bildhauerischen Bearbeitung wird deutlich, daß beide
zusammen als eine einzige, ungeteilte Figuration ihres Selbst zu lesen sind. Der wie im Liebestod hingebungsvoll geöffnete Mund, die unverletzte, schöne Leiblichkeit des *Sohnes*, mit
dem sich die *Mutter* in einem ebenso zärtlichen, wie rituellen Gestus verbindet, der gleichermaßen Hochzeits- wie Abschiedsgestus ist – all dies macht ihn zum Zeichen des mütterlichen Eros und des weiblichen Begehrens, wenn man will, zum Phallus der Mutter. Er
ist Signifikant ihrer eigenen Jugend und Vitalität, einer weiblichen Genußfähigkeit, deren
Verlust die *einsame alte Frau* im Körperbild des anderen Geschlechts betrauert. Die Metamorphose des wirklichen, toten Peter Kollwitz in eine innerpsychische Repräsentanz seiner
Mutter dokumentieren die im Tagebuch protokollierten Träume und imaginären Zwiege-
spräche mit einem *Peter*, der im Laufe der Jahre und Jahrzehnte 1937 längst zu einem Alter
ego der Künstlerin geworden war.

4. Die *Pietà* – Mutterschaft, Tod und weibliche Kreativität

Diese These findet Bestätigung in der Tatsache, daß Käthe Kollwitz in ihrem *plastischen Versuch* über das Alter auch formal nicht an ihre künstlerische Auseinandersetzung mit dem Krieg anschließt, in der sie die Bildform der Pietà peinlichst vermieden hat – ganz offensichtlich um die Nähe zu den revanchistischen Kriegerdenkmälern dieses Typus zu vermeiden. Die Formel der Pietà schließt vielmehr an ein anderes, lange vor dem Krieg entwickeltes Leitmotiv ihrer Arbeit an, das seinen ersten monumentalen Ausdruck in den Radierungen *Pietà* und *Mutter mit totem Kind* 1903 fand (Abb. 4). Diese Radierungen stehen am Anfang einer dichten Reihe von Variationen zu der in der Kunstgeschichte höchst seltenen Motivkombination Tod und Mutterschaft. Eine hockende nackte Muttergestalt hält ihr totes Kind mit einer Geste von animalischer Vitalität umfaßt. Die besitzergreifende Geste könnte als Verweis auf die kannibalische Liebe der verschlingenden Mutter bzw. auf ein panisches Entsetzen über den Verlust der ursprünglichen Symbiose, über die Spaltung des maternalen Körpers gelesen werden. Obwohl die Künstlerin sich selbst und den damals siebenjährigen Peter als Modell vor dem Spiegel benutzte, ist die Darstellung weder portraithaft noch über-

Abb. 4: Käthe Kollwitz: *Mutter mit totem Kind*, Lithographie, 1903.

haupt auf der Ebene historisch-sozialer Wirklichkeiten, sondern auf einer Ebene der symbolischen Ordnung zu verstehen, die psychoanalytische Deutungsmuster verlangt.

Die übliche Interpretation von Käthe Kollwitz' obsessiver Beschäftigung mit dem Thema *Tod/Mutter/Kind* als soziale Anklage des Arbeiterinnenelends, als Ausdruck ihrer Sorge um die Gesundheit ihrer eigenen Kinder oder gar als prophetische Vorausschau des Soldatentodes ihres Sohnes hat die erotischen und sexuellen Konnotationen nicht wahrhaben wollen, so offensichtlich sie vor allem in den Zeichnungen sind. Diese Konnotationen verbinden die Figurationen der Pietà nicht mit der politischen Ikonographie des Soldatentodes, sondern mit den symbolistischen Bildprägungen von Liebestod und Liebesopfer, für die die männlichen Künstler gleichzeitig etwa auf Motive des Vampirismus zurückgriffen, wie z. B. Edvard Munch 1895 in der Lithographie *Vampir*.

In den Studien zu der Radierung *Tod, Mutter, Kind* (1910/1911), die in kompositioneller und motivischer Parallele zu einer Folge von Liebespaardarstellungen entstehen, inszeniert Kollwitz den Tod des Kindes als erotische Verschmelzungsphantasie, so wie in den meisten Bearbeitungen dieses Themas die Nähe zum Tod Bildzeichen einer glücklich erfüllten Intimität körperlicher Nähe ist. In den Zeichnungen, die der Berliner Propyläenverlag in dem Faksimile-Mappenwerk 1924 *Abschied und Tod* publizierte, stellt sie zwischen den aufschwebenden Paaren Tod und Jüngling / Tod und Frau eine unmittelbare formale Analogie her. Diese Analogie verstärkt die Identifikation der Künstlerin mit dem imaginären *Peter* und manifestiert die spiegelbildliche Symbolisierung des mütterlichen Eros in dem des männlichen Kindes. Charakteristisch für die Pietà-Varianten des Themas Tod und Mutterschaft ist die Austauschbarkeit des Geschlechts der haltenden und der gehaltenen Figur im Schoß eines Todes, der die Sehnsucht nach Geborgenheit und Lust erfüllt – eine formale Figuration, die die Kollwitz in der Skulptur *Liebende* bereits 1913 entwickelt hatte und in verschiedenen graphischen Techniken in den zwanziger und dreißiger Jahren weiterverarbeitete.

Auch in ihrer letzten zyklischen Auseinandersetzung mit dem Thema, in der lithographischen Folge *Tod* 1934/35, akzentuiert sie mit dem Selbstzitat einer frühen Liebespaarzeichnung aus dem Jahr 1909 die unmittelbare Verbindung von Tod, Eros und weiblicher Hingabe. In der Radierung *Frau mit Tod* von 1910 zitiert sie mit der in den Armen des Todes sich aufbäumenden Mutterfigur den weiblichen Akt einer gleichzeitig entstandenen Kreidezeichnung *Liebesszene* (Abb. 5, 6). Diese wohl freizügigste Darstellung weiblicher Sexualität und eines Liebesaktes, die wir von der Hand einer Künstlerin der Jahrhundertwende kennen, kann als Schlüssel zum Verständnis der Verlust- und Strafängste, der Schuld- und Schamgefühle dienen, die die Kollwitz künstlerisch verarbeitet.

Mutterschaft symbolisierte um 1900, ganz im Sinne des wilhelminischen Vitalismus und der zeitgenössischen Mutterschaftsdiskurse, auch für die Künstlerinnen eine spezifisch weibliche Schöpferkraft und weibliche *Kulturleistung*. Wie Rosemary Betterton in einer Studie über die Bedeutung der Mutterschaft für das Selbstverständnis der deutschen Künstlerinnen der Jahrhundertwende nachweisen konnte, steht das männliche Kind in der individuellen Ikonographie der Kollwitz sowohl für ihre eigenen erotischen Wünsche wie für ihre künstlerische Potenz. Das Bild vom Tod des Kindes verweist metaphorisch auf die

Abb. 5: Käthe Kollwitz: *Liebesszene I*, um 1910, Kreidezeichnung, Kollwitz-Museum Köln.

Angst vor dem *Tod* der weiblichen Kreativität, eine Angst, die die Kollwitz in depressiven Verstimmungen und ausgedehnten Schaffenskrisen ihr Leben lang quälte.[9] Die Ursachen dieser *Todesangst*, die ihr ihre Sexualität und künstlerische Produktivität machten, sind in dem sozialen und individuellen Umfeld einer außergewöhnlichen Künstlerinnen-Karriere nicht schwer auszumachen.

Mit dem Verstoß gegen das Gebot des Vaters, entweder Frau und Mutter oder Künstlerin zu sein, war nicht nur der Wunsch beides zu wollen, sondern vor allem die Erfüllung dieses Wunsches schuldbeladen. Von dieser Schuld einer gravierenden Verletzung der patriarchalen Geschlechterordnung, die die Kollwitz selbst keineswegs prinzipiell in Frage stellte, entlastete sie der asketische Verzicht auf Glück und Genuß, auf den sie sich mit dem Wahlspruch des Übergroßvaters Julius Rapp verpflichtet: „Der Mensch ist nicht dazu da glücklich zu sein, sondern seine Pflicht zu erfüllen.“[10] Mit den Bildern einer aufopferungsvollen und unendlich leidensfähigen Mütterlichkeit verleugnete sie das gesteigerte Selbstwertgefühl und die narzißtische Befriedigung, die ihr der Erfolg und die öffentliche Anerkennung als Künstlerin bedeuteten – ohne lebenspraktisch darauf verzichten zu müssen. Nein, Käthe Kollwitz war keine *friedfertige Frau* und hat ihre Karriere keineswegs ihren häuslichen und mütterlichen Pflichten aufgeopfert. Ohne einen eisernen professionellen Durchsetzungswillen hätte sie sich niemals als erste Frau in der Berliner und deutschen Kunstszene über alle politischen und ästhetischen Kurswechsel hinweg halten können, käme heute auch niemand auf den Gedanken, ihre kunstgeschichtlich belanglose Kleinplastik von 1937 zum Nationaldenkmal zu erklären. Im Tagebuch finden sich zahlreiche Hinweise auf Scham- und Schuldgefühle im Zusammenhang von Sexualität und Karriere: Käthe Kollwitz beschreibt etwa Sexualität zum einen als „stärkste Lebenskraft“, zum anderen als „inneren Feind“ (Tagebuch, 6. 9. 1910) und als ein quälendes „Monstrum“, gegen das sie sich ihr Leben lang habe wehren müssen (Brief an Hans Kollwitz, 19. 11. 1912) – ein in den sexuellen Künstlerdiskursen ihrer Zeit geläufiger Antagonismus, den die Dreiunddreißigjährige 1900 in einem Studienblatt *Selbstbildnis und Weiblicher Akt* thematisierte. Sie bezichtigt sich selbstanklägerisch, die größere künstlerische Begabung ihrer Schwester Lise durch „Neid und Ehrgeiz“ im Keim erstickt zu haben und die beruflichen Leistungen ihres Mannes als Kassenarzt in der Öffentlichkeit mit ihrem Ruhm in den Schatten zu stellen.[11] Diese und ähnliche verstreute Ansätze zu einer rationalen Aufklärung dessen, was denn nun eigentlich ihre *Schuld* ausmacht, bleiben jedoch ebenso inkonsequent wie die Bearbeitung des traumatischen Verlustes ihres narzißtischen Liebesobjekts *Peter*.

„Ein schlimmes Symptom ist dieses: nicht nur eine Sache nicht zu Ende denken, sondern auch ein Gefühl nicht zu Ende fühlen“, schreibt die Kollwitz 1921. Dieses Symptom der Realitätsverleugnung hat seinen vielleicht prägnantesten Ausdruck in der Pietà von 1937

---

9 Betterton (1992): „Darstellung des Mütterlichen“, S. 95.
10 Grabinschrift des Großvaters Julius Rapp, vgl. Hans Kollwitz (1967): *Käthe Kollwitz*, S. 8.
11 Käthe Kollwitz (1989): *Tagebücher*, S. 726; Hans Kollwitz (1967): *Käthe Kollwitz*, S. 15, erinnert den Wunsch der Mutter, „daß das Licht des bescheidenen Vaters in der Öffentlichkeit nicht immer von ihrem überblendet werde“.

Abb. 6: Käthe Kollwitz: *Frau mit Tod*, 1910, Radierung, Staatliche Kunstsammlungen Dresden.

gefunden. Es geht jetzt, 1993, in die ästhetische Produktion eines neuen deutschen Nationalgefühls ein. Die Erhöhung dieses kleinen *plastischen Versuchs* über das weibliche Alter zum Nationaldenkmal des wiedervereinten Deutschland könnte einfach das lächerliche Mißverständnis eines Bundeskanzlers sein, dem es an kunsthistorischer Beratung mangelte – wenn sie nicht symptomatisch für ein Nationalgefühl des Selbstmitleids und einer diffusen *Kollektivschuld* ist, die bis heute *nicht zu Ende gedacht* und *nicht zu Ende gefühlt* wurde.

5. „Ein schlimmes Symptom" –
Käthe Kollwitz in der Neuen Wache 1993

Welche Effekte entfaltet die Skulptur im Kontext des kollektiven Erinnerns und der nationalen Identitätsbildung in der *Zentralen Gedenkstätte der Bundesrepublik Deutschland* 1993? Es liegt auf der Hand, daß kein Fernsehzuschauer, der die Skulptur im ausgestrahlten Staatsritual der Kranzniederlegung in seiner Wohnstube betrachtet, keine Schulklasse, die während ihres Hauptstadtbesuchs vor ihr Geschichtsbewußtsein bildet, sich über die von Käthe Kollwitz verarbeitete Problematik weiblicher Sexualität und weiblichen Künstlertums im frühen 20. Jahrhundert Gedanken machen wird. Der neue Kontext produziert andere Lesarten.

Nehmen wir eine Wahrnehmung an, die die Skulptur im Sinne der Bundesregierung als Würdigung der Leiden wirklicher Frauen unter den *Schrecken dieses Jahrhunderts* versteht, so negiert das Bild der überlebenden deutschen Soldatenmutter als Kriegsopfer die historische Existenz von Millionen Frauen, die in Massenexekutionen und Todesfabriken ermordet wurden und in den Luftschutzkellern und Flüchtlingstrecks im zweiten Weltkrieg umkamen. Der Bildtypus der Pietà, zumal in der Präsentationsform eines Kultbildes in dem rekonstruierten Sakralraum Tessenows, verweist indessen viel weniger auf soziale Frauenwirklichkeiten, als auf ein soziales Phantasma der Mütterlichkeit im Kulturmuster der Mater Dolorosa. Der Transfer des Sakralen auf das Politische und die Geschlechterrhetorik der weiblichen Allegorie gehören seit der Französischen Revolution zur Grundausstattung der europäischen Nationalikonographien. Vor diesem Hintergrund ist eine allegorische Lesart der Skulptur in der Neuen Wache zwar nicht als die einzige, aber als die dominierende anzunehmen. Die *Mutter* bildet in ihrer archaisch-bäuerlichen Erdenschwere den allegorischen Volkskörper ab, die natürlich-ethnische Substanz der Nation, deren handelndes Subjekt der soldatische Mann ist. Sein Selbstopfer für Volk und Nation wird mit der Rückkehr in den mütterlichen Schoß einer weiblich phantasierten Heimat belohnt: der Heldentod bietet ihm im christlich-religiösen Sinn Erlösung und im regressiv-sexuellen die Erfüllung des ödipalen Wunsches. So begrüßenswert der Verzicht der Bundesregierung auf eine Heroisierung soldatischer deutscher Mannestugend in der ehemaligen Reichsehrenhalle 1993 auch ist, so deutlich legitimiert sie die für Deutschland gebrachten Opfer und so deutlich fordert sie mit der Inszenierung des Opferrituals zu seiner Wiederholung auf.[12] Das Bild der mütterlichen Bereitschaft, Opfer zu bringen, sie zu betrauern und im kollektiven Gedächtnis zu bewahren, formuliert nicht Widerstand und Einspruch gegen Krieg und Gewalt, sondern Zustimmung und Einverständnis. Für diese der feministischen Friedensforschung von Margarete Mitscherlich bis Sara Ruddick geläufige Einsicht ist gerade Käthe Kollwitz prominentes Fall-Beispiel. Sie ist der beste Beweis, daß Mütter keineswegs die besseren Menschen und das schlechthin Gute, Andere der männlichen Gewalt sind.[13]

---

12 Vgl. Hoffmann (1993): „Ein Mutterbild", S. 60.
13 Mitscherlich (1985): *Die friedfertige Frau*; Ruddick (1993): *Mütterliches Denken*, S. 125.

Die geringe Sorgfalt, die auf das Verständnis der Skulptur verwendet wurde, gibt ein bemerkenswertes Desinteresse an der Künstlerin zu erkennen. Unter Umgehung jeder Auseinandersetzung mit dem Werk und der spezifischen Problematik der Kollwitz in ihrer Verarbeitung von *Krieg und Gewalt* knüpfte die Bundesregierung unmittelbar an eine fulminant populistische Rezeption von *Leben und Werk* der Kollwitz an, deren zentrales Motiv das Geschlecht der Künstlerin war. Ihre Weiblichkeit und ihre Mütterlichkeit machten sie bereits zu ihren Lebzeiten zu einer Personifikation des *besseren Deutschlands*, vor allem in der nationalen Außenwahrnehmung. „Das Werk von Käthe Kollwitz ist die größte Dichtung des heutigen Deutschlands", schreibt etwa Romain Rolland 1927, „in ihm spiegeln sich die Prüfungen und das Leid des einfachen Volkes. Diese Frau hat es in ihren Blicken und mütterlichen Armen umfangen, mit zartem ernsten Mitleiden. Sie verkörpert die schweigende Stimme des geopferten Volkes"; und ihr Freund und Biograph Otto Nagel wurde nicht müde, „ihre gewaltige, alles umfassende Mütterlichkeit" zu rühmen.[14] Das auffälligste Merkmal dieser Mütterlichkeits-Panegyrik ist die erstaunliche Breite des weltanschaulichen und politischen Spektrums, in dem Christen und Kommunisten, Sozialisten und Konservative vom wilhelminischen Kaiserreich bis heute die *Mütterlichkeit* der Kollwitz zur Signatur ihrer Kunst erklären. So unterschiedlich auch nach 1945 die politischen und ideologischen Vorzeichen der Kollwitz-Rezeptionen in Ost- und Westdeutschland gesetzt wurden, so unterschiedslos stehen beide im Zeichen von Mutterschaftsideologie und Populismus. Während in der DDR die bekannte Formulierung der Künstlerin von ihrem „Wirkenwollen in dieser Zeit" für einen mütterlich motivierten Sozialismus in Anspruch genommen wurde, sah die Kollwitz-Forschung der BRD einen mütterlich-unpolitischen Humanismus in ihrer Kunst am Werke. In beiden deutschen Teilstaaten wurde sie jedoch im Namen ihrer mütterlichen Trauer- und Leidensfähigkeit zur „Symbolfigur für das gute Gewissen Deutschlands in seiner dunkelsten Zeit", zur „Verkörperung des guten Deutschlands", wie es Gunther Thiem formulierte.[15]

In der *Neuen Wache* wird also 1993 nicht nur mit der Ikonographie der Pietà, sondern auch mit einem Künstlerinnenmythos des *besseren Deutschland*, für den der Markenname *Kollwitz* steht, eine Art Überdosis an Mütterlichkeit erzeugt, die zunächst daran erinnert, „daß Mutterehrungen und Mutterkult immer dann Konjunktur haben, wenn wirtschaftliche Depressionen Frauen von dem Arbeitsmarkt verdrängen".[16] Darüber hinaus erzeugt diese Überdosis, die sich wie ein Narkotikum in dem dämmrigen Innenraum der Neuen Wache ausbreitet, jedoch noch andere Wirkungen: ein für Ost- und Westdeutsche gemeinsames Identifikationsangebot, die Versöhnung mit den ermordeten Juden, die außenpolitische Versicherung der deutschen Friedfertigkeit, die innenpolitische Behauptung einer wiedergefundenen Trauerfähigkeit, die im Trauma der nationalen Teilung und der Hektik des Wiederauf-

---

14 Romain Rolland, zit. n. Krahmer (1981): *Käthe Kollwitz*, S. 149; Nagel (1962): *Käthe Kollwitz*, S. 8.

15 Thiem (1985): *Käthe Kollwitz*, S. 11. Vgl. auch die Dokumentation der ost- und westdeutschen Kollwitz-Rezeption nach 1945 bei Fritsch / Seeler (1993): „Der Blick auf Käthe Kollwitz", S. 13.

16 Matter (1989): „Deutscher Muttertag", S. 123.

baus verloren war. All diese durch die Inszenierung evozierten Gefühle und Gedanken sind jedoch diffus wie das Licht in dem Raum und steril wie die Ästhetik der Replikate und Imitationen. Am deutlichsten tritt jene Ambivalenz zwischen Selbstmitleid und einer Schuld hervor, deren Ursachen nicht ausgesprochen werden dürfen und die noch in der verzerrenden Vergrößerung als die Ausdrucksqualitäten und Gefühlsambivalenzen der Kunst der Kollwitz wirksam sind. Ihre Übertragung in Schinkels preußisch-klassizistische Militärarchitektur und Tessenows Weiheraum macht die Neue Wache – um es mit Käthe Kollwitz selbst zu sagen – zu „einem schlimmen Symptom".

Literatur

BETTERTON, ROSEMARY: „Die Darstellung des Mütterlichen. Der weibliche Akt im Werk deutscher Künstlerinnen um die Jahrhundertwende", in: *Ausstellungskatalog Profession ohne Tradition*, Martin Gropius Bau, Berlin 1992.

BOLLÉ, MICHAEL: *Heinrich Gentz. Eine Untersuchung zur Architekturdiskussion in Berlin um 1800*, Berlin 1988.

FRITSCH, GUDRUN / SEELER, ANETTE: „Der Blick auf Käthe Kollwitz im Wandel der Zeiten", in: Stölzl, Christoph (Hg.): *Die Neue Wache Unter den Linden*, Berlin 1993.

GABLER, JOSEPHINE: „Käthe Kollwitz, Krieg und Tod", in: Stölzl, Christoph (Hg.): *Die Neue Wache Unter den Linden*, Berlin 1993.

HEINRICH, CHRISTOPH: *Strategien des Erinnerns*, München 1993.

HOFFMANN, KATHRIN: „Ein Mutterbild für die Neue Wache in Berlin", in: Büchten, Daniela / Frey, Anja (Hg.): *Im Irrgarten der deutschen Geschichte. Die Neue Wache 1818–1993*, Berlin 1993.

KOLLWITZ, HANS (Hg.): *Käthe Kollwitz. Aus meinem Leben*, München 1967.

KOLLWITZ, KÄTHE: „Autobiographische Aufzeichnungen", in: dies., *Die Tagebücher*, hg. v. Jutta Bohnke-Kollwitz, Berlin 1989.

KOSELLECK, REINHART: „Bilderverbot. Welches Totengedenken?", in: *FAZ*, 8. 4. 1993.

KOSELLECK, REINHART: „Stellen uns die Toten einen Termin?", in: *FAZ*, 23. 8. 1993.

KRAHMER, CATHERINE: *Käthe Kollwitz in Selbstzeugnissen und Bilddokumenten*, Hamburg-Reinbek 1981.

LURZ, MEINHOLD: *Kriegerdenkmäler in Deutschland*, Bd. 4: *Weimarer Republik*, Heidelberg 1985.

MATTER, MAX: „Entpolitisierung durch Emotionalisierung. Deutscher Muttertag", in: Voigt, R.: *Politik der Symbole, Symbole der Politik*, Opladen 1989.

MITSCHERLICH, MARGARETE: *Die friedfertige Frau. Eine psychoanalytische Untersuchung zur Aggression der Geschlechter*, Frankfurt/M. 1985.

MITTIG, HANS ERNST: „Indienststellung der Toten", in: Büchten, Daniela / Frey, Anja (Hg.): *Im Irrgarten der deutschen Geschichte. Die Neue Wache 1818–1993*, Berlin 1993.

NAGEL, OTTO: *Käthe Kollwitz*, Dresden 1962.

Ruddick, Sara: *Mütterliches Denken. Für eine Politik der Gewaltlosigkeit*, Frankfurt/M. 1993.

Schmidt-Linsenhoff, Viktoria: „Käthe Kollwitz. Weibliche Aggression und Pazifismus", in: *Kritische Berichte*, Jg. 14 (1986), Heft 3.

Schottmüller, Frida: „Ein Denkmal für die Gefallenen", in: *Der Kunstwanderer*, 1924.

Steinhauser, Monika: „Erinnerungsarbeit. Zu Jochen Gerz' Mahnmalen", in: *Daidalos*, September 1993.

Stölzl, Christoph (Hg.): *Die Neue Wache Unter den Linden*, Berlin 1993.

Thiem, Gunther: *Käthe Kollwitz. Ausstellungskatalog Jahrhunderthalle Höchst*, 1985.

Tietz, Jürgen: „Schinkels Neue Wache Unter den Linden", in: Stölzl, Christoph (Hg.): *Die Neue Wache Unter den Linden*, Berlin 1993.

Tönnies, Sibylle: „Problematische Pietà", in: *Frankfurter Hefte*, 1993, 8.

IV.

Sozialmodelle im Disput

DIETER STERZEL

Demonstrationen

Eine verfassungsrechtliche Deutung des Bürgerprotestes in der
Bundesrepublik seit Beginn der 60er Jahre

1. Vorbemerkung

Die Beschäftigung mit dem demokratischen Bürgerprotest der letzten dreißig Jahre verfolgt
das Interesse zu klären, wie der auf der Straße sich organisierende Kommunikationsprozeß
in politischer Absicht im parlamentarisch zentrierten Demokratieverständnis des Grundgesetzes verfassungsrechtlich und -politisch zu bewerten ist.[1]

Zu diesem Zweck wird zunächst der verfassungsrechtliche Geltungsanspruch der durch
Art. 8 GG geschützten Demonstrationsfreiheit umschrieben und der plebiszitäre Charakter
dieses politischen Teilhaberechts beleuchtet. Daran anschließend werden markante Demon-
strationsereignisse der letzten drei Jahrzehnte vorgestellt, welche Ziele die unterschiedlichen
außerparlamentarischen Aktionen verfolgten und welche Formen demonstrativen Protestes
sich im Laufe der Zeit entwickelt haben. Dabei wird zugleich deutlich, daß Demonstrationen
von den staatlichen Instanzen häufig genug nicht als notwendiger Bestandteil, sondern als
Störfaktor im Prozeß der demokratischen Willensbildung angesehen und dementsprechend
bekämpft wurden.

---

[1] Vgl. Blanke / Sterzel (1981): „Demonstrationsfreiheit", S. 347ff.; dies. (1983): „Inhalt und Schranken",
S. 67ff.; dies. (1983): „Die Entwicklung des Demonstrationsrechts", S. 53ff.; Ridder / Breitbach / Rühl /
Steinmeier (1992).

2. Der plebiszitäre Charakter der Demonstrationsfreiheit im Spannungsverhältnis der Mechanismen parlamentarischer Repräsentation

Die in Art. 8 Abs. 1 GG geschützte Versammlungsfreiheit gibt allen *„Deutschen* ... das Recht, sich ohne Anmeldung oder Erlaubnis friedlich und ohne Waffen zu versammeln", wobei „dieses Recht" gemäß Art. 8 Abs. 2 „für Versammlungen unter freiem Himmel durch Gesetz oder auf Grund eines Gesetzes beschränkt werden" kann.

Ungeachtet dieser klaren verfassungsrechtlichen Vorgabe war in der juristischen Diskussion sowie justiziellen Praxis und vor allem in der von Polizeieinsätzen geprägten Verfassungswirklichkeit lange Zeit der Geltungsumfang dieses demokratischen Teilhaberechts außerordentlich umstritten. Selbst so eindeutige Begriffe wie „Versammlung", „friedlich" und „Waffen" wurden unterschiedlich interpretiert. Vielfältige Beschränkungen und Verschärfungen des Versammlungsrechts und des Demonstrationsstrafrechts sowie gezielte staatliche Gewaltaktionen gegen Demonstrationszüge und Protestkundgebungen[2] machten in der Vergangenheit immer wieder deutlich, wie gefährdet dieses demokratische Basisgrundrecht war und ist und welchen Gefährdungen für Leib und Leben sich diejenigen aussetzen, die sich auf seinen Geltungsanspruch berufen.

Wenn heute außer Frage steht, daß es sich bei der grundgesetzlich primär durch Art. 8 GG verbürgten Demonstrationsfreiheit neben der in Art. 5 GG geschützten Meinungsfreiheit um das wichtigste politische Teilhaberecht des Bürgers und der Bürgerin im nicht durchorganisierten politischen Prozeß handelt, so ist dies nicht zuletzt das Ergebnis eines lange geführten politischen und juristischen Kampfes um die Anerkennung dieses Grundrechtes.

Für die Funktionsweise unserer parlamentarisch-repräsentativ verfaßten Demokratie hat die Freiheit zu demonstrieren eine nicht zu unterschätzende Bedeutung. Die als Staatsbürgerrecht („allen Deutschen") und nicht als Menschenrecht konzipierte Versammlungsfreiheit[3] enthält nämlich eine urdemokratisch plebiszitäre Komponente im Prozeß politischer Willensbekundung. Sie steht damit zwangsläufig in einem Spannungsverhältnis zu der durch periodische Wahlen (Art. 20 Abs. 2, Art. 38, 39 GG) und Parteien (Art. 21 GG) institutionalisierten staatlichen Willensbildung. Das Recht, auf der Straße zu demonstrieren, gibt Minderheiten und oppositionellen Gruppen die Möglichkeit, sich für ihr politisches Handeln un-

---

2 Erinnert sei beispielhaft nur an die willkürliche Verhaftung von 168 Personen in der Nürnberger Altstadt nach einer vom Jugendzentrum KOMM ausgehenden Demonstration 1981, an den Tod von Günter Sare im September 1985 in Frankfurt/M. durch ein Polizeifahrzeug oder das ganztägige Einkreisen von 800 Versammlungsteilnehmern beim Hamburger Kessel im Jahre 1986 oder an die bayerische Art des Zulangens anläßlich des Weltwirtschaftsgipfels im Herbst 1992 in München. Der vergleichsweise liberale Umgang mit der Blockade des Bundestages in Bonn durch Demonstranten anläßlich der Verfassungsrevision des Asyl-Artikel 16 GG im Mai 1993 stellte eher eine Ausnahme dar.

3 Erst § 1 VersammlungsGesetz weitet dieses in Art. 8 GG als Deutschenrecht konzipierte Bürgerrecht zum Jedermannsrecht aus.

Abb. 1: Auf dem Boden der Verfassung: Polizisten und ein mißhandelter Demonstrant beim Hamburger Kessel am 8. 6. 1986. Foto: Gerald Sagorski, Süddeutscher Verlag.

abhängig von den monopolmäßig beherrschten Massenmedien (Presse, Rundfunk und Fernsehen) und den zunehmend verstaatlichten großen Parteien eines allen Bürgerinnen und Bürgern umstandslos zugänglichen öffentlichkeitswirksamen Massenmediums[4] zu bedienen. Das mit Protestaktionen verbundene Moment der Provokation zielt darauf ab, den vielfach bloß noch rituellen Charakter der zwischen den staatstragenden Parteien geführten politischen Debatten aufzubrechen und auf diese Weise eine kritische Öffentlichkeit überhaupt erst herzustellen. Der regellose plebiszitäre Druck „der Straße" enthält durchaus ein Stück elementarer Gegengewalt und ist damit Ausdruck direkter Volkssouveränität.

Wegen des in ihnen enthaltenen Störpotentials für die Selbstdarstellungen der politischen Klasse bilden Demonstrationen einen Stachel im Parlamentarismus. Es verwundert deshalb nicht, daß die politischen Repräsentanten außerparlamentarische Aktionen sehr schnell als Verletzungen der Spielregeln des politischen Prozesses diffamieren. Sie verweisen auf das Erfordernis formaler Prozeduren der Willensbildung im Interesse der politischen Ordnung und stilisieren das parlamentarische Repräsentationsprinzip und die durch Parteien sowie

---

4 Vgl. Warneken (1991).

öffentliche und private Massenmedien inszenierte Öffentlichkeit zur einzig legitimierten Veranstaltung des demokratischen Prozesses. Demonstrationen werden als unangemessene Einmischung einer ihrerseits nicht demokratisch legitimierten Minderheit behandelt und als „Druck der Straße" aus dem Spektrum geordneter demokratischer Verkehrsformen ausgegrenzt. Das von einem tiefen Mißtrauen gegenüber dem Souverän bestimmte Demokratieverständnis der politischen Elite verkennt offensichtlich, daß staatliche Herrschaft unter den konstitutionellen Bedingungen des Grundgesetzes auch nur Herrschaft in einer demokratischen, d. h. zum Austragen von Konflikten fähigen Gesellschaft ist und sein kann.

Die im Laufe der letzten drei Jahrzehnte gewachsene Bereitschaft, zu demonstrieren bzw. zivilen Ungehorsam zu praktizieren, macht deutlich, wie wichtig es ist, daß staatliches Handeln vom demokratischen Prozeß nicht abgekoppelt wird. Dabei bildet die unbedingte Respektierung der Freiheitsrechte, speziell der politischen Teilhaberechte eine wichtige Voraussetzung für einen wirksamen Minderheitenschutz, der seinerseits ein Wesenselement demokratischer Herrschaft ist.

3. Die demokratiekonstitutive Bedeutung politischer Teilhaberechte im allgemeinen und des Grundrechts der Versammlungsfreiheit im besonderen

3.1. Zum Demokratieverständnis des Grundgesetzes

Das Bundesverfassungsgericht hat ebenfalls schon früh[5] darauf hingewiesen, daß entgegen einer geläufigen Annahme die Mechanismen parlamentarischer Repräsentation nicht den alleinigen Integrationsfaktor politischer Herrschaft im Demokratiekonzept des Grundgesetzes darstellen. Es hat in seiner Rechtsprechung vielmehr immer wieder deutlich herausgestellt, daß die politischen Teilhaberechte – wie Meinungsfreiheit (Art. 5 Abs. 1 GG), Koalitionsfreiheit (Art. 9 GG), Versammlungsfreiheit (Art. 8 GG) und Petitionsrecht (Art. 17 GG) – ebenfalls für den demokratischen Prozeß konstitutiv sind. Bereits in seinem ersten Parteienfinanzierungsurteil vom 19. 7. 1966[6] führt es dazu aus:

> „Nur dann, wenn das Volk als Verfassungs- oder Kreationsorgan durch Wahlen und Abstimmungen selbst die Staatsgewalt ausübt (Art. 20 Abs. 2 S. 2 GG), fällt die Äußerung des Volkswillens mit der Bildung des Staatswillens zusammen. Das Volk bringt jedoch seinen politischen Willen nicht nur durch Wahlen und Abstimmungen zum Ausdruck. Das Recht des Bürgers auf Teilhabe an der politischen Willensbildung äußert sich nicht

5 Im Lüth-Urteil v. 15. 1. 1958, BVerfGE 7, S. 198ff., 208.
6 BVerfGE 20, S. 56ff.

nur in der Stimmabgabe bei Wahlen, sondern auch in der Einflußnahme auf den ständigen Prozeß der politischen Meinungsbildung, der Bildung der ‚öffentlichen Meinung‘. Die öffentliche Meinung ... beeinflußt die Entschlüsse der Staatsorgane.“[7]

Hierbei übernehmen die politischen Teilhaberechte, die ihren Geltungsgrund im Grundsatz der Selbstbestimmung des Volkes bzw. der Volkssouveränität finden, die Funktion, die Freiheit der offen und unreglementiert sich vollziehenden Meinungs- und Willensbildung des Volkes zu sichern.[8] Denn es gehört für das Bundesverfassungsgericht zum Selbstverständnis einer freiheitlich demokratischen Grundordnung, daß die Staatsorgane durch den permanenten Prozeß der politischen Meinungs- und Willensbildung, der in die Wahlen einmündet, erst hervorgebracht werden (Art. 20 Abs. 2 GG) und sich in einer Demokratie die Willensbildung vom Volk zu den Staatsorganen vollzieht und nicht umgekehrt von den Staatsorganen zum Volk hin vollzieht.[9]

3.2. Das Brokdorf-Urteil des Bundesverfassungsgerichts vom 14. 5. 1985[10]: Die Versammlungsfreiheit als Ausdruck der Volkssouveränität

Ungeachtet der in der Rechtsprechung des Bundesverfassungsgerichts betonten demokratiekonstitutiven Bedeutung der politischen Teilhaberechte im allgemeinen und der Versammlungsfreiheit im besonderen wurde der Geltungsanspruch dieses Grundrechts immer wieder durch ein vordemokratisches Versammlungsrecht, insbesondere Demonstrationsstrafrecht in unzulässiger Weise beschränkt.[11] In seiner Brokdorf-Entscheidung hat das Bundesverfassungsgericht sich gegen diese lange Zeit vorherrschende Tendenz gewandt und auf die Bedeutung der Versammlungsfreiheit in Demokratien mit parlamentarischem Repräsentativsystem und geringen plebiszitären Mitwirkungsrechten „als Ausdruck der Volkssouveränität und demgemäß als demokratisches Bürgerrecht zur aktiven Teilnahme am politischen Prozeß“ hingewiesen.[12] Es betont darin weiter, daß „das Recht, sich ungehindert und ohne besondere Erlaubnis mit anderen zu versammeln, ... seit jeher als Zeichen der Frei-

---

7 Ebd., S. 98f.

8 Ebd., S. 98.

9 Ebd., S. 99.

10 BVerfGE 69, S. 315ff., 342ff.

11 Die von der sozialliberalen Koalition gleichsam als Erfüllung eines Wahlversprechens an die eigene Wählerklientel gegen die Stimmen der CDU/CSU-Opposition mit dem 3. Gesetz zur Reform des Strafrechts v. 20. 5. 1970 vollzogene Liberalisierung des Demonstrationsstrafrechts verfolgte erklärtermaßen das Ziel, den dem „Schutz des Gemeinschaftsfriedens“ dienenden Strafvorschriften des 6. Abschnitts („Widerstand gegen die Staatsgewalt“) und des 7. Abschnitts („Verbrechen und Vergehen wider die öffentliche Ordnung“) „eine besser an der Verfassung ausgerichtete neue Fassung zu geben“, vgl. Entwurf eines Gesetzes über Straffreiheit – BT-Drs. VI/392, Vorblatt.

12 BVerfGE 69, S. 343.

13 Ebd., S. 343.

heit, Unabhängigkeit und Mündigkeit des selbstbewußten Bürgers" galt,[13] weshalb diese Freiheitsgarantie wie die Meinungsfreiheit zu den „unentbehrlichen und grundlegenden Funktionselementen eines demokratischen Gemeinwesens" zähle.[14] Versammlungen enthielten „ein Stück ursprünglich-ungebändigter unmittelbarer Demokratie".[15] Indem die Versammlungsfreiheit wirksame öffentliche Kritik ermögliche, sei sie Bestandteil eines politischen Frühwarnsystems, das Störpotentiale anzeige, Integrationsdefizite sichtbar und damit der offiziellen Politik Kurskorrekturen möglich mache.[16] Im Sinne dieser die repräsentative Demokratie festigenden Integrationsfunktion der Versammlungsfreiheit weist das Bundesverfassungsgericht alle drei Gewalten – Gesetzgebung, Judikative und Exekutive – auf ihre Verpflichtung zur demokratischen Effektuierung dieses politischen Teilhaberechts hin. Dabei hält es zur Sicherstellung der demokratischen Funktion des Grundrechts der Versammlungsfreiheit die Beachtung der folgenden Aspekte für unabdingbar:

1. Weil die Freiheit in Art. 8 GG „Versammlungen und Aufzüge ... als Ausdruck gemeinschaftlicher, auf Kommunikation angelegter Entfaltung" schützt, werden von der Demonstrationsfreiheit vielfältige Formen gemeinsamen Verhaltens – bis hin zu nicht verbalen Ausdrucksformen, einschließlich plakativer oder aufsehenerregender Meinungsbekundungen – erfaßt.[17]

2. Als Abwehrrecht vor allem für andersdenkende Minderheiten „gewährleistet Art. 8 GG den Grundrechtsträgern das Selbstbestimmungsrecht über Ort, Zeitpunkt, Art und Inhalt der Veranstaltung und untersagt zugleich staatlichen Zwang, an einer öffentlichen Versammlung teilzunehmen oder ihr fernzubleiben."[18]

3. Die Behörden haben sich bei Großdemonstrationen versammlungsfreundlich zu verhalten,[19] und zwar selbst dann, wenn bei einer friedlich intendierten Versammlung mit Ausschreitungen durch einzelne oder eine Minderheit zu rechnen ist. In einem solchen Fall ist den friedlichen Teilnehmern der jedem Staatsbürger zustehende Schutz der Versammlungsfreiheit zu garantieren.[20]

4. Als Pendant zum Grundrecht der Meinungsfreiheit, das es bereits früher mit Blick auf dessen demokratische Funktion als unmittelbarsten Ausdruck der menschlichen Persönlichkeit und als eines der vornehmsten Menschenrechte überhaupt bezeichnet hatte,[21] gewährleistet die Versammlungsfreiheit „die Freiheit zur kollektiven Meinungskundga-

---

14 Ebd., S. 344f., 347.
15 Ebd., S. 347.
16 Ebd.
17 Ebd., S. 343.
18 Ebd.
19 Ebd., S. 316, LS 3, S. 353ff.
20 Ebd., S. 316, LS 4, S. 359ff.
21 BVerfGE 7, S. 208; 69, S. 344.

be", die es dem Demonstranten gestattet, „seine Meinung in physischer Präsenz, in voller Öffentlichkeit und ohne Zwischenschaltung von Medien" kundzutun. Weil Demonstrationen „in ihrer idealtypischen Ausformung ... die gemeinsame körperliche Sichtbarmachung von Überzeugungen" darstellen und die Teilnehmer in der Gemeinschaft mit anderen sich der Gemeinsamkeit dieser Überzeugung vergewissern wollen, indem sie nach außen – schon durch die bloße Anwesenheit, die Art des Auftretens und des Umgangs miteinander oder die Wahl des Ortes – ihren Standpunkt bezeugen,[22] hat die Interpretation des Art. 8 Abs. 1 GG diesem Schutzinteresse der Grundrechtsträger Rechnung zu tragen.

In seinem *Mutlangen-Urteil* vom 11. 1. 1986[23] ist das Bundesverfassungsgericht freilich von dieser an die Tradition liberal-demokratischer Verfassungen anknüpfenden Interpretationslinie in einer 4:4-Entscheidung teilweise wieder abgerückt. Zur Frage, ob Sitzdemonstrationen, bei denen Teilnehmer Zufahrten ohne gewalttätiges Verhalten durch bloßes Verweilen auf der Fahrbahn versperrten, als strafrechtliche Nötigung i. S. des § 240 StGB zu werten sind, stellte es nämlich fest: Strafgerichte könnten bei entsprechender tatrichterlicher Würdigung eine solche Sitzblockade durchaus als gewalttätige Nötigung nach § 240 StGB[24] bestrafen, sofern sie dabei dem hohen Rang der grundrechtlich geschützten Versammlungsfreiheit Rechnung tragen.[25]

---

22 BVerfGE 69, S. 345, auch das Zitat zuvor.

23 BVerfGE 73, S. 206ff.

24 Die vier Richter, deren Auffassung das Urteil trägt (§ 15 Abs. 3 Satz 3 BVerfGG), gehen bei der Bestimmung des Begriffs der Gewalt in § 240 StGB von dem seit dem Läpple-Urteil des Bundesgerichtshofs (BGHSt 23, S. 46ff.) eingeführten vergeistigten Gewaltbegriff aus. Dieser ermöglicht es, gewaltlosen Protest, wie er bei Sitzblockaden praktiziert wird, wegen der psychischen Zwangseinwirkung auf Dritte als Gewalt zu interpretieren, vgl. BVerfGE 73, S. 242ff. Zur Kritik hieran vgl. die Gegenposition der vier anderen Richter des Senats, für die bei völlig passivem, also gerade nicht gewaltsamen Verhalten § 240 StGB keinesfalls anwendbar ist, sondern allenfalls eine Verletzung von Versammlungs- oder Verkehrsrecht vorliegen kann, ebd., S. 244. In seinem überraschenden Beschluß v. 10. 1. 1995 (NJW 1995, S. 1141ff.) hat das Bundesverfassungsgericht das Mutlangen-Urteil freilich revidiert. In der erweiterten Auslegung des Gewaltbegriffs in § 240 Abs.1 StGB im Zusammenhang mit Sitzdemonstrationen durch die Strafgerichte sieht es nunmehr einen Verfassungsverstoß gegen Art. 103 Abs. 2 GG (Bestimmtheitsgebot für Straftaten), weshalb diese strafrechtlich nicht mehr als Nötigung bestraft werden dürfen.

25 Ebd., Leitsätze 1 u. 2. – Im Schubart-Urteil des Bundesverfassungsgerichts v. 26. 6. 1990, BVerfGE 82, S. 236ff., kam es wiederum zu einer 4:4-Entscheidung mit der Folge, daß die Verurteilung des Sprechers der Bürgerinitiative gegen die Startbahn West in Frankfurt/M., A. Schubart, durch das Oberlandesgericht Frankfurt/M. u. a. wegen Mittäterschaft an einem Landfriedensbruch in einem besonders schweren Fall (§ 125 Abs. 1 Nr. 1, § 125a StGB) bestätigt wurde. Der Tatbeitrag Schubarts wurde in einer Rede gesehen, in der er dazu aufgerufen hatte, am nächsten Tag „dem Frankfurter Flughafen einen Besuch" abzustatten, wobei er betont hatte, daß die „Inspektion ... vollständig gewaltfrei ablaufen" muß, ebd., S. 240f. Die am nächsten Tag stattfindenden Gewalttätigkeiten bei dieser Flughafendemonstration wurden ihm zugerechnet, obwohl er nicht anwesend war, weil ein Fall geistiger Mitwirkung vorgelegen habe, der den Ausführungswillen der weiteren unmittelbar handelnden Tatbeteiligten gestärkt und noch im Augenblick der Tatbestandsverwirklichung fortgewirkt habe, ebd., S. 245. Für die Bundesverfassungsrichter, deren Auffassung

Als Fazit der demokratietheoretischen Überlegungen des Bundesverfassungsgerichts zum Stellenwert der grundgesetzlichen Demonstrationsfreiheit im politischen Willensbildungsprozeß ist festzuhalten, daß die Demonstrationsfreiheit als Selbstbestimmungsrecht des einzelnen zu allererst das Versprechen enthält, sich frei von Angst vor staatlicher Sanktion und Kontrolle im öffentlichkeitswirksamen Massenmedium Straße am Prozeß der öffentlichen Meinungs- und Willensbildung des Volkes zu beteiligen. Des weiteren schafft die Versammlungsfreiheit die Voraussetzung für die politische Selbstorganisation der Gesellschaft und garantiert demzufolge, in demokratischer Aktion Kommunikationsbeziehungen mit anderen herzustellen, um politisch wirksam in den politischen Diskussions- und Entscheidungsprozeß intervenieren zu können. Sie legalisiert damit die Ausübung einer in der Volkssouveränität begründeten, gegen den Staat gerichteten politischen Gegengewalt.

4. Bedeutsame Demonstrationen im Laufe der letzten dreißig Jahre

Die nachfolgende Übersicht über außerparlamentarische Manifestationen der letzten dreißig Jahre läßt deutlich werden, wie wichtig die Schutzfunktion des Grundrechts der Versammlungsfreiheit bei gegen den Staat gerichteten Demonstrationen ist. Vom Staat organisierte oder unter seine Obhut gestellte Kundgebungen bedürfen in der Regel dieses Schutzes nicht. Zugleich läßt sich schon sehr früh ein Wandel der Demonstrationspraxis feststellen. Bildet anfangs ein singuläres politisches Ereignis wie die *Spiegel*-Affäre, die Ermordung Lumumbas oder der Schah-Besuch den Anlaß zu einer darauf abzielenden Protestaktion, so verstetigen sich mit Beginn der antiautoritären studentischen Protestbewegung die politischen Interventionen zunehmend in politischen Kampagnen, wie z. B. der Kampagne gegen die Berufsverbote, der Bewegung gegen die Volkszählung, der AKW-Bewegung, der Frauenbewegung, der Hausbesetzerbewegung, der Friedensbewegung der 80er Jahre und der Ökologiebewegung.

4.1. Die *Spiegel*-Affäre Oktober 1962

Als in einer Nacht-und-Nebel-Aktion Bundesanwaltschaft und Polizei die Hamburger *Spiegel*-Redaktion besetzten und Rudolf Augstein und sechs Redakteure unter dem Verdacht des Landesverrats verhafteten, erschütterte dieser Vorgang die Bundesrepublik. Die deutsche Öffentlichkeit und vor allem die studentische Opposition machte tags darauf gegen die handstreichartige Aktion der Bundesregierung, bei der F. J. Strauß eine Schlüsselrolle spielte, durch Protestdemonstrationen, wie z. B. einen Sitzstreik an der Frankfurter

---

das Urteil trägt, ist die Konstruktion des ortsabwesenden Mittäters eines Landfriedensbruchs nicht zu beanstanden, während die übrigen vier Richter in Schubarts Verurteilung einen Verstoß gegen dessen Grundrecht aus Art. 5 Abs. 1 Satz GG erkennen, ebd., S. 264ff.

Hauptwache, Front. Die *Spiegel*-Affäre, die Strauß zum Rücktritt als Verteidigungsminister zwang, stellte die autoritären Strukturen des von Konrad Adenauer maßgeblich geprägten CDU-Staates bloß; sie markierte einen Einschnitt und kündigte eine allmähliche Veränderung des politischen Klimas in Westdeutschland an.

4.2. Der Kampf um die Notstandsgesetzgebung 1958–1968

Der Konflikt um die verfassungsändernde Notstandsgesetzgebung begann 1958 und wurde nach zehnjährigem Kampf 1968 nach der Bildung der Großen Koalition (1966) durch weitreichende Konzessionen der Sozialdemokraten an die CDU/CSU beendet. Hunderttausende gingen auf die Straße. Der gemeinschaftliche Protest von Intellektuellen und Gewerkschaftlern galt als deutliches Zeichen für den Wandel der politischen Kultur in den 60er Jahren. Die außerparlamentarische Opposition glaubte, daß die nahezu alle gesellschaftlichen Bereiche erfassende Restaurationsperiode der Adenauer-Ära mit der Notstandsgesetzgebung ihren adäquaten Ausdruck im Verfassungsrecht gefunden hatte. Es wurde seinerzeit ernsthaft befürchtet, die Exekutive könnte die damit verbundenen Ermächtigungen mißbrauchen, um mit verfassungsrechtlichen Mitteln den Ausnahmezustand zu proklamieren und auf diese Weise das Parlament zu entmachten.

4.3. Die Außerparlamentarische Opposition (APO) 1966–1969

Die von der antiautoritären Studentenbewegung initiierte außerparlamentarische Opposition, bei der dem Sozialistischen Deutschen Studentenbund (SDS) eine Schlüsselrolle zufiel, bildete eine Parallelerscheinung zur Großen Koalition von CDU/CSU und SPD. Als bei der Anti-Schah-Demonstration am 2. Juni 1967 in Westberlin der Student Benno Ohnesorg von einem Polizisten hinterrücks erschossen wurde, herrschte in der geteilten Stadt faktisch der Ausnahmezustand. Der antiautoritäre Protest erlebte seine Höhepunkte in den Jahren 1968/69. Mit der sozialliberalen Koalition im Herbst 1969 zerfiel diese Bewegung – K-Gruppen, DKP und RAF wurden ihre illegitimen Kinder.

Der APO ging es um eine grundsätzliche Kritik an den erstarrten Formen der parlamentarischen Demokratie. Die Legitimationskraft des parlamentarischen Systems schien der studentischen Linken in der Rekonstruktionsphase der Bundesrepublik verbraucht. Die Verdrängung des Nationalsozialismus in allen politischen und gesellschaftlichen Bereichen (Elternhaus, Schule, Universität, Industrie, Verwaltung, Staat, Kirchen etc.) einerseits, die Kumpanei westlicher Demokratien mit Diktaturen der Dritten Welt (Persien), das Engagement der USA in Vietnam und das Gespenst einer Gesellschaft ohne Opposition andererseits hatte insbesondere im SDS den Boden für die Forderung nach einer Reformulierung der Prinzipien politischer Moral und für eine grundlegende Parlamentarismuskritik bereitet.

Unter Rückgriff auf rätedemokratische Ansätze bildete sich in der Studentenbewegung eine politische Gegenkultur, die das Ziel einer radikalen Demokratisierung aller gesellschaftlichen Teilbereiche (Universität, Schule, Betrieb) verfolgte. Anders als in Frankreich, wo im Mai 1968 das de Gaullesche Regierungssystem unter dem massiven Druck der dortigen Studentenrevolte insgesamt ins Wanken geraten war, galt für die westdeutsche APO ungeachtet ihres revolutionären Vokabulars („Brecht dem Schütz die Gräten, alle Macht den Räten!") und der Rechtfertigung von Gewalt gegen Sachen der Satz „Vom langen Marsch durch die Institutionen".

Die weltweite Protestbewegung entwickelte neue Artikulationsformen spontanen öffentlichen Protestes (Sit in, Go in, Sleep in, Springerblockade, Springprozessionen etc.), wobei eine eindeutige Zuordnung zu einem Veranstalter der Demonstration vielfach nicht mehr möglich war. Die studentische Protestbewegung erhielt nach dem Mordanschlag auf Rudi Dutschke durch die Osterunruhen 1968 eine neue Qualität und führte zu bürgerkriegsähnlichen Auseinandersetzungen. Die Eskalation der Gewalt zwischen Demonstranten und Polizei dokumentiert ein Bericht des *Spiegel* über eine Demonstration anläßlich des Ehrengerichtsverfahrens gegen den APO-Anwalt Horst Mahler:

„Der Gegner kam zehn vor neun. Ein Apo-Stoßtrupp – Kampfanzug: Ölzeug und Plastikhelme – berannte die Polizeibarriere. Das Gros der Angreifer, rund 1000 Kämpfer, gab Feuerschutz mit Pflastersteinen und Farbeiern. Minuten später fiel die Stahlhürde. Die ersten Polizisten gingen im Steinhagel zu Boden. Die andern langten nach Gummiknüppeln und Tränengaspatronen. Wasserwerfer rückten gegen die Steinwerfer vor. Und in den Schlachtenlärm mischte sich das Feldgeschrei der Invasoren: ‚Nieder mit der Klassenjustiz! Hände weg von Mahler ...‘. 151 Verletzte blieben auf der Strecke – 130 Beamte und 21 Demonstranten. 48 Apo-Leute mußten zum polizeilichen Erkennungsdienst."[26]

Der studentische Protest richtete sich nicht nur gegen die kapitalistischen Machtstrukturen in der Gesellschaft („Enteignet Springer"), sondern konfrontierte die undemokratische Ordinarienuniversität mit der Forderung nach Drittelparität und bekämpfte das vorgeblich unpolitische Selbstverständnis des etablierten Wissenschaftsbetriebs und dessen Verstrickungen in das verbrecherische NS-System.

Im Rahmen der Studentenrevolte kam es zu mehreren Tausend Verurteilungen wegen Demonstrationsstraftaten, die erst im Zuge einer Amnestie der sozialliberalen Koalition 1970 teilweise außer Verfolgung gesetzt wurden.[27]

26 *Der Spiegel*, Nr. 46 / 1968, S. 67.
27 Gesetz über Straffreiheit v. 20. 5. 1970, das zum einen Straffreiheit für Straftaten vorsah, deren Straftatbestände im Zuge der gleichzeitig in Kraft gesetzten Reform des Demonstrationsstrafrechts aufgehoben oder ersetzt worden waren, und das zum anderen nach Maßgabe gesetzlich näher festgelegter Ausschlußtatbestände auch für Freiheitsstrafen und Geldstrafen Straffreiheit gewährte, die durch „eine zur Meinungsäußerung oder Meinungsbildung in öffentlichen Angelegenheiten bestimmte Demonstration oder im Zusammenhang hiermit begangen worden sind", § 2 Abs. 2 Straffreiheitsgesetz 1970. Das Amnestiegesetz betraf 6000 Personen (Quelle: *Bundesanzeiger* 1971, Nr. 126, S. 3f.) Die Straffreiheit war ausgeschlossen: 1. bei Verbrechen und Vergehen a) wider das Leben (§§ 211ff. StGB), b) schweren Formen der Körperverletzung (§§ 224ff. StGB), c) gemeingefährlichen Verbrechen und Vergehen nach §§ 306ff. StGB, 2. bei Delikten, die aus Eigennutz begangen wurden, 3. bei Straftaten, wenn die Freiheitsstrafe neun Monate übersteigt, § 2 Abs. 3 Straffreiheitsgesetz 1970.

Abb. 2: Polizeieinsatz in Brokdorf bei einer Demonstration gegen das geplante Kernkraftwerk. Foto: Stern / Heggemann.

4.4. AKW- und Ökologiebewegung 1975–1994

Die Anti-AKW-Bewegung nahm ihren Anfang 1974 mit dem geplanten Bau eines Kernkraftwerkes in Whyl / Kaiserstuhl. Nach über zehn Jahre währenden Kämpfen und zähen gerichtlichen Auseinandersetzungen stellte die baden-württembergische Landesregierung wegen des regionalen Widerstandes den Bau 1985 schließlich überraschend ein.

Die Großdemonstration in Brokdorf vom 28. 2. 1981
Die Aktionen gegen Kernkraftwerke kulminierten im Protest gegen die Errichtung des Atommeilers in Brokdorf. Eine dort durchgeführte Großdemonstration am 28. 2. 1981 mit geschätzten 100.000 Teilnehmern ist repräsentativ für einen neuen Typus von Demonstrationen: Die Aktion erfolgt außerhalb der großen Städte – auf der grünen Wiese. Die Organisation ist dezentral – eine ganze Reihe von Initiativen rufen zur Demonstration auf und übernehmen auf lokaler Ebene die Vorbereitung. Es gibt damit kein verantwortliches Subjekt mehr – weder Individuum noch Organisation – im Sinne des Versammlungsrechts. Ein Träger der politischen Verantwortung wie der rechtlichen Verantwortlichkeit (Haftung) ist nicht mehr auszumachen. Ziel der Aktionen ist die Sicherung der ökologischen Basis menschlichen Gattungslebens überhaupt.

Die staatlichen Reaktionen in Brokdorf reichten vom Totalverbot für Demonstrationen in der Region für mehrere Tage – eine moderne Variante des Belagerungszustandes – über den Versuch zur Totalüberwachung bis zum Aufhalten der aus Bayern anreisenden Demonstrationsteilnehmer auf der Autobahn bei Würzburg. Der größte Polizeieinsatz seit Bestehen der Bundesrepublik mit Unterstützung des Bundesgrenzschutzes führte zur quasi-militärischen Verteidigung eines Bauzauns auf der grünen Wiese. Der Staat unterstrich damit seine Entschlossenheit, die Interessen der Atomindustrie mit allen Mitteln zu verteidigen.

Platzbesetzung und Hüttendörfer in Grohnde, Gorleben, auf dem Gelände Startbahn West und anderswo
Andere Manifestationen einer sich erweiternden Ökologiebewegung gegen technologische Großprojekte, die zum Teil festungsmäßig geschützt wurden, variierten mannigfaltige Aktionsformen: Zusätzlich zu Großdemonstrationen wurden Blockadeaktionen, Platzbesetzungen, Atom- und Hüttendörfer organisiert (in Gorleben und Grohnde, bei der Startbahn West des Frankfurter Flughafens) oder das Anketten an Bauzäune praktiziert. Die Demonstration verstetigt sich. Ein in der Form des zivilen Ungehorsams praktizierter Widerstand wird zur Lebensform. Auf eben jenem Territorium, welches im Zuge des technologischen Fortschritts zerstört werden soll, entstehen Zentren einer alternativen Lebenswelt.

Die Demonstrationen um die Startbahn West in Frankfurt/M. markierten freilich auch eine Zäsur in der Geschichte des demonstrativen Protestes in der Bundesrepublik: Während der Auseinandersetzungen zwischen Demonstranten und Polizei wurden am 2. November 1987 zwei Polizeibeamte durch Pistolenschüsse aus den Reihen der Demonstranten getötet. Damit wurde erstmals aus einer Protestbewegung heraus die Polizei mit einer Schußwaffe angegriffen.

4.5. Friedensbewegung: Großdemonstrationen, Blockadeaktionen in Mutlangen, Menschenketten, Ziviler Ungehorsam

Die neue Friedensbewegung gegen den NATO-Doppelbeschluß vom 12. 12. 1979 setzte sich aus allen Bevölkerungsschichten zusammen. Sie stellte die heterogenste Protestbewegung dar und übertraf in ihrer Öffentlichkeitswirkung die Ostermarschbewegung der 60er Jahre bei weitem. Sie wendete die unterschiedlichsten Aktionsformen an:

– Großkundgebungen wie die größte in der Bundesrepublik durchgeführte Demonstration in Bonn anläßlich des NATO-Gipfels im Jahre 1981;
– die fünf Jahre währenden gewaltfreien Blockadeaktionen in Mutlangen unter Beteiligung Prominenter (Heinrich Böll u. a.) und verschiedener Berufsgruppen, wie z. B. von Richtern;
– die längste Menschenkette von Stuttgart nach Ulm am 22. 10. 1983.[28]

28 Es handelte sich um die größte Aktion der Friedensbewegung in der Bundesrepublik, bei der über eine

Abb. 3: Friedenskette in Süddeutschland am 22. 10. 1983 als Protest gegen die Stationierung von Pershing II-Raketen in der Bundesrepublik. Foto: dpa / Herden.

Der von der Friedensbewegung praktizierte *zivile Ungehorsam* griff auf die Bürgerrechtstradition Henry Thoreaus, Mahatma Gandhis, Martin Luther Kings zurück. Die politisch-moralisch begründete Verweigerung des Rechtsgehorsams nimmt bewußt die Verletzung von Rechtsregeln in Kauf,[29] um dadurch einerseits schweigende Mehrheiten zum politischen Engagement zu motivieren und andererseits an die Regierenden zu appellieren, einen für dringend erforderlich gehaltenen Kurswechsel der Politik herbeizuführen.

4.6. Frauenbewegung

Die neue Frauenbewegung, die ihren Anfang im Protest gegen die Herrschaftsformen der männlich dominierten außerparlamentarischen Opposition (SDS-Weiberrat) nimmt, wendet sich gegen die vielfältigen Ausdrucksformen patriarchalischer Unterdrückung in allen gesellschaftlichen Bereichen: gegen Männergewalt, Gewalt in der Ehe, Benachteiligung bei Stellen- und Ämterbesetzungen (Quotierungsdebatte), Bevormundung durch Professionen, wie insbesondere im Bereich der Medizin.

Aktionen wie die Selbstbezichtigungskampagne „Wir haben abgetrieben" (1971)[30] klagten den Staat als Repressionsinstanz an. Die politisch Verantwortlichen sollten für die von ihnen vertretene frauenfeindliche Politik öffentlich unter Rechtfertigungsdruck gestellt werden.

Dieser Oppositionsbewegung ging und geht es insgesamt darum, das Ausmaß der gesellschaftlichen Diskriminierung von Frauen öffentlich bewußtzumachen und entsprechende Veränderungen in Staat und Gesellschaft herbeizuführen.

4.7. Die Demokratiebewegung des Jahres 1989 in der DDR

Die Demonstrationen des Jahres 1989 in der DDR haben im Vergleich zu den Protestbewegungen in der alten Bundesrepublik einen eigenen Stellenwert. Vierzig Jahre lang hatte das im Widerspruch zur Verfassung operierende totalitäre SED-System jedwede politische Opposition durch staatlichen Terror und die Einführung eines menschenrechtsverachtenden Grenzregimes (Mauerbau und Todesschüsse) unterdrückt. Die gesamte Bevölkerung der DDR wurde nicht nur durch Beseitigung der Meinungsfreiheit und Scheinwahlen politisch

---

Million Menschen an mehreren Orten außerdem mit Bannmeilenumzingelungen, Demonstrationszügen und Großkundgebungen demonstrierten.

29 In seiner Mutlangen-Entscheidung stellt das Bundesverfassungsgericht fest, daß die Figur des zivilen Ungehorsams keinesfalls ausreicht, „um gezielte und bezweckte Verkehrsbehinderungen durch Sitzblockaden als rechtmäßig zu legitimieren und es den staatlichen Organen zu verwehren, sie als ordnungswidrig oder strafbar zu behandeln." BVerfGE 73, S. 252.

30 Bestandteil dieser Aktion zivilen Ungehorsams im Jahre 1971 waren eine im *Stern* veröffentlichte entsprechende Erklärung von 374, zum Teil sehr bekannten Frauen und das im *Spiegel* abgedruckte Bekenntnis von 329 Ärzten, Abtreibungen vorgenommen zu haben und auch in Zukunft vornehmen zu wollen.

Abb. 4: Frauendemonstration gegen die Entscheidung des Bundesverfassungsgerichts am 25. 2. 1975, dem Tag der Urteilsverkündung zur Verfassungswidrigkeit der Reform des § 218 StGB.
Foto: dpa / Heidtmann.

entmündigt, sondern durch ein umfassendes System der Bespitzelung von der Staatssicherheit als potentieller Feind behandelt. Nach der gewaltsamen Niederschlagung des Aufstands vom 17. Juni 1953 dauerte es mehr als drei Jahrzehnte, bis sich die dortige Demokratiebewegung durch öffentlichen Protest gegen den staatlichen Unterdrückungsapparat zur Wehr zu setzen vermochte.

Am 2. Oktober 1989 kam es im Anschluß an das traditionelle Montags-Friedensgebet in der Nikolaikirche in Leipzig mit mehr als 20.000 Menschen zu der größten Massendemonstration seit 1953 in der DDR. Die zu einer Institution im öffentlichen Leben sich entwikkelnden Montagsdemonstrationen in Leipzig versuchten durch betont friedfertiges Auftreten mit einer Demonstrationskultur im Kerzenschein, die Gewaltbereitschaft des staatlichen Repressionsapparates zu unterlaufen – eine Wiederholung des Pekinger Dramas auf dem Platz des Himmlischen Friedens im Jahr zuvor galt es zu verhindern – und an die Einsichtsfähigkeit der SED-Führung zu appellieren, überfällige systemimmanente Veränderungen in der verkrusteten DDR-Gesellschaft in Gang zu setzen.

Am 17. Januar 1988 war noch eine von Dissidentengruppen initiierte und unter das Motto „Freiheit ist immer die Freiheit der Andersdenkenden" (Rosa Luxemburg) gestellte Gegendemonstration von der Volkspolizei und der Stasi aufgelöst worden. Knapp zwei Jahre später demonstrierten am 4. November 1989 bereits eine Million DDR-Bürger auf dem Berliner Alexanderplatz für die in Art. 27, 28 der DDR-Verfassung von 1974 garantierten Grundrechte der Meinungs-, Presse- und Versammlungsfreiheit, ohne daß die Staatsmacht einzugreifen wagte. Der unter der Losung „Wir sind das Volk!" unblutig verlaufene revolutionäre Umbruch vom November 1989 war Teil eines komplizierten Prozesses der Wiedergewinnung demokratischer Identität. Ein Jahr darauf wurde dann am 3. Oktober 1990 mit dem Beitritt der DDR gemäß Art. 23 GG zur Bundesrepublik die Forderung „Wir sind ein Volk!" erfüllt.

4.8. Die Demonstrationen gegen Ausländerhaß

Seit Hoyerswerda (September 1991) und Rostock-Lichtenhagen (August 1992) werden in Deutschland wieder Menschen gejagt. Aber erst die Morde von Mölln im November 1992 und die anschließende Serie von Brandanschlägen auf Asylbewerberheime markierten einen Einschnitt im öffentlichen Bewußtsein. Mit dem heimtückischen Mordanschlag auf eine schlafende türkische Familie ließ sich der Zusammenhang der Gewaltpraxis der Neonazis und rechtsradikaler Skins mit den Verbrechen des Nationalsozialismus in dessen Anfangsphase nicht länger verdrängen. Mit den eindrucksvollen Lichterketten gegen Ausländerhaß im Dezember 1992 – an der ersten, von nur wenigen Personen spontan in München organisierten beteiligten sich 400.000 Menschen – wollte die überwiegende Mehrheit der bundesrepublikanischen Bevölkerung sichtbar machen, daß sie sich vom neonazistischen Terror nicht einschüchtern läßt und für Toleranz und Miteinander und gegen Ausländerfeindlichkeit, Rassismus und Antisemitismus eintritt.

Ob dadurch freilich das demokratische Widerstandspotential gegen den alltäglichen Rassismus auch langfristig gestärkt wurde, bleibt in Anbetracht der weiteren Terrorattacken von rechts gegen AusländerInnen offen. Eine gewisse Skepsis in dieser Hinsicht ist schon deshalb angezeigt, weil sich die politische Klasse nach einer über zwanzigjährigen Anti-Ausländerpolitik[31] immer noch außerstande zeigt, außer der propagierten Verschärfung der Strafgesetze ernst zu nehmende Lösungsstrategien gegenüber der zunehmenden Gewaltbereitschaft in der Gesellschaft gegen Minderheiten (AusländerInnen, Alte, Behinderte) einerseits und für eine offene Immigrationspolitik andererseits zu entwickeln.

5. Schlußbemerkung

Die Übersicht über markante Protestaktionen seit 1962 macht das Spannungsverhältnis von unmittelbarer demokratischer Aktion und formalisiertem Demokratieverständnis sowie rechtsstaatlich begründeten Sicherheitsinteressen deutlich. Auch wenn fraglich ist, ob diese Manifestationen einen relevanten politischen Einfluß auf den Entscheidungsprozeß der politisch Verantwortlichen hatten, läßt sich doch sagen, daß die von den einzelnen politischen Bewegungen entwickelten eigenen Demonstrationsformen in nicht geringer Weise zur Sensibilisierung demokratischen Bewußtseins beigetragen haben.

Nach dem Zusammenbruch des Kommunismus wurden die westlichen Industrienationen mit einer Strukturkrise der kapitalistischen Gesellschaft und einer Sinnkrise des Politischen konfrontiert. Sie spiegelt sich in der Orientierungs-, Sprach- und Bewegungslosigkeit der politischen Linken wider. Das Fehlen überzeugender Lösungsstrategien für die Krise des Sozialstaats kann in Anbetracht von knapp vier Millionen Arbeitslosen in eine Phase politischer Instabilität führen. Sollte sich im Zuge allgemeiner Politik- und Parteienverdrossenheit die Apolitisierung der Gesellschaft verstärken, können sich daraus erhebliche Gefahren für die Demokratie ergeben. Vor allem, wenn die Radikalisierung nach rechts noch weiter zunimmt, wird es auf die für die Demokratie fundamentale Bedeutung des Grundrechts der Versammlungsfreiheit ankommen. Inzwischen erscheint es nämlich vorstellbar, daß der Druck der Straße notwendig werden kann, um von den Staatsorganen die Wahrung und Verteidigung der in der Verfassung verbrieften Grund- und Menschenrechte zu erzwingen.

---

31 Dazu gehört, daß das deutsche Staatsangehörigkeitsrecht nach wie vor am *ius sanguinis* festhält, so daß in Deutschland geborenen Kindern von Ausländerinnen die deutsche Staatsangehörigkeit verwehrt wird; ferner, daß mit Ausnahme der EG-Ausländer in der Bundesrepublik lebende AusländerInnen auch nach langjährigem Aufenthalt kein Wahlrecht besitzen. Ein besonders krasses Beispiel ausländerfeindlichen Verhaltens stellt die Warnung des jetzigen bayrischen Ministerpräsident E. Stoiber bei seinem Plädoyer für die Abschaffung des Art. 16 GG vor den Gefahren „einer durchraßten Gesellschaft" in der Bundesrepublik dar.

Literatur

Blanke, Th. / Sterzel, D.: „Demonstrationsfreiheit – Geschichte und demokratische Funktion", in: *Kritische Justiz* (1981), S. 347ff.

Blanke, Th. / Sterzel, D.: „Inhalt und Schranken der Demonstrationsfreiheit", in: *Vorgänge*, Nr. 62/63 (1983), S. 67ff.

Blanke, Th. / Sterzel, D.: „Die Entwicklung des Demonstrationsrechts von der Studentenbewegung bis heute", in: Cobler, Sebastian u. a. (Hg.): *Das Demonstrationsrecht*, Reinbek b. Hamburg 1983, S. 53ff.

Ridder, H. / Breitbach, M. / Rühl, U. / Steinmeier, F.: *Versammlungsrecht*, Baden-Baden 1992.

Warneken, Bernd Jürgen (Hg.): *Massenmedium Straße. Zur Kulturgeschichte der Demonstration*, Frankfurt/M. 1991.

HELMUT LETHEN

Der Radar-Typ

Vom Spielraum in der Masse und der Anonymität als Möglichkeitshorizont

Meine Überlegungen kreisen um einen Gedanken, der in den 20er Jahren von einigen Intellektuellen erwogen wurde, als sie der geschichtsmächtigen Parole „Wo Masse ist, muß Volk werden!" die Stirn boten und ihr entgegenhielten: „Wo Volk ist, muß Masse werden!" Im Einklang mit dieser Wende trug Bernd Weyergraf neulich seine massenanalytische Version der „Internationale" vor:

„Völker hört die Signale,
Heer der Wünsche wache auf,
ein Ich zu sein, tragt es nicht länger,
ein Es zu werden strömt zuhauf."[1]

Die einfache Umkehrung befreit allerdings weder das „Volk" noch die „Masse" von den Bedeutungen, mit denen ihre polare Anordnung sie im 19. Jahrhundert aufgeladen hat.

Um die Momente der Potenzierung und Depotenzierung, die in diesem Massenbegriff enthalten sind, zu entfernen und den Begriff einer Masse zu erschließen, die so strukturiert ist, daß sie dem einzelnen in ihr die Möglichkeit eines Spielraums zwischen Konformität und Distanz beläßt, greife ich auf ein Buch zurück, das, 1950 in den USA erschienen, in den ersten 10 Jahren seit seiner Übersetzung in Rowohlts Enzyklopädie eine Auflage von 100.000 Exemplaren erzielte: David Riesmans *Lonely Crowd*.

Die einsame Masse[2], ein merkwürdig suggestiver Titel, der einmal den Eindruck der Einsamkeit als Aggregatzustand der Masse, zum andern den der Einsamkeit in der Masse, dann wiederum der Verlassenheit der Masse vom Blickpunkt des sie wahrnehmenden Beobachters erweckt. Obschon laut Untertitel der Wandlung des „amerikanischen Charakters" gewidmet, scheint dieses Buch für die Westorientierung der Intelligenz der Bundesrepublik eine gewisse Rolle gespielt zu haben: versprach es doch, das Phänomen der Masse vom

---

1 Mündliche Mitteilung von Bernd Weyergraf.
2 Riesman (1958): *Die einsame Masse*.

Makel der Regression in vorzivilisatorische Zustände, in die das Individuum in ihr nach traditioneller Sicht zwangsläufig geraten sollte, zu lösen. Gleichzeitig erhob die „einsame Masse" nicht im geringsten Anspruch darauf, historisches Subjekt zu sein; das ist das befreiende Moment ihrer Einsamkeit. Riesman vergegenwärtigt in ihrem Bild das Milieu einer Marktgesellschaft, das angstfrei angenommen werden kann. Die Masse erscheint in seinem Buch als eine strukturelle Gegebenheit der Marktgesellschaft unter den Bedingungen moderner Kommunikation. Riesman erkennt in den amerikanischen Großstädten einen neuen, außengeleiteten Charakter, den er mit einer technischen Metapher von Karl Wittfogel „Radar-Typ" nennt. Dieser Typus wurde in Umrissen schon von Intellektuellen der Weimarer Republik entworfen[3] – das erklärt auch, warum Riesman die Konturen des neuen Typus nach dem Modell des „Marktcharakter" zeichnet, das Erich Fromm in *Man for himself* entworfen hatte. Der Radar-Typ hatte freilich in den 30er und 40er Jahren in Deutschland keine Chance, theoretische Orientierungsfigur zu werden. Von den Sozialwissenschaftlern des Exils wurde er mit der pessimistischen Anthropologie des „autoritären Charakters" verknüpft, mit dem er auf die abschüssige Bahn der deutschen Geschichte geschickt wurde. Die finstere Diagnose ließ dem Radar-Typ keine andere Möglichkeit als die Diktatur. Groß ist deshalb die Überraschung, wenn uns heute seine Gestalt scheinbar unvermittelt in postmodernen Medientheorien wieder begegnet.

Der Skizze des Radar-Typs (I) werde ich den Massenbegriff der 20er Jahre als Kontrastfolie entgegenhalten (II) und schließlich auf Helmuth Plessners Anthropologie als einen avancierten Entwurf für das Leben in der Massengesellschaft verweisen (III).

Vielleicht ist die Konstruktion des Radar-Typs nützlich als regulative Idee!? Nicht auszuschließen, daß der Typ das gleiche Schicksal erleidet wie Margaret Meads „Schamkultur", ebenfalls eine nützliche Fiktion in kriegerischen Zeiten.

I

Ich orientiere mich an Riesmans Modellfigur des „Außen-Geleiteten", um eine Gestalt, die in der Ära der Neuen Sachlichkeit entworfen und mit der Möglichkeit der Autonomie versehen wird, aus dem Gravitationsfeld der teleologischen Geschichtsbetrachtung zu lösen. Für diese treiben die neuen Charaktere der Massengesellschaft, die im Vorfeld der nationalsozialistischen Herrschaft gesichtet werden – und dazu gehört der „Markt-Charakter" –, zwangsläufig in die Diktatur. Als ob Demokratie für diese Lebewesen keine mögliche Zukunft gewesen wäre. Riesman erblickt in der modernen Gesellschaft die Heraufkunft des neuen Typus im Kampf gegen eine ältere Gestalt, die der „Innen-Leitung" unterworfen ist. Sah Max Weber in dieser noch eine Verkörperung der protestantischen Ethik, Freud den Normalfall des vom Über-Ich regierten Menschen, so beobachtet Riesman den alten Typus in seinen letzten Zuckungen. Zur Unterscheidung beider Typen greift Riesman zu techni-

---

3 Lethen (1994): *Verhaltenslehren der Kälte.*

schen Metaphern: Während der innengeleitete Mensch handelt, als ob in seinem Innern ein „Kreiselkompaß" eingebaut sei, orientiert der außengeleitete sein Verhalten durch ein „Radar-Gerät". Während das innere Steuerungsorgan nur eine begrenzte Manövrierfähigkeit gestattet, ist die seelische Radaranlage nicht auf eine bestimmte Richtung ausgerichtet, sondern darauf geeicht, die Handlung und besonders die Zeichengebung der anderen auszukundschaften. Der nach außen eingestellte Apparat muß in der Lage sein, Signale von nah und fern zu empfangen; es gibt viele Sender und häufigen Programmwechsel. Die Steuerung durch den Kreiselkompaß könnte diese Anforderung des Switchens nicht bewältigen.

Die neuen Massenkommunikationsmittel umhüllen beide Gestalten; während aber der Innengeleitete den ganzen Nachrichtenstrom in einem Brennglas zu vereinen sucht, um ihn moralisch zu beurteilen, dient er dem Außengeleiteten zur Orientierung seiner Bewegungsabläufe, zum Feststellen des angemessenen Habitus, zu Informationssammlung und Konsum – wenn es ihn schützt, zur Haltung der Indifferenz. Der neue Typ ist zwar „in ständiger Alarmbereitschaft", doch gilt diese nicht dem Befehlsempfang einer Mobilmachung gegen eine feindliche Macht oder dem Einrücken in ein Kollektiv; die Wachsamkeit gilt vielmehr der interrelationellen Mobilität, der Beobachtung der Konkurrenten im „fairen Wettbewerb", den Modeströmungen und dem Konsumverhalten der anderen. Denn seine eigentliche Bühne ist nicht die Sphäre der Produktion oder die Front eines Kollektivs, sondern der „tertiäre Sektor", der Sektor des Konsums und aller Sparten der Regeneration der Arbeitskraft. Das Feld jenseits von Arbeit und Versenkung, in denen sich der innen-geleitete Typus verwirklichen wollte, galt dem gebildeten Bürger als Domäne des Uneigentlichen. Zwar ist der Radar-Typ mangels Innen-Lenkung „gewissenlos", doch inszeniert er diesen Umstand nicht mit dem Spektakel der Amoral, das wir vom Auftritt des Dandy-Soldaten in den 20er Jahren kennen. Man erkennt ihn vielmehr an seinem Lässigkeitskult und seiner Medien-Obsession, an rastloser Informationssammlung und „Fun-Morality". Er verhält sich sentimental zu den Mitmenschen und zynisch zu den Institutionen.

Natürlich erkennt Riesman die Neigung des Radar-Typs zu gefährlichen Kollektivströmungen. Jedoch betont er, daß die modernen Entrüstungs-Bewegungen in der Regel von einer älteren Charakterstruktur, die sich bedroht fühlt, getragen werden. Der seelische Kreiselkompaß, einmal von den Eltern in Gang gesetzt, kann nämlich leicht die Signale von anderen – furchterregenden – Autoritäten aufnehmen.

Das Ungewöhnliche an Riesmans Konstruktion ist, daß er den Gedanken der Möglichkeit eines autonomen Bewegungsspielraums nicht an das Modell der Innen-Lenkung fixiert, sondern es wagt, *Außenlenkung und Autonomie der Person zusammenzudenken*, ohne auf die Figur des „gepanzerten Subjekts" zurückzugreifen. Die Autonomie des Radar-Typus ist dabei niemals eine Angelegenheit des „Alles oder Nichts", sondern das Ergebnis eines meist unmerklichen Kampfes mit den Spielarten der Konformität. Diese Autonomen sind nie Helden.

Diese Gestalt des Verbrauchertyps hat ihren Auftritt an den Rändern der Literatur der 20er Jahre. Meist wird sie dazu verurteilt, in Romanen, in denen in der Tradition des Bildungsromans nur eine Person mit Kreiselkompaß den Ehrentitel des „Subjekts" beanspruchen darf, den schäbigen Kontrast zu bilden, während die Romane in der Regel die Geschichte eines

Lebewesens wiederholen, das mit seinem inneren Regulator zwangsläufig die Orientierung verliert. Man sieht den Radar-Typ als Charge in dramatischen Degradierungsgeschichten oder in der Figur des Passanten, die der Städteplaner vor Augen hat, in der Umgebung der technischen Massenmedien oder im zerstreuten Großstadtpublikum.

Gerät der neue Charakter in den Blick der Kulturkritik, so werden ihm alle Kernsätze einer schwarzen Anthropologie aufgehalst: er gilt als plastisches Material in der Hand der Manipulateure. Warum in den 20er Jahren dennoch erfreulichere Konturen von ihm entworfen werden, hat mehrere Gründe: Der Krieg hatte demonstriert, daß die Bürgschaft der Innen-Lenkung per Dekret annihiliert werden konnte. Anders gesagt: während des Krieges war die Mehrheit der Innen-Geleiteten mit Kreiselkompassen ausgerüstet, die bei gleicher Drehzahl auch in die gleiche Richtung wiesen. Die Mehrzahl der nach dem Krieg gegen die „Seele" und die „bürgerliche Psyche" gerichteten Urteile verstehen sich als Reaktionen auf das „Versagen" der Innen-Lenkung – für diese „Erfahrung" waren die Intellektuellen allerdings durch ihre Nietzsche-Lektüre disponiert. Die Aufmerksamkeit wendet sich von den diskreditierten inneren Regulatoren auf die Beobachtung des öffentlichen Verhaltens. Wenn jetzt von der „Entkernung" des Individuums die Rede ist und der Behaviorismus begrüßt wird, wenn es heißt: „Der Mensch lebt nicht in Substanzen, sondern in Relationen" (Ernö Kallai), wenn „Haltungen" ausschlaggebend werden, Körperbau auf den Charakter schließen läßt und die „Körperkultur" einen neuen Rang erhält – sind das Indizien dafür, daß die „Innen-Lenkung" eher als schöne Fiktion des deutschen Bildungsromans des 19. Jahrhunderts gilt, denn als intaktes Orientierungsmittel. Das interrelationelle Horchen wird eine neue Tugend.

Vergnügen und Konsum, Nebenschauplätze der vergangenen Epoche werden zur Hauptbühne. Die Verbraucherhaltung ist die dominante Reaktionsform; der neue Typus entwickelt sie auch gegenüber der Politik. Diese Einstellung beraubt ihn zwar des Enthusiasmus zu „echtem" politischen Einsatz, kann ihn aber auch relativ skeptisch gegen politische Illusionen machen. Da der neusachliche Radar-Typ zu einem gewissen Hedonismus neigt, kann er damit rechnen, von allen maßgeblichen Bewahrern der „Kultur" verurteilt zu werden. Knappheitsbewußtsein ist ihm selbst dann noch fremd, wenn er nicht über viel Mittel verfügt. Geld wird nicht gespart, es wird auch nicht ausgegeben, um Dinge anzuhäufen, sondern zum Verzehr und in der Konkurrenz der Moden, im Lebensstil. Nicht ohne Schrecken registriert der ältere Kultur-Typ, daß es Charaktere gibt, die ohne Panik mit den neuen technischen Massenmedien umgehen; zwischen Grammophon, Radio und Film sind sie zu Hause. Zur Bezeichnung dieses entspannten Umgangs wird der bis dahin ausschließlich abwertend gebrauchte Begriff der „Zerstreuung" Mitte der 20er Jahre aufgewertet.

„Der Versenkung, die in der Entartung des Bürgertums eine Schule asozialen Verhaltens wurde", liest man bei Benjamin, „tritt die Ablenkung als eine Spielart sozialen Verhaltens gegenüber".[4]

---

4 Benjamin (1974): „Das Kunstwerk", S. 502.

Man beginnt die „taktile Rezeption" zu würdigen, mit der eine „zerstreute Masse" auch avantgardistische Architektur in Gebrauch zu nehmen scheint, und glaubt, in ihr eine Form gefunden zu haben, in der sich Aufmerksamkeit und Gewohnheit nicht ausschließen:

> „Gewöhnen kann sich auch der Zerstreute. Mehr: gewisse Aufgaben in der Zerstreuung bewältigen zu können, erweist erst, daß sie zu lösen einem zur Gewohnheit geworden ist."[5]

Auf die naheliegende Frage, ob der Radar-Typ in der deutschen Situation auf einem – von der Inflation 1923 und der Wirtschaftskrise ab 1929 eingerahmten – extrem unstabilen tertiären Sektor empirisch nachzuweisen ist, muß erst einmal festgestellt werden: Gegen ihn wurde als Feindbild polemisiert und für ihn als Wunschbild wurden Häuser gebaut, Städte geplant und Theater gemacht.

Im Feindbild hat er scharf umrissene Konturen. Von seiner Beschreibung im zweiten Band von Spenglers *Untergang des Abendlandes* bis zum Kapitel über die „Kulturindustrie" in der *Dialektik der Aufklärung* ist dieser „nomadisierende" Typus, der sich in der Signalwelt der Massenmedien und Moden bewegt, mit einem Fahndungsblick dingfest gemacht worden. Der Tatbestand der Radar-Lenkung wird erfaßt, um dem Typ kategorisch die Möglichkeit abzusprechen, sich Spielräume zwischen Anpassungsdruck und Nonkonformität schaffen zu können. Horkheimers und Adornos Blick auf die amerikanischen Städte projiziert das alte Feindbild der Eindimensionalität, das den Antimodernisierungsschriften des 19. Jahrhunderts entsprungen ist, auf ihre Bewohner:

> „Hierzulande gibt es keinen Unterschied zwischen dem wirtschaftlichen Schicksal und den Menschen selbst. Keiner ist etwas anderes als sein Vermögen, sein Einkommen, seine Stellung, seine Chancen. Die wirtschaftliche Charaktermaske und das, was darunter ist, decken sich im Bewußtsein der Menschen, den Betroffenen eingeschlossen, bis aufs kleinste Fältchen."[6]

Im Gegensatz hierzu sprechen viele Dokumente von Schriftstellern und Architekten vom Radar-Typus als dem idealen Bewohner ihrer Gebäude oder als dem Publikum, das zu ihren Revuen, Filmen und Opern gehört. Man erkennt in dem „flottanten Volk" ein „Weltstadtpublikum", das auf seine Kosten kommen soll; rechnet mit „Passanten", die mühelos das Signalsystem eines Großstadtplatzes in ihre Bewegungsform aufnehmen; entdeckt, daß der Radar-Typus im Umgang mit Rotationspresse, Telegramm, Telephon, Hörfunk und Wochenschau die Geistesgegenwart eines „Simultanspielers" entwickelt hat. Man setzt auf die Kleinkamera, die die Möglichkeiten rationeller Wahrnehmung erhöhen soll. Moholy-Nagy verspricht sich von diesem Instrument ein Simultan-Bewußtsein:

> „Der neue schnelle und reale Reflektor der Welt, die Fotografie, sollte sich möglichst mit dem Abbilden der Welt von allen Punkten aus befassen, sollte zur Fähigkeit erziehen,

---

5 Ebd., S. 505.
6 Horkheimer / Adorno (1971): *Dialektik der Aufklärung*, S. 220.

von allen Seiten zu sehen (…) Die moderne Stadt mit ihren vielgeschossigen Häusern, die Werksanlagen, Fabriken usw., die zwei- oder dreigeschossigen Schaufensterzonen, Straßenbahnen, Autos, dreidimensionale Leuchtreklamen, Ozeandampfer, Flugzeuge – all das (…) hat notwendigerweise die überkommene Psychologie der Wahrnehmung um einiges geändert."[7]

Die Architekten entwerfen nomadische Möbel:

„Das entspricht der Beweglichkeit des Menschen von heute, der viele Stunden seines Lebens regelmäßig auf der Eisenbahn, auf der Elektrischen, im Auto, auf dem Fahrrad zubringt und sich weit von der Seßhaftigkeit (das Wort im engsten, wie im weitesten Sinne genommen) eines Bauernvolkes entfernt."[8]

Inbegriff eines neusachlichen Möbelstücks ist der Stahlrohrstuhl, entworfen von Marcel Breuer, weiterentwickelt von Mies van der Rohe. In Übereinstimmung mit der behavioristischen Lehre wird dem Stuhl zugemutet, Reflektor und Stimulus für den zerstreuten Stadtbewohner zu sein:

„Man kann vielleicht sagen, daß auf diesem Stuhl nur ein Mensch sich wohl fühlen wird, dem die ständige leichte Anspannung modernen Lebens, das Gefühl des Federns und der Schnellkraft noch im Ruhezustand zur Existenzbedingung, zum unentbehrlichen Bestandteil seines Lebensgefühls geworden ist."[9]

Angesichts der vielen Projekte, Pläne und Geräte ist der Verdacht nicht von der Hand zu weisen, daß die Architekten noch darauf warten, daß der dazugehörige Typus des Stadtbewohners massenhaft in Erscheinung tritt. In den neusachlichen Manifesten wird der Radar-Typ zwar angesprochen, doch scheint es ein Charakter zu sein, der nach seinem Genre und einem technischen Medium sucht. Wir bekommen seinen Lebensstil zu Gesicht, wir sehen seine Gerätschaften, aber seine Gestalt scheint sich der Literatur zu entziehen. Sein Diskurs setzt sich ohne großen Sprachaufwand hinter dem Rücken derer, die ihre Identität in Gedrucktem suchen, durch. Was aber am meisten verbittern muß: Er hinterläßt statt Textspuren nur Ansichten, die man, falls man will, fotografieren kann. So bildet er das Schreckbild der Erosion eines Subjekts, das uns der Bildungsroman zugespielt hat. Dessen Profil verschwindet im Trichter der elektrischen Medien. Da die Literatur der gebildeten Schichten fest in der Hand des „Typus Innen-Leitung" ist, bleibt der neue, der „angelsächsische" Typus eine Randerscheinung. Er bahnt sich seinen Weg durch trivialere Genres, die zum Markt geöffnet sind: Kabarett, Kriminalromane, Magazin-Geschichten und Revue. In Kurt Tucholskys Liebesroman *Schloß Gripsholm* herrscht sein Sentiment, in dem Distanz und Leidenschaft in ein Komödienlicht getaucht sind, das in den 30er Jahren den Radar-Typus im Hollywood-Film beleuchten wird. Walter Mehring registriert die Fähigkeit zur Simul-

---

7 Zit. n. Hirdina (1981): *Pathos der Sachlichkeit*, S. 49ff.
8 Sigrist (1930): *Das Buch vom Bauen*, S. 135.
9 Ebd., S. 159.

tan-Wahrnehmung, des Zynismus gegenüber Institutionen und die Art des urbanen Hedonismus. Auffällig sind die Romane, in denen das Leben des Radar-Typus vom Gesichtspunkt des Moralisten beschrieben wird. In Kästners *Fabian* und Martin Kessels *Herrn Brechers Fiasko* sind die Irritationen, die die neue Verbraucherhaltung auslöst, formuliert. Kästner hatte in seinen ersten Gedichtbänden *Herz auf Taille* (1928) und *Lärm im Spiegel* (1929) den Lässigkeitskult des Radar-Typs in die Lyrik eingeführt. In seinem Roman erkundet er die Nachtseiten des Lässigkeitskultes: die Indifferenz im Umgang mit den Massenmedien, die Auslieferung an die Zirkulation von Nachrichten, Waren und Körpern und die Einstellung zur Sexualität als Konsumgut, das aus der allgemeinen Gleichgültigkeit erlösen soll. „Der Geschlechtstrieb", wird Riesman später für den Marktcharakter feststellen, „stellt eine Art Abwehrmechanismus gegenüber der Gefahr dar, in völlige Teilnahmslosigkeit zu verfallen." Der Moralist steht auf dem verlorenen Posten der Innen-Leitung. Zwar simuliert der Held probehalber einige Attitüden des Radar-Typen, da er aber über kein Handbrevier verfügt, das seine Bewegungen dirigieren könnte, gespannte Wachsamkeit in der Beobachtung der Mitmenschen nicht sein Talent ist und er kein Geld hat, um sich in der Zirkulationssphäre zu behaupten, horcht er nach innen, klopft Traditionen des aufgeklärten Bürgertums nach Richtlinien ab, geht zurück zur Mutter und ertrinkt.

Die Romane zeigen den Untergang von Helden, deren „Kreiselkompaß" keine Orientierung mehr bietet und die es als Beschämung erfahren, sich im Stile des neuen Verhaltenstypus orientieren zu müssen.

Der erste Auftritt des Radar-Typus mußte aus Kästners Perspektive amoralisch sein. Die Provokation ist um so größer, als es Frauen sind, die zeigen, was es heißt, sich auf „tertiärem Sektor" ohne Kreiselkompaß zu behaupten (bei dieser Behauptung glaubt man zu wissen, was unter dem „Kreiselkompaß" des Mannes zu verstehen ist). Die Heldinnen von Irmgard Keuns Romanen *Gilgi. Eine von uns* (1930) und *Das kunstseidene Mädchen* (1932) benutzen die Mimikry an die Außenlenkung als Waffe. Es sind Menschen, die sich permanent im Spiegel der Fremdwahrnehmung definieren, Nähe und Distanz auf ihren Bewegungsspielraum hin taxieren, Wahrnehmungsformen der Massenmedien auf sich beziehen, Moden als Orientierungsmarken benutzen – Simultanspielerinnen ohne Fortune. Der Jargon, den diese Heldinnen sprechen, zeigt die Forciertheit, die aufgebracht werden muß, um nicht ins Sentimentale zu verfallen. Aber sie stürzen nicht ab in die Existenz der „Kreatur" oder des „Proletariats", sondern wissen, wenn sie im kalten Bahnhofswartesaal oder anderen Provisorien landen, daß sie ihre Formation – die Geborgenheit nicht für sie bereithält, wenn sie mobil bleiben wollen – nicht verlassen können.

Die Lage ist auch in Riesmans Diagnose nicht rosig. Der psychische Hintergrund des neuen Typs ist von diffuser Angst grundiert; sie nährt seine Alarmbereitschaft und hält das ruhelose Beobachten in Gang. Demagogie kann sie in Panik ummünzen.

Das Phänomen des Radar-Typus wurde von Schriftstellern, Soziologen, Politikern und Kulturphilosophen gesichtet. Sie reagierten in der Regel so, wie es zu erwarten ist, wenn eine Intellektuellenschicht sich von einem Zivilisationsschub überrollt fühlt.

Das Dilemma bestand darin, daß keiner von ihnen die neue Figuration als ein Phänomen mit Eigenrecht erfaßte. Alle erkannten in ihr eine transitorische Erscheinung, die flüchtig über die historische Bühne huschte. Es war eine lockere Formation – also mußte sie stürzen. Die einen versprachen ihr am Endpunkt des Sturzes „Heimat" im Proletariat; die anderen Ankunft im besser situierten Reich der Innen-Leitung (ein wenig Selbstdisziplin vorausgesetzt). Nie durften die Avisierten unter sich zu Hause sein; „Substanz" war immer andernorts gespeichert.

Erst das NS-Regime bedrohte sie nicht mehr mit Sturz, versprach auch keinen Aufstieg, sorgte vielmehr für eine Art Ankunft, oder wie Benjamin formulierte, es verhalf ihnen „zu ihrem Ausdruck". Der Preis war hoch. Sie mußten aufhören, Element der Massen zu sein; ihr Selbstgenuß durfte nur in der Formation des Volkskörpers stattfinden. Das Regime organisierte sie in Massenornamenten, erlaubte ihnen Selbstgenuß als Formation, nachdem es die republikanischen Freiräume zerstreuter Rezeption langsam abgeschnürt und damit die Bedingungen, unter denen der Radar-Typ Autonomie entwickeln kann, zerstört hatte. Damit wurden Möglichkeiten, die die Neue Sachlichkeit dem Typus einmal zwischen Konformität und Distanz eingeräumt hatte, zunichte. Die Zerstreuung wird im Dienst einer Super-Formation funktionalisiert.

II

Nicht die „künstlichen Massen" des Heeres oder anderer Institutionen entsetzten Kritiker wie Spengler, Schmitt, Klages und Jaspers. Schrecken löste in den 20er Jahren die sich zersetzende „künstliche Masse" aus, das Heer während der Demobilisierung oder die Arbeiterschaft außerhalb der Fabrikdisziplin – der amorphe Körper. Darum konnte der Kulturkritik eine Gestalt der Masse als besonders unheimlich erscheinen: die konsumierende Masse. Die Kritiker fürchteten, daß „gewissenloser Konsum" die Aufkündigung der nötigen Sozialisationsmoral zur Folge haben könne. Irgendwie lebte eine mit der Furcht vor dem Liberalismus verbundene Angst auf, die konsumierende Masse könnte den Staat, könnte Leviathan scheibchenweise verspeisen. Diese mit dem Schrecken des „Amerikanismus", der „Feminisierung" und „Verjudung" verbundene Angst ist im Milieu der Intelligenz verbreitet und findet sich auch in den Schriften Carl Schmitts.[10]

Der älteren Massenpsychologie des 19. Jahrhunderts zufolge überflutet in der Masse eine primitive Tiefendimension der Seele die rationale Oberfläche des Bewußtseins; für Zustände in der Masse war folglich die Psychiatrie zuständig.[11] In den 20er Jahren ist das Verhältnis zu den Massen komplexer. Die traditionelle Angst des Bürgers vor den dramatischen Aspekten der Masse, die er sich im Aufruhr vergegenwärtigte, steht in scharfem Widerspruch zu dem Interesse an den Massen, die als „vital-energetischer Unterbau des Sozialkörpers"[12] ein treibendes Element der Geschichte zu sein scheint. Die revolutionäre Masse schien dem elan vital zu entsprechen, der in der Krise die Krusten der Gesellschaft zertrüm-

---

10 Vgl. Sombart (1991): *Die deutschen Männer.*
11 König (1958): „Masse"; Berking (1984): *Masse und Geist.*
12 Lindner (1994): *Leben in der Krise,* S. 40ff.

mern sollte. Le Bon: „Die Massen haben nur Kraft zur Zerstörung (…) Ist das Gehäuse der Zivilisation wurmstichig geworden, so sind es die Massen, welche dessen Zusammensturz herbeiführen.“[13]

Ob man aber die Massen als vitales Lebenszeichen begrüßt oder ob man sie wie Spengler oder Klages als Krankheitssymptom der todgeweihten Zivilisation fatalistisch hinnimmt, beiden Fraktionen gilt die Masse als Erscheinung einer Krise, durch die die Gesellschaft hindurch muß, um als „Gemeinschaft“ wiedergeboren zu werden.[14] Dieser Prozeß kennt nur eine Passage: der amorphe Körper muß die Struktur des Kollektivs, der Bewegung oder der ständischen Gliederung annehmen.

In der Stabilisierungsphase (1924–1929) entdramatisiert sich der Massenbegriff. In dieser Atempause des Bürgerkriegs konnten Strukturmerkmale der modernen Marktgesellschaft erkannt werden. Der dezidiert positive Gebrauch des Massenbegriffs als Träger des Lebensprozesses bleibt marxistischen Linken vorbehalten. Während sie das Merkmal der Vitalität auf das Proletariat übertragen, heften sie die negativen Merkmale der Formlosigkeit, Triebbestimmtheit und des Chaos auf das Kleinbürgertum, das für sie nun auch die herrschende „Charaktermaske“ des ganzen tertiären Sektors bildet.[15] Damit wird freilich das Moment der Masse als klassenübergreifendes Strukturmerkmal negiert und das Problem des kollektiven Verhaltens, dem auch der einzelne unterworfen ist, verworfen.

Man kann nicht behaupten, daß die deutsche Soziologie der 20er Jahre sehr weit mit einer undramatischen Analyse des kollektiven Verhaltens gekommen wäre. René König nimmt an, daß sich der Gedanke der „Selbstentfremdung“ in der deutschen Geistesgeschichte verhängnisvoll ausgewirkt habe und mit dafür verantwortlich sei, daß sich nie ein entspannter Begriff der Massen habe entwickeln können.[16] Die Chance zur Erkenntnis des Selbstseins, das immer nur in der Gesellschaft möglich sei, werde verpaßt, wenn das Agieren in der öffentlichen Rolle nur unter dem Verdacht der Selbstentfremdung gesehen werde. René König betont, daß das Dasein der Person immer in kollektives Verhalten verflochten ist; nur hier, in der „Exteriorisation“ gewinne der einzelne die Chance des Selbstwerdens. Königs Stimme hat sich nicht gegen das Dröhnen der Entfremdungskritik durchsetzen können.

Wenn wir nach einer zweiten Stimme suchen, die in der Kritik des Gemeinschaftsdenkens den Spielraum des Verhaltens in der Anonymität der Gesellschaft neu durchdachte, dann bietet sich Plessners Schrift „Die Grenzen der Gemeinschaft. Eine Kritik des sozialen Radikalismus“ aus dem Jahre 1924 an.[17] In ihr werden die traditionell negativ bewerteten Merkmale der Öffentlichkeit als Bedingung eines offenen Möglichkeitshorizonts für den einzelnen aufgewertet und im Einverständnis mit den „künstlichen“ Entfremdungen der Gesellschaft die Bedingung der Möglichkeit erblickt, daß sich die Person ihren Freiheitsspielraum verschafft.

---

13 Zit. n. König (1958): „Masse“.
14 Hier folge ich den Beobachtungen von Lindner (1994): *Leben in der Krise.*
15 Vgl. Lindner (1994): *Leben in der Krise.*
16 König (1971): „Freiheit und Selbstentfremdung“.
17 Plessner (1981): „Die Grenzen der Gemeinschaft“.

III

In Plessners Schrift werden Eigenschaften der Massengesellschaft, die kurz darauf in Heideggers *Sein und Zeit* entschieden negativ bewertet werden, wie Anonymität, Aufenthaltslosigkeit, Zerstreuung und Seinsentlastung als Bedingung eines offenen Möglichkeitshorizonts begrüßt, ohne den sich eine Existenz nicht auf spezifisch humane Weise verwirklichen könne. Plessner teilt zwar die Einschätzung der Öffentlichkeit als Mißtrauenssphäre, die Heidegger dann in *Sein und Zeit* beschreibt – „Das Miteinander im Man ist ganz und gar nicht ein abgeschlossenes, gleichgültiges Nebeneinander, sondern ein gespanntes, zweideutiges Aufeinander-aufpassen, ein heimliches Sich-gegenseitig-abhören" –, begreift diese agonale Sphäre aber als notwendige Umwelt, der das Individuum zugerechnet werden muß. Gegen den Gemeinschaftskult gewendet, preist er die Lebenskunst der Entfremdung. Es geht ihm um die Erlernung von Techniken, „mit denen sich die Menschen nahe kommen, ohne sich zu treffen, mit denen sie sich voneinander entfernen, ohne sich durch Gleichgültigkeit zu verletzten".[18] Es gilt, die Künstlichkeit der Gesellschaftsformen als natürliches Milieu des Verhaltens zu akzeptieren, um die in der deutschen Kultur versäumte Verhaltenssicherheit zu gewinnen. Das zivilisierte Verhalten der Distanz bedarf nicht der Verwerfung einer „authentischen" Natur: denn der Mensch ist von Natur aus künstlich.

Man kann die weitreichende Radikalität dieses Grundsatzes von Plessners Anthropologie nicht hoch genug veranschlagen. Künstlichkeit als genuines Medium zivilen Verhaltens – das ist ein Axiom, mit dem das Polaritätsdenken der Lebensphilosophie über Nacht umgewertet uird. Die polare Spannung, in die eine ganze Epoche Triebregung und sozialen Zwang, unentfremdetes Sein und „Verdinglichung", authentischen Ausdruck und Konvention versetzt hatte, wird zwar nicht plötzlich aufgehoben, aber doch so gewendet, daß das Schreckbild der Entfremdungs-Kälte der Massengesellschaft als mögliches Lebenselement denkbar wird.

Da ich über die Nachtseiten von Plessners Anthropologie an anderer Stelle geschrieben habe,[19] möchte ich hier die freundlichen Aspekte betonen:

„Desillusions-Realismus" hat Karl Mannheim einen Habitus der Intellektuellen nach dem Ersten Weltkrieg genannt. Plessner prägte für diese Haltung ein passendes Motto: „Von Überwölbungen ist nichts zu erwarten, außer, daß sie einstürzen." Wo das Gefühl überhand nimmt, daß sich kein bergender Himmel über den einzelnen wölbt und die Gesellschaft in ihrer „maßlosen Erkaltung" schreckt, lockt als Zufluchtsort das „Ideal einer glühenden Gemeinschaft", bemerkte Siegfried Kracauer Mitte der 20er Jahre. Plessner setzt dieser Verführung seine Verhaltenslehre in der „Kühle der Gesellschaft" entgegen. Auf die Wunschbilder einer ungesonderten Einheit antwortet er mit Maximen der Distanz. Er versteht zwar die Motive, sich mit einer wärmenden Vertrauenssphäre zu umgeben, sieht den Mangel der Gemeinschaftsideologie aber in folgenden Faktoren:

---

18 Ebd., S. 80.
19 Lethen (1994): *Verhaltenslehren der Kälte.*

– Gemeinschaft hegt die Illusion der Überwindbarkeit der Gewaltmittel in ihrem Innern. Sie verschleiert die lebenserhaltende Funktion der Differenz zwischen den einzelnen, verdunkelt die Notwendigkeit von Mißtrauenssphären, die sie nach außen projiziert. Gemeinschaft vergißt gern, daß sie im Rahmen der technischen Verkehrsformen der Gesellschaft funktioniert und sich nur im lebenserhaltenden Kontrast zu ihr definieren kann.

– Verheerend wirkt der Fundamentalismus des Gemeinschaftsdenkens auf den einzelnen. Der Purismus seiner Wertlehre reißt die Körpergrenzen des einzelnen nieder. Die Gemeinschaft kann die Distanzräume der Personen restlos aufzehren.

Gegen die angeheizten Bilder der Gemeinschaft setzt Plessner das Bild der Gesellschaft, die er relativ formal skizziert. Sie ist ein offenes System von Verkehrsformen einander fremder Menschen, durch Wertferne gekennzeichnet, von Gewalt und Feindseligkeiten grundiert, aber „mit wachsenden Spielmöglichkeiten" für den einzelnen versehen. Hier tritt der Mensch niemals in Rohform, sondern immer schon in einer Rolle auf, in der er sein Selbst im Austausch mit dem Fremden findet. Um die Reibungsfläche mit seiner Umwelt zu verkleinern, muß der einzelne ein funktionierendes Gleichgewicht zwischen Vertrauens- und Mißtrauenszonen schaffen. Bei diesem Unternehmen entlasten ihn Zeremoniell, Prestige, Diplomatie und Takt, kurz alle Fähigkeiten, die für den Ausgleich von Distanz und Nähe, Objektivität und Familiarität sorgen. Stark ist Plessner zufolge, wer die Spielregeln (das einzige Sittengesetz der Gesellschaft) beherrscht.

Seine Lehre zivilen Verhaltens stützt Plessner auf anthropologische Befunde: Der Mensch werde in einer exzentrischen Position zu seiner Umwelt geboren. Er bedürfe der Künstlichkeit einer zweiten Natur, des kulturellen Kontextes, den er um sich webe, um überleben zu können. Weil der Mensch sich nur in der Künstlichkeit realisiert, wird die Geschichte als ein Prozeß, währenddessen er fortlaufend Sachstrukturen entwickelt, denen er sich aussetzt, zum Medium, Richtmaß und Schicksal seiner Existenz. Auch die Äußerungen der Psyche sind der Künstlichkeit der symbolischen Ordnung, den öffentlichen Medien und Institutionen unterworfen. Das Psychische muß sich laut Plessner im fremden Medium verlieren, um zu sich zu gelangen.

Plessners Überlegungen erschließen einen angstfreieren Zugang zum Verhalten in der Massengesellschaft, das von seiner Warte aus nicht auf Schritt und Tritt von der Gefahr der „Selbstentfremdung" bedroht ist, da diese die Selbstentfaltung recht eigentlich ermöglicht. So gehört die Grenzschrift von 1924 zu den seltenen zivilisationsfreundlichen Dokumenten der deutschen Kulturgeschichte.

Tiefe Risse durchziehen allerdings den Text. Sie machen darauf aufmerksam, daß sich die Haltungen, die Plessner vorschlägt, nicht in eine Tradition einbetten können, sondern die Anstrengung eines Hochleistungssports zu fordern scheinen. Man merkt mitunter, mit welcher Brachialgewalt Plessner Reflexionsfiguren des deutschen Idealismus in den Leib versenkt. Die Verwerfungen lassen erkennen, wie tief seine Wissenschaft in das Reich der Wilhelminischen Vätergeneration eingesenkt ist, mit der er sich gegen die Jugendbewegung abgrenzt. Die Regeln seiner Verhaltenslehre bleiben exklusiv. Sie gelten nicht für die

Masse, die einsam in dem Sinne bleibt, daß sie für ewig von Vernunft verlassen scheint. Die Frau schließt er kategorisch aus dem Geltungsbereich seiner Anthropologie aus, womit er freilich kaum vom kollektiven Verhalten der meisten zeitgenössischen Wissenschaftler abweicht.

Im Vergleich mit der amerikanischen Traditionslinie der Erforschung kollektiven Verhaltens von Herbert Mead bis Ervin Gofman erscheint Plessners Entwurf als exzentrisch. Wieso bedurfte es in Deutschland einer speziellen Anthropologie, um zivilen Umgang zu begründen? In den 20er Jahren scheint das Einverständnis mit der Zivilisation Intellektuellen wie Bertolt Brecht, Ernst Jünger, Walter Benjamin und Helmuth Plessner nur im Rahmen eines „Kult des Bösen", dem sie alle frönten, denkmöglich gewesen zu sein. Daran erkennt man die große Entfernung, die zurückgelegt werden mußte. „Amerikanismus" war nötig, um die Kluft zu überbrücken. Der „Radar-Typ" war seine Leitfigur.

Literatur

BENJAMIN, WALTER: „Das Kunstwerk im Zeitalter seiner technischen Reproduzierbarkeit", in: *ders., Gesammelte Schriften*, Bd. I.2, hg. v. Rolf Tiedemann u. Hermann Schweppenhäuser, Frankfurt/M. 1974, S. 471–508.

BERKING, HELMUTH: *Masse und Geist. Studien zur Soziologie in der Weimarer Republik*, Berlin 1984.

HIRDINA, KARIN: *Pathos der Sachlichkeit. Traditionen materialistischer Ästhetik*, Berlin 1981.

HORKHEIMER, MAX / ADORNO, THEODOR W.: *Dialektik der Aufklärung*, Frankfurt/M. 1971.

KÖNIG, RENÉ: „Masse", in: *Fischer-Lexikon „Soziologie"*, Frankfurt/M. 1958, S. 166–172.

KÖNIG, RENÉ: „Freiheit und Selbstentfremdung in soziologischer Sicht", in: ders., *Studien zur Soziologie*, Frankfurt/M. 1971, S. 69–86.

LETHEN, HELMUT: *Verhaltenslehren der Kälte. Lebensversuche zwischen den Kriegen*, Frankfurt/M. 1994.

LINDNER, MARTIN: *Leben in der Krise. Zeitromane der neuen Sachlichkeit und die intellektuelle Mentalität der klassischen Moderne*, Stuttgart 1994.

PLESSNER, HELMUTH: „Die Grenzen der Gemeinschaft. Eine Kritik des sozialen Radikalismus" (1924), in: ders., *Gesammelte Schriften*, Bd. 5, hg. v. Günter Dux, Frankfurt/M. 1981, S. 7–134.

RIESMAN, DAVID: *Die einsame Masse. Eine Untersuchung des amerikanischen Charakters* (Mit einer Einführung von Helmut Schelsky), Hamburg 1958.

SIGRIST, ALBERT: *Das Buch vom Bauen*, Berlin 1930.

SOMBART, NICOLAUS: *Die deutschen Männer und ihre Feinde*, München 1991.

Anhang

Autorenverzeichnis

SUSANNE VON FALKENHAUSEN, geboren 1951, Professorin für Kunstgeschichte mit Schwerpunkt Moderne an der Humboldt-Universität, Berlin. Veröffentlichungen u. a.: *Der Zweite Futurismus und die Kunstpolitik des Faschismus in Italien*, Frankfurt/M. 1979; *Italienische Monumentalmalerei im Risorgimento. Strategien nationaler Bildersprache*, Berlin 1993; Artikel zum Verhältnis von Kunst, Macht und kollektiven Identitäten seit 1789, Geschlechtermetaphern in der Kunst der Moderne, zur Problematik von Moderne und Gegenmoderne im 20. Jahrhundert im Zusammenhang ästhetischer Inszenierung „totalitärer" Regimes, zu Historismus und Realismus im 19. Jahrhundert. Interessiert an interdisziplinärer Methodenreflexion in bezug auf feministische Ansätze in der Kunstwissenschaft.

DAGMAR GAUSMANN, geboren 1959, Studium der Kunstgeschichte, der Psychologie und der Pädagogik in Würzburg und Hamburg; Wissenschaftlerin am Kulturwissenschaftlichen Institut des Wissenschaftszentrums NRW in Essen-Heisingen; Forschungsschwerpunkt: Stadt- und Architekturgeschichte des 20. Jahrhunderts; Forschungsprojekte: Das sehr große Gebäude – Zum Verhältnis von Architektur und Öffentlichkeit im ausgehenden 20. Jahrhundert. Außerdem: Ein Bild von einer Stadt – Leitbild und Stadtgestalt am Beispiel der Stadt Marl; vgl. dazu Dagmar Gausmann: „Ein Bild von einer Stadt. Eine Industriestadt auf der Suche nach ihrer Mitte", in: Rolf Lindner (Hg.): *Die Wiederkehr des Regionalen*, Frankfurt/M., New York 1994.

HARTWIG GEBHARDT, PD an der Universität Bremen, Deutsche Presseforschung. Forschungsgebiet ist die Mediengeschichte des 19. und 20. Jahrhunderts. Die wichtigeren Veröffentlichungen der letzten Jahre: „*Die Staatsbürgerin" Offenbach 1886*, originalgetreuer Nachdruck der ersten Arbeiterinnenzeitschrift Deutschlands, hg. u. erläutert v. Hartwig Gebhardt u. Ulla Wischermann, München 1988; „Die Neue Welt für alle – Amerikabilder in den deutschen Illustrierten des 19. Jahrhunderts", in: P. Mesenhöller (Hg.): *Mundus Novus – Amerika oder Die Entdeckung des Bekannten*, Essen 1992, S. 124–138; „Organisierte Kommunikation als Herrschaftstechnik. Zur Entwicklungsgeschichte staatlicher Öffentlichkeitsarbeit", in: *Publizistik*, H. 2 (1994), S. 175–189; „Sex-and-crime-Journalismus in der Weimarer Republik. Ergebnisse einer Spurensuche (nicht nur in Bremen)", in: *Bremisches Jahrbuch*, Bd. 73 (1994), S. 129–201.

ANNETTE GRACZYK, geboren 1955, studierte Germanistik, Romanistik und Philosophie in Marburg und Paris. Sie arbeitete am Institut für Romanische Philologie der Universität Marburg an einem DFG-Projekt zur Literatur der Französischen Revolution. 1993–1994 war sie Wissenschaftlerin am Kulturwissenschaftlichen Institut des Wissenschaftszentrums NRW in Essen und arbeitete in den interdisziplinären Studiengruppen „Die ästhetische Inszenierung der Demokratie" und „Medien-Demokratie-Öffentlichkeit" mit. Seit 1994 ist sie Mitarbeiterin der Gedenkstätte Buchenwald. Wichtigste Veröffentlichungen: *Vorhang auf für die Revolution: Das französische Theater 1789–1794*, Weinheim / Berlin 1989; „„Die Frau ist doch kein Nichts in der Schöpfung' – Frauenbild und Weiblichkeitssymbolik im Theater der Französischen Revolution", in: *Sklavin oder Bürgerin? Französische Revolution und Neue Weiblichkeit, 1760–1830*, hg. v. Viktoria Schmidt-Linsenhoff, Marburg 1989, S. 103–113; *Die Masse als Erzählproblem, unter besonderer Berücksichtigung von Carl Sternheims „Europa" und Franz Jungs „Proletarier"*, Tübingen 1993.

MIRIAM BRATU HANSEN ist Andrew W. Mellon Professor in the Humanities an der University of Chicago. Ihr letztes Buch, *Babel and Babylon: Spectatorship in American Silent Film*, erschien 1991 bei Harvard University Press. Sie ist Mitherausgeberin der Zeitschriften *New German Critique* und *Public Culture* und arbeitet z. Zt. an einer Studie über die Filmtheorie und Kinopraxis der Frankfurter Schule (von Kracauer zu Kluge).

MARGARET R. HIGONNET ist Professorin für Englisch und Komparatistik an der Universität von Connecticut. Sie hat über die Themen deutsche romantische Theorie, Frauenliteratur, Kinderbuchliteratur, Selbstmord und der Erste Weltkrieg veröffentlicht. Vor kurzem hat sie *The Sense of Sex: Feminist Perspectives on Hardy* (1993), *Reconfigured Spheres* (1994) und *Borderwork: Feminist Engagements with Comparative Literature* (1994) herausgegeben.

DETLEF HOFFMANN, geboren 1940, Studium 1962–1968, Forschungsauftrag zur Kunst- und Kulturgeschichte der Spielkarte 1968–1971, wissenschaftlicher Berater des Deutschen Spielkarten Museums 1973–1994, Kustos am Historischen Museum Frankfurt 1971–1981, Professor für Kunst- und Designgeschichte an der Fachhochschule Hamburg 1981–1982, Professor für Kunstgeschichte an der Universität Oldenburg seit 1982. Publikationen: *Die Karlsfresken Alfred Rethels* (1968); *Die Welt der Spielkarten* (1972); *Das Skatspiel* (1982); *Laterna Magica* (1982); *Gemalte Spielkarten* (1985); *Altdeutsche Spielkarten 1500–1650* (1993); *Ein Krieg wird ausgestellt* (1976); viele Aufsätze zur Kunst- und Kulturgeschichte 18.–20. Jahrhundert, Museumstheorie und -praxis.

NORBERT JEGELKA, geboren 1956, Mitarbeiter am Kulturwissenschaftlichen Institut im Wissenschaftszentrum NRW und Lehrbeauftragter für Historische / Systematische Pädagogik an der Universität / Gesamthochschule Wuppertal. Studium: Sozialwissenschaften, Geschichte, Erziehungswissenschaften und Philosophie. Veröffentlichte u. a.: *Paul Natorp. Philosophie, Pädagogik, Politik*, Würzburg 1992; „Volksgemeinschaft und Germanenmythos. Das Trugbild des Germanentums 1933–1945", in: *Archäologische Mitteilungen aus Nordwestdeutschland*, Beiheft 9, Oldenburg 1994, S. 109ff.; „La pédagogie emancipatrice de Paul Natorp", in: *Cahiers de philosophie politique et juridique* 26 (1995), S. 115ff.

HELMUT LETHEN, geboren 1939; Studium der Germanistik in Bonn, Amsterdam und an der FU Berlin; arbeitet gegenwärtig als Literaturwissenschaftler in Utrecht und Rostock. Veröffentlichungen zur Literatur der historischen Avantgarde, u. a.: *Neue Sachlichkeit. Studien zur Literatur des weißen Sozialismus* (1970); *Bertolt Brechts „Hauspostille". Text und kollektives Lesen* (zus. m. H. T. Lehmann, 1978); *Lob der Kälte. Ein Motiv der historischen Avantgarden* (1987); *Eckfenster der Moderne. Wahrnehmungsexperimente E.T.A. Hoffmanns und Robert Musils* (Musil Studien, Bd. 15); „Kracauers Liebeslehre", in: *Interpretationen zu Siegfried Kracauer* (1990); *Verhaltenslehren der Kälte. Lebensversuche zwischen den Kriegen* (1994).

HANNO MÖBIUS, geboren 1941, apl. Professor für Neuere deutsche Literatur in Marburg; lehrt derzeit in Halle. Forschungsschwerpunkte: Literaturgeschichte und Literaturtheorie des 19. und 20. Jahrhunderts, Sozial- und Kulturgeschichte der Literatur im Prozeß der Modernisierung, experimentelle Literaturformen, Medienwissenschaft. Wichtigste Veröffentlichungen: *Der Positivismus in der Literatur des Naturalismus* (1980); *Der Naturalismus. Epochendarstellung und Werkanalyse* (1982); *Die Mechanik in den Künsten* (Hg. zus. m. J. J. Berns, 1990); *Drehort Stadt. Das Thema Großstadt im deutschen Film* (zus. m. G. Vogt, 1990).

VIKTORIA SCHMIDT-LINSENHOFF, geboren 1944, Professorin für Kunstgeschichte mit dem Schwerpunkt Frauen- und Genusforschung an der Universität Trier. Ausstellungen und Publikationen zur Kunst und Kulturgeschichte vom 16.–20. Jahrhundert. Schwerpunkte: Kulturindustrielle Medien (Fotografie, Plakat), Museumskonzeptionen und Sammlungsgeschichte, Künstlerinnen, Politische Ikonographie und Geschlechterdifferenz. Publikationen in Auswahl: *Sklavin oder Bürgerin? Französische Revolution und Neue Weiblichkeit* (Hg.), Frankfurt 1989; „Die Ikonographie der Gleichheit und die Künstlerinnen der russischen Avantgarde", in: *Kritische Berichte* 4 (1992); „Die Verschlußzeit des Herzens. Zu Hilmar Pabels Fotobuch ‚Jahre unseres Lebens' (1954)", in: *Fotogeschichte*, H. 4 (1992); „Im Namen des Vaters. Die Allegorisierung der Künstlertochter in der Bildnismalerei des 18. Jahrhunderts", in: Sigrid Schade u. a. (Hg.): *Allegorien und Geschlechterdifferenz*, Köln 1994.

DIETER STERZEL, geboren 1935, tätig an der Carl von Ossietzky Universität Oldenburg, im Fachbereich Wirtschafts- und Rechtswissenschaften. Professur für Öffentliches Recht mit Schwerpunkt Verfassungsrecht. Veröffentlichungen zur Versammlungsfreiheit, zur Frage einer Verfassungsreform nach der Vereinigung und zur Begründung einer ökologischen Rechtstheorie; zum Geltungsanspruch einzelner Grundrechte, z. B. zur Verfassungsmäßigkeit der lebenslangen Freiheitsstrafe, zur Politischen Justiz und zum Beamtenrecht.

HEINRICH WEFING, geboren 1965. Studium der Rechtswissenschaften in Bonn und Freiburg. (Juristische) Dissertation über „Parlamentsarchitektur. Zur Selbstdarstellung der Demokratie in ihren Bauwerken". 1992/93 Stipendiat des Kulturwissenschaftlichen Instituts im Wissenschaftszentrum Nordrhein-Westfalen. Beiträge zu Architektur und Politik u. a. in ZEIT, FAZ, Bauwelt. Lebt in Berlin.

BEAT WYSS, 1947 geboren in Basel. Studium von Kunstgeschichte, Philosophie und Deutscher Literatur in Zürich. 1980–1983 Stipendiat des Eidgenössischen Nationalfonds in Berlin und Rom. Danach Mitarbeiter am Inventar Neuerer Schweizer Architektur (INSA), Lektor beim Artemis Verlag (Zürich und München), und Lehrbeauftragter für Architektur- und Kulturgeschichte an der ETH Zürich. 1990 Visiting Scholar am Getty Center, Santa Monica. Seit 1991 Professor für Kunstgeschichte an der Ruhr-Universität Bochum. Bibliographie: *Trauer der Vollendung. Von der Ästhetik des Deutschen Idealismus zur Kulturkritik der Moderne*, München 1985; *Peter Bruegels Landschaft mit Ikarussturz*, Frankfurt/M. 1990; *Luzern 1850 bis 1920*, in der Reihe: INSA, Bern 1991; *Kunstszenen heute*, in der Reihe: Ars Helvetica, Bd. XII, Disentis 1992; *Mythologie der Aufklärung. Geheimlehren der Moderne*, in der Reihe: Jahresring, Jahrbuch für moderne Kunst, Nr. 40, München 1993; *Ein Druckfehler. Panofsky versus Newman*, Köln 1993.

Namenverzeichnis